企业纳税一本通

（第2版）

刘 佐 著

知识产权出版社

内容提要

　　本书用问答的形式，回答了企业在生产经营活动中的各类税收问题，对税收的基本知识、我国现行的税收制度和税收征收管理制度作了全面、概要的介绍。

　　本书简明扼要，通俗易懂，便于查阅，对如何正确履行纳税义务、如何依法维护自身权益、如何解决日益突出的企业涉外税收问题都十分重要。

　　读者对象：企业相关人员。

责任编辑：李　琳　黄清明　　　　**责任校对：韩秀天**

装帧设计：北京嘉泰利德制版公司　　**责任出版：杨宝林**

图书在版编目（CIP）数据

　　企业纳税一本通·2版/刘佐著. —北京：知识产权出版社，2008.7

　　ISBN 978 - 7 - 80247 - 251 - 8

　　Ⅰ. 企…　Ⅱ. 刘…　Ⅲ. 企业管理：税收管理 – 中国 – 问答

　　Ⅳ. F812. 423 – 44

　　中国版本图书馆 CIP 数据核字（2008）第 032664 号

企业纳税一本通（第 2 版）

QIYE NASHUI YIBENTONG

刘　佐　著

出版发行　知识产权出版社

社　　址：北京市海淀区马甸桥马甸南村 1 号院	邮　编：100088
网　　址：http://www.ipph.cn	邮　箱：bjb@cnipr.com
发行电话：010 - 82000893　82000860 转 8101	传　真：010 - 82000893
责编电话：010 - 82000887　82000860 转 8117	责编邮箱：lilin@cnipr.com
印　　刷：北京富生印刷厂	经　销：新华书店及相关销售网点
开　　本：880mm×1230mm　1/32	印　张：10.625
版　　次：2008 年 7 月第 2 版	印　次：2008 年 7 月第 2 次印刷
字　　数：310 千字	定　价：22.00 元

ISBN 978－7－80247－251－8/D·623

随着我国社会主义市场经济的建立与发展，税收作为国家组织财政收入和宏观经济调控的重要手段，已经逐步渗透到经济生活的各个方面。税收与企业的运作日益密切相关，无论企业从事何种生产、经营活动，无论是企业的收入还是投资，都会涉及许多税收问题。那么，企业应当怎样依法履行纳税义务？又怎样依法维护自身的权益？了解和掌握一定的税法知识是十分必要的。特别是随着我国对外开放的日益扩大，国际经济交往逐步增多，企业遇到的涉外税收问题也日益突出，进一步普及税收知识，宣传我国的税法和税收政策，增强企业的依法纳税和维护自身权益的意识，更加显得十分必要。为此，我撰写了这本小册子。

本书以我国现行税收法规为依据，以问答的形式和简洁的语言，全面、概要地介绍了有关税收的基本知识、我国现行的税收制度和税收征收管理制度，简明扼要，通俗易懂，便于读者查阅。

本书自2005年由知识产权出版社首次出版以来，受到了广大读者的热烈欢迎，故得以修订再版。在此，我谨再次向他们表示衷心的感谢。

由于本人的能力、水平和某些客观条件所限，书中必然存在一些不当之处，恳请读者原谅，并批评指正。

刘　佐
2008年4月1日

作者简介

刘佐 男，享受国务院颁发的政府特殊津贴的税收专家，现任国家税务总局税收科学研究所所长、研究员，中国财政学会、中国税务学会常务理事，并在中国多所著名大学担任客座教授。1958年生于北京。1976年高中毕业后投笔从戎。1984年从中国人民大学财政系财政专业毕业后一直在税务部门工作。曾任财政部税务总局局长秘书、国家税务局局长秘书4年。从1988年起，历任财政部税务总局办公室副主任、国家税务局办公室副主任、国家税务总局办公室副主任；国家税务总局办公厅副主任，税收科学研究所副所长、副研究员。对中国税制有较为全面、深入的研究，曾参与许多税收法规和其他重要税收文件的起草；主持多项部级税收科研课题；发表多篇具有较高水平的税收研究报告、论文和译文；出版多部税收专著；多项税收研究成果得到中共中央、国务院和财税部门领导的肯定，获得部级一等奖。

目　录

第三篇　税收征收管理

第一篇 税收基本知识

一、基本概念

1. 什么是税收？

税收，又称为赋税、捐税、租税，是国家凭借政治权力，运用法律手段，对一部分社会产品进行强制性的分配，无偿地取得财政收入的一种形式。

税收的基本职能有 3 项：

第一，为政府筹集财政收入。税收收入是我国财政收入最主要的来源，近年来占我国财政收入的比重都在 90% 左右。2006 年，我国的税收收入达到34 809.7亿元，占当年中国财政收入的比重为89.8%。国家将通过税收等手段取得的财政收入用于国家的经济建设，发展科学、技术、教育、文化、卫生、环境保护和社会保障等事业，改善人民生活，加强国防，为国家的经济发展、社会稳定和人民生活提供了强大的物质保障。所以说，我国的税收"取之于民，用之于民"。

第二，调节经济。税收在贯彻国家产业政策，调节产业结构、产品结构，调节地区、行业发展差距，调节社会成员收入分配等方面，都具有重要的宏观调控作用。例如，我国为了更好地发展高新技术产业，吸引外国投资，开发落后地区，采取了许多免税、减税的措施。为了适当调节社会成员的收入差别，征收累进的个人所得税（即在税法规定的范围内，收入越高，税率越高，纳税越多）。所以说，税收是国家用以加强宏观经济调控的重要杠杆。

第三，监督经济。税收涉及社会生产、流通、分配、消费各个领域，是国家经济状况的综合反映。政府通过税收收入的增减、税源的变化，可以及时掌握国民经济发展变化趋势，有利于监督和促进国民经济健康发展。

此外，在对外交往中，税收是国家主权的重要体现，对于维护我国政府、企业和公民的权益具有重要的作用。

2. 税收的基本特征是什么？

税收与其他形式的财政收入相比，具有 3 项基本特征，即强制性、无偿性和固定性，这是税收区别于其他形式的财政收入的最重要的标志。

税收的强制性是指：税法是通过一定的立法程序制定的，纳税人有依法纳税的义务，不能想缴就缴，不想缴就不缴。如果纳税人不依法履行纳税义务，国家就要依法强制征收，并对纳税人予以必要的处罚。这与企业和个人自愿为国家和社会公益事业而做出的捐赠是不同的，与企业和个人自愿购买国债也是不同的。

税收的无偿性是指：税收是国家向纳税人无偿征收的资金，税款一经征收，即转归国家所有，不再直接归还给纳税人。这与等价交换的商品买卖关系是不同的，与国家为了筹集资金而发行的定期还本付息的国债、向特定的服务对象提供特定的公共服务时收取的费用也是不同的。

税收的固定性是指：税收是国家按照法律规定的标准向纳税人征收的，任何纳税人和征收机关都无权改变法律规定的征税标准，不能想收多少收多少，想缴多少缴多少。这与企业和个人量力而行地为国家、社会公益事业做出的捐赠和购买的国债是不同的。

3. 税与费有什么区别？

有人把一些政府部门收取的规费等收费也称作税，这是不对的。因为，税与费是有很大区别的。

费是政府有关部门为单位和居民个人提供特定的服务，或者授予国家资源和资金的使用权而收取的代价。例如，我国的公安、民政、卫生、工商行政管理等部门，因发放各种证照、簿册，通常要收取工本费、手续费、化验费、商标注册费等费用；开采石油资源的中外企业，应当向国家缴纳矿区使用费等。

收费遵循有偿原则；收税遵循无偿原则。有偿收取的是费，无偿征收的是税，两者在性质上是根本不同的。因此，把某些税称作费，或者把某些费称作税，都是不科学的。

我国历史上有不少反动统治者在正税以外征收种种苛捐杂税，往往以收"费"为名，行征税之实，完全属于有意混淆概念，肆意敛财之举。至于目前我国的有些费已经具备税的性质，有些费因为其用途发生转移实际上已经演变为税，则应当由国家通过完善财政、税收制度加以规范。

4. 什么是税法？

税法是国家立法机关公布的征税人与纳税人应当遵循的法律规范的总称。税法是国家向纳税人征税和纳税人向国家纳税的法律依据，纳税人和征税人都必须遵守，不遵守就是违法，要受到法律制裁，这是税收强制性的具体表现。原则上说，任何税收都要经过立法机关批准或者认可以后才能公布施行。有一些税法属于试行阶段，可以以法规的形式发布施行，这种法规也具有一定的法律效力。

税法的基本要素包括：税种、纳税人、扣缴义务人、征税对象、税目、计税依据、税率、税收加征、税收减免、起征点、免征额、纳税义务发生时间、纳税期限、纳税地点和税收法律责任等。

目前，我国有权制定税法或者税收政策的国家机关主要有：全国人民代表大会及其常务委员会、国务院、财政部、国家税务总局、海关总署、国务院关税税则委员会等。

一、税收的基本制度由法律规定。税收法律由全国人民代表大会制定，如《中华人民共和国个人所得税法》；或者由全国人民代表大会常务委员会制定，如《中华人民共和国税收征收管理法》。

二、有关税收的行政法规由国务院根据有关法律的规定制定，如《中华人民共和国税收征收管理法实施细则》；或者根据全国人民代表大会及其常务委员会的授权制定，如《中华人民共和国增值税暂行条例》。

三、有关税收的部门规章由财政部、国家税务总局、海关总署、国务院关税税则委员会等部门、机构根据有关法律、行政法规制定，如《中华人民共和国营业税暂行条例实施细则》、《税务行政复议规则（暂行）》。其中，有些重要规章要经过国务院批准以后发布，如《中华人民共和国发票管理办法》。

税收法律的制定要经过提出立法议案、审议、表决通过和公布4道程序，税收行政法规和规章的制定要经过规划、起草、审定和发布4道程序。上述程序都应当按照法律、法规和制度进行。

此外，根据我国法律的规定，省、自治区、直辖市和某些较大的市的人民代表大会及其常务委员会根据本行政区域的具体情况和实际需要，在不与法律、行政法规相抵触的前提下，可以按照规定制定某些地方性的税收法规。省、自治区、直辖市和某些较大的市的人民政府，可以根据法律、行政法规和本省、自治区、直辖市的地方性法规，制定税收规章。香港和澳门两个特别行政区实行独立的税收制度，中央政府不在这两个特别行政区征税。

5. 什么是税收制度？

税收制度简称税制，是指一个国家在税收管理方面所建立的一整套制度，包括税收法规、征收管理制度、税收管理体制等内容。

税收法规是指国家按照一定的立法程序制定的各项税收法律、法规、规章和规范性文件，这是税收征收机关和纳税人据以分别办理征税、纳税事项的法律依据。

征收管理制度是指在税收征收管理方面制定的税务登记、账簿和凭证管理、纳税申报、税款征纳、税务检查、法律责任等制度。

税收管理体制是指在中央和地方各级政权之间划分税收管理权限（主要包括税收的立法权、征收管理权和收入归属权等）的规范。

6. 什么是税种？

税种是税收种类的简称，是基本的征税单元。根据征税对象的不同，可以将税收划分成不同的种类。因此，不同的征税对象是一个税种区别于另一个税种的主要标志。

税种的名称通常以征税对象来命名，如对增值额征收的税种称为增值税，对所得额征收的税种称为所得税，对房产征收的税种称为房产税。

构成一个税种的主要因素有：征税对象、纳税人、税目、计税依据、税率、税收加征、免税、减税、起征点、免征额、纳税义务发生时间、纳税期限和纳税地点等。

每个税种都要制定一部实体税法，规定其具体的税制要素，由税务机关和纳税人双方遵照执行，如我国的增值税暂行条例、企业所得税法、个人所得税法、房产税暂行条例等。

每个税种都有其特定的功能和作用，其产生、发展乃至消亡都依赖于一定的政治、经济和社会条件。随着时代的发展，一些新的税种会产生，一些旧的税种会变化或者消亡。在一个时期内，具体税种的选择与配置，主要取决于该国家当时的政治、经济和社会情况。

7. 我国现行税收制度共有多少种税？

我国现行的税收制度一共设有 20 种税，它们是：增值税、消费税、车辆购置税、关税、营业税、企业所得税、个人所得税、土地增值税、房产税、城市房地产税、城镇土地使用税、耕地占用税、契税、资源税、车船税、船舶吨税、印花税、城市维护建设税、烟叶税和固定资产投资方向调节税。其中，固定资产投资方向调节税暂停征收。此外，燃油税已经设立税种，尚未立法开征。

2006 年，由我国各级税务机关、财政机关和海关组织征收的各项税收收入共计 34 809.7 亿元，占当年我国财政收入和国内生产总值的比重分别为 89.8% 和 16.5%。在各项税收收入中，货物和劳务税（包括增值税、消费税、车辆购置税、关税和营业税 5 个税种）的收入占 63.1%，所得税（包括企业所得税、外商投资企业和外国企业所得税、个人所得税以及具有所得税性质的土地增值税 4 个税种）的收入占 27.5%；财产税（包括房产税、城市房地产税、资源税、城镇土地使用税、耕地占用税、契税、车船使用税、车船使用牌照税和船舶吨税 9 个税种）的收入占 5.6%。在税收收入总额中，中央政府收入（包括中央税收入和中央政府分得的中央与地方共享税收入）为 19 576.81 亿元，占 56.2%；地方政府收入（包括地方税收入和地方政府分得的中央与地方共享税收入）为 15 233.6亿元，占 43.8%。

另据初步统计，2007 年，我国的税收总额达到 45 613.0 亿元，占当年我国财政收入和国内生产总值的比重分别为 88.9% 和 18.5%。

二、税制要素

1. 什么是征税对象？

征税对象又称课税对象、课税客体，指税法规定的征税的目的物，表明国家对什么征税。征税对象的种类很多，如货物、劳务、所得（收益）、财产、资源、特定目的或者行为，乃至人身等。征税对象与纳税人、税目、计税依据、税率等要素共同构成税收制度，征税对象是其中的第一要素。

根据征税对象的不同，税种可以分为货物和劳务税（如增值税、消费税、营业税、关税），所得税（如法人所得税、个人所得税），财产税（如房地产税、遗产税）等若干类别。征税对象只是解决课税客体的一般外延范围，在税法中还必须对征税对象作出具体的规定，即设计税目。

征税对象随社会生产力的发展而变化。在自然经济中，土地和人口是主要的征税对象。在商品经济中，货物、劳务和企业利润、个人所得等成为主要的征税对象。

2. 什么是税目？

税目又称课税品目，指税法规定的征税对象范围以内的具体征税项目。例如，我国现行的营业税设有交通运输业、建筑业、金融保险业、邮电通信业、文化体育业、娱乐业、服务业、转让无形资产和销售不动产 9 个税目。

设置税目具有两方面的作用：一是明确某一种税的征收范围，体现征税的广度，凡属于列举税目以内的项目即为征税对象，否则即为非征税对象；二是对具体征税项目加以归类和界定，以便针对不同的税目确定适用的税率和征收方法。

确定税目的方法主要有两种：

一、列举法。即将征税对象逐一列出，如按照征税对象的经营项目或者收入项目等分别设置税目，必要时还可以在税目之下划分若干个子目。列举法的优点是界限清楚，便于掌握；缺点是税目过多时不便查找，有些项目不容易归类。

二、概括法。即按照征税对象的类别设计税目，如按照货物类别或者经营行业设计税目。概括法的优点是税目比较少，查找方便；缺点是税目过粗，不利于体现国家的特定政策。

在实际工作中，上述两种方法可以同时运用。例如，我国现行的消费税按照应税消费品类别设置烟，酒和酒精，化妆品，贵重首饰和珠宝玉石，鞭炮、焰火，成品油，汽车轮胎，摩托车，小汽车，高尔夫球和球具，高档手表，游艇，木制一次性筷子，实木地板 14 个税目，其中部分税目下设若干子目（如在烟的税目之下设置卷烟、雪茄烟、烟丝 3 个子目）。

3. 什么是征税环节？

征税环节又称课税环节，指税法规定的征税对象从生产、流通、分配到消费的过程中应当征税的环节。征税环节有广义和狭义之分：广义的征税环节指全部征税对象在社会再生产过程中的分布，如货物和劳务税分布在生产、流通环节，所得税分布在分配环节等。这种分布制约着税制结构，对取得财政收入和调节经济具有重要影响。狭义的征税环节是指应税货物在流转过程中应当征税的环节。在商品经济条件下，货物从生产到消费通常要经过工业生产、商业批发、商业零售等多个环节，征税环节应当选择在货物流转过程中的必经环节。按照征税环节的多少，可以将税收征收制度划分为一次征收制和多次征收制。

4. 什么是纳税人？

纳税人又称纳税主体，指税法规定的直接负有纳税义务的单位和个人。纳税人是税法的基本要素之一，解决国家对谁征税或者由谁纳税的问题。不同的税种有不同的纳税人，如我国增值税的纳税人包括在我国境内销售、进口货物，提供加工、修理、修配劳务的各类单位和个人，企业所得税的纳税人包括企业和其他取得收入的组织，个人所得税的纳税人包括取得来源于我国境内的所得的个人，房产税的纳税人包括房屋产权的所有人和房产经营管理单位、承典人、代管人、使用人。

依法纳税是每个单位和个人应尽的义务，纳税人必须依法履行纳税义务，否则要受到法律的制裁。

5. 什么是扣缴义务人？

扣缴义务人是依照法律、行政法规的规定负有代扣代缴、代收代缴税款义务的单位和个人。例如，我国的个人所得税法第 8 条中规定："个人所得税，以所得人为纳税义务人，以支付所得的单位或者个人为扣缴义务人。"我国的企业所得税法等法律、行政法规中也有关于扣缴义务人的规定。扣缴义务人必须依照法律、行政法规的规定代扣代缴、代收代缴税款。

确定扣缴义务人，有利于加强税收的源泉控制，简化征税手续，降低征税成本，减少税款流失。

6. 什么是计税依据？

计税依据是计算应纳税额的根据，征税对象量的表现。在比例税率或者税额标准固定的情况下，计税依据的数额同应纳税额成正比例。

计税依据可以分为 3 种类型：第一类是从价计征的税收，以征税对象的金额（如销售额、营业额、所得额等）作为计税依据，如增值税、营业税、企业所得税、房产税等。第二类是从量计征的税收，直接以征税对象的实物量作为计税依据，实物量以税法规定的计量标准（如重量、面积、体积、容积等）计算，如我国的城镇土地使用税、资源税等。第三类是从价计征与从量计征相结合的税种，既以征税对象的金额作为计税依据从价计税，又以征税对象的实物量作为计税依据从量计税，然后以两者的合计数为应纳税额，如我国对卷烟和白酒征收的消费税。

　7. 什么是计税价格?

　　计税价格是指从价税在计算应纳税额的时候使用的价格，也在复合税计税的时候使用。对于从价税来说，在税目、税率和征税对象的实物量确定以后，计税价格就是应纳税额大小的决定性因素，关系到国家的财政收入、纳税人的税收负担和税收政策实施的效果。

　　计税价格按照是否包含税款区分，可以分为含税价格和不含税价格；按照价格确定的方式区分，可以分为实际交易价格、组成计税价格和由税务机关确定的计税价格。

　　含税价格是指包括间接税（如增值税、消费税、营业税等）在内的价格，由成本、利润和间接税3个部分组成。在我国现行税收制度中，计税价格大多采用含税价格。

　　不含税价格是指不包含间接税在内的价格，由成本和利润两个部分组成。含税价格和不含税价格可以互相换算。换算公式为：含税价格＝不含税价格÷（1－税率），不含税价格＝含税价格÷（1＋税率）。

　　实际交易价格是指货物、劳务交易成交时的实际价格，如货物的销售价格。

　　组成计税价格是指按照一定的计算公式将若干因素组合而成的计税价格，如纳税人进口货物计征增值税时的组成计税价格计算公式通常为：组成计税价格＝关税完税价格＋关税。

　　由税务机关确定的计税价格是指在某些特定的情况下直接由税务机关确定的计税价格。例如，我国消费税暂行条例中规定，纳税人应税消费品的计税价格明显偏低又无正当理由的，由主管税务机关核定其计税价格。

　8. 什么是计税标准?

　　计税标准是计税依据的法定计量标准，可以分为货币计税标准和实物计税标准两种类型。货币计税标准一般是指各国（地区）的货币基本单位（如人民币、美元、欧元、日元等），实物计税标准是指税法规定的实物计量单位（如吨、平方米、立方米等）。例如，我国的营业税以营业额为计税依据，以人民币为计税标准；城镇土地使用税以纳税人实际使用的土地为计税依据，以平方米为计税标准；对原油征收的资源税以原油的实际产量为计税依据，以吨为计税标准。

9. 什么是销售额？

销售额又称销售收入，指纳税人在一定时期以内由于销售货物或者提供劳务而取得的收入金额。在税收法规中，销售额通常是指计税销售额，与企业财务核算的销售收入不尽相同。例如，我国增值税的销售额是指纳税人销售货物或者应税劳务向购买方收取的全部价款和价外费用。

10. 什么是营业额？

营业额又称营业收入，指纳税人在一定时期以内从事营业活动取得的收入金额。我国的营业税以营业额为计税依据，这里所说的营业额是指纳税人提供应税劳务、转让无形资产、销售不动产向购买方收取的全部价款和价外费用。在特定的情况下，可以以总收入减除某些支出以后的余额为营业额。

11. 什么是所得？

所得是法人、自然人和其他经济组织在一定时期以内从事生产、经营、投资和提供劳务等活动所获取的净收益。这里所说的所得包括两层含义：一是净所得而不是总所得，即纳税人在一定时间增加的资产（总所得）减去消耗的资产以后的余额；二是有连续来源的所得，如工资、利润、利息、租金收入等，而不是指某些特殊的偶然所得，如继承财产、接受捐款等收入。虽然某些特殊的偶然所得也是所得，应当纳税，但是它们不是经常性的、连续性的收入，不应当征收所得税而应当征收其他的税收（如遗产税、赠与税等）。不过，也有一些国家对某些偶然所得征收所得税（如我国对于企业取得的捐赠收入征收企业所得税，对于个人取得的偶然所得征收个人所得税）。

目前各国普遍以所得作为征税对象征收所得税，征税的所得通常可以分为4种类型：第一种是营业所得，如从事工业、商业、服务业等生产、经营取得的所得。第二种是投资所得，如利息、股息、红利所得。第三种是劳务所得，如工资、薪金和劳务报酬所得等。第四种是财产所得，如租金、特许权使用费等。

12. 什么是应纳税所得额？

应纳税所得额又称课税所得额或者计税所得额，指按照税法规定计算得出的应当缴纳所得税的所得额，即所得税的计税依据。

应纳税所得额通常为所得额减除为取得所得而发生的成本、费用、损失和税金以后的余额。各种所得税法对应纳税所得额的计算范围、标准和方法都有具体的规定。例如，根据我国企业所得税法的规定，企业本纳税年度的收入总额，减除不征税收入、免税收入、各项扣除和允许弥补的以前年度亏损后的余额，为应纳税所得额。根据我国个人所得税法的规定，工资、薪金所得以每月收入额减除费用2 000元以后的余额为应纳税所得额。

13. 什么是税率？

税率是税法规定的应征税额与计税依据之间的比例。在计税依据确定的前提下，国家征税的数量和纳税人的税收负担水平就取决于税率，国家一定时期的税收政策也体现在税率方面。科学、合理地设计税率是正确处理国家和纳税人之间的分配关系，充分发挥税收组织财政收入和经济调节作用的关键。

税率通常有3种主要形式：第一种是以相对量的形式规定的征收比例，即比例税率和累进税率，适用于从价计征的税种。第二种是以绝对量的形式规定的固定征收额，即定额税率（又称税额标准），适用于从量计征的税种。第三种是复合税率，即比例税率与定额税率相结合的税率。

14. 什么是比例税率？

比例税率是指从价计税时按照计税依据计算应纳税额的法定比例，通常采用固定的百分比的形式。

比例税率的特点是，在税率确定的情况下，应征税额与计税依据之间始终保持同一比例。在财政上，可以使税收收入随经济情况变化而变化，具有一定的弹性；在经济上，比例税率对同一类征税对象和同一类纳税人实行等比负担，有利于鼓励规模经营、平等竞争。同时，应纳税额计算简便。但是，这种税率在调节收入分配、财产分布等方面的作用不如累进税率。

在实际运用中，比例税率主要分为统一比例税率和差别比例税率。统一比例税率是指一种税只设一个征收比例的税率，所有纳税人都按照同一个税率纳税。例如，我国的车辆购置税暂行条例规定的税率为10%。实行统一比例税率有利于贯彻公平税负的原则。差别比例税率是指一个税种设有两个以上的比例税率，税率是根据不同的征税项目分别设计的。例如，我国营业税的不同的征税项目的税率分别为3%、5%和20%。实行差别比例税率有利于贯彻国家的特定经济政策。

在我国现行税制中，差别比例税率有4种类型：第一类是产品差别比例税率，即按照产品大类或者品种分别设计税率，如消费税即采用这种税率。第二类是行业差别比例税率，即按照经营项目所属的行业分别设计税率，如营业税即采用这种税率。第三类是地区差别比例税率，即对同一征税对象按照其所在地区分别设计税率，如城市维护建设税即采用这种税率。第四类是幅度差别比例税率，即在税法规定的统一比例幅度以内，由财税部门或者地方政府根据实际情况确定具体的适用税率，如契税即采用这种税率。

15. 什么是定额税率？

定额税率是指从量计税时按照计税依据的计量单位直接规定的应纳税额，又称税额标准。

定额税率由计税依据的计量单位和每个计量单位的应纳税额两

个要素构成。计税依据的计量单位可以是自然单位（如煤炭按吨计，汽车按辆计），也可以是复合单位（如电力按千度计，天然气按千立方米计）。

定额税率的特点是，在税率确定的情况下，应征税额与计税依据之间始终保持同一比例，计算简便，且不受价格变化的影响，适用于品种比较单一、价格相对稳定的大宗货物。但是，在货物品种比较多的情况下，使用这种税率计算应纳税额比较复杂；在价格起伏比较大的情况下，使用这种税率计算应纳税额容易造成税负畸轻畸重。

在我国现行税制中，定额税率主要有 4 种表现形式：第一种是地区差别定额税率，即对同一征税对象按照不同地区的具体情况规定征税数额，如资源税中南方海盐与北方海盐实行不同的定额税率。第二种是分类分级定额税率，即把征税对象按照一定的标准分为类、项或者级别，然后按照不同的类、项或者级别分别规定征税数额，如车船使用税中的船舶就是采用这种税率。第三种是幅度定额税率，即在统一规定的定额税率幅度以内根据征税对象的具体情况确定其适用的定额税率，如资源税中原油的税额标准为每吨 8 元至 30 元。第四种是地区差别、分类分级和幅度相结合的定额税率，即对同一征税对象按照地区差别或者分类分级实行有幅度的定额税率，如城镇土地使用税和耕地占用税都采用这种税率。

16. 什么是复合税率？

复合税率是指比例税率与定额税率相结合的税率。适用于复合税，即同时以征税对象的价格和重量、件数、容量、面积等为计税依据，同时采用比例税率和定额税率计税。例如，目前我国对卷烟征收的消费税就使用这种税率：在征税的时候，既要以销售额为计税依据，按照规定的比例税率（分为 45%、30% 两档）征收从价税；又要以销售量为计税依据，按照每标准箱（5 万支）150 元的定额税率征收从量税。复合税率兼有比例税率和定额税率的优点，缺点是比较复杂，所以不宜经常使用。

17. 什么是累进税率？

累进税率是指征收比例随着计税依据数额的增加而逐级提高的税率。即根据计税依据的数额或者相对比例，设置若干个征税级距，分别适用由低到高的不同的税率。这种税率通常适用于所得税和财产税。

累进税率的主要特点是，税收负担随着计税依据数额的增加而递增，能够较好地体现纳税人的税负水平与负税能力相适应的原则，从而有利于调节纳税人的收入、财产等，妥善处理税收负担公平问题。

按照税率的累进依据，累进税率可以分为"额累"和"率累"两类。"额累"是指按照计税依据数量的绝对额分级累进，如个人所得税通常随着应纳税所得额的增加分级累进。"率累"是指按照与计税依据有关的某一比率分级累进，如我国的土地增值税随着房地产增值比率的增加分级累进。累进税率在实际运用中主要采用超额累进税率形式，另有全额累进税率和超率累进税率两种形式。

18. 什么是全额累进税率？

全额累进税率是累进税率一种，指按照计税依据的全部数额累进征税的累进税率。即将计税依据（如所得税的应纳税所得额）分为若干个征税级距，相应规定若干个由低到高的不同的税率，当计税依据数额由一个征税级距上升到另一个征税级距时，全部计税依据都要按照上升以后的征税级距的适用税率计算征税。我国现行的企业所得税即采用这种税率。

全额累进税率的优点是计算方法简单，累进幅度大，能够大幅度地调节纳税人的收入、财产。缺点是由于累进急剧，在累进分界点上下税负悬殊，甚至会出现增加的税额大大超过增加的计税依据数额的现象，不利于鼓励纳税人增加收入、财产。因此，目前这种税率已经很少使用。

19. 什么是超额累进税率？

超额累进税率是累进税率的一种，指按照计税依据的不同部分分别征税的累进税率。即将计税依据（如所得税的应纳税所得额）分为若干个征税级距，相应规定若干个由低到高的适用税率，当计税依据数额由一个征税级距上升到另一个征税级距时，仅就达到另一个级距的部分按照上升以后的征税级距的适用税率计算征税。这种税率通常用于个人所得税、遗产税等税种。例如，根据我国的个人所得税法的规定，工资、薪金所得适用5%至45%的9级超额累进税率。

超额累进税率的优点是累进幅度比较缓和，税收负担较为合理。缺点是计算方法比较复杂，税收负担的透明度不太强。

20. 什么是超率累进税率？

超率累进税率是累进税率的一种，指按照计税依据的相对比例划分征税级距的累进税率。即将计税依据的相对比例（如我国的土地增值税中的房地产增值率）分为若干个不同的征税级距，相应规定若干个由低到高的不同的税率，当计税依据的相对比例由一个征税级距上升到另一个征税级距时，仅就达到另一个级距的部分按照上升以后的征税级距的适用税率计算征税。

超率累进税率的优点是累进幅度比较缓和，税收负担较为合理。缺点是计算方法比较复杂，所以很少使用。

21. 什么是零税率？

零税率即以零表示的税率，它是免税的一种方式，表示虽然纳税人负有某种纳税义务，但是并不需实际缴纳该项税收。

零税率通常适用于两种情况：一是在所得课税中，规定应纳税所得额中的免税部分适用税率为零，目的是保证低收入者的生活和生产的需要；二是在货物课税中，规定出口货物的适用税率为零，即退还出口货物在生产和销售各个环节已经缴纳的税金，使货物以不含税的价格进入国际市场，以增强本国货物在国际市场上的竞争力。例如，我国的增值税暂行条例中规定，纳税人出口货物，税率为零（国务院另有规定的除外）。

22. 什么是征收率？

征收率又称换算率，指把税法规定的税率换算成另一计税依据的比例。其换算程序是：先按照法定税率和计税依据计算出应纳税额，再将应纳税额换算成另一计税依据的比例，即征收率。例如，我国增值税小规模纳税人销售货物的征收率为 6% 和 4%，这些征收率就是增值税税率的转化形式。

规定征收率的目的是简化应纳税额的计算和税收的征收管理，降低征纳成本，提高工作效率。

23. 什么是税收减免？

税收减免又称减税、免税，指对纳税人的应纳税款给予减征或者免征。

税收减免是税收优惠的重要形式之一，是国家根据经济发展的需要，以法律、法规等形式规定的对某些征税对象和纳税人的税收优惠措施。非经法律、法规等规定，任何单位和个人都不能擅自减免税收。

税收减免从性质上可以划分为政策减免、困难减免和一般减免。政策减免是指配合国家有关政策（如鼓励投资）所给予的减税、免税，困难减免是指纳税人因特殊情况（如遭遇自然灾害）纳税有困难而给予的减税、免税，一般减免是指其他一般性的减税、免税。

此外，税收减免从时间上可以划分为定期减免和不定期减免，前者限于在规定的期限以内减税、免税；后者则没有减税、免税的时间限制。

24. 什么是税收加征？

税收加征是指在按照法定计税依据和税率计算的应纳税额的基础上加征一定比例的税收。我国的税收加征主要采取加成征收和加倍征收两种形式，前者是在按照法定计税依据和税率计算的应纳税额的基础上加征一定成数的税额（一成即应纳税额的 10%），后者是在按照法定计税依据和税率计算的应纳税额的基础上加征一定倍数的税额（一倍即应纳税额的100%）。

税收加征实质上是税率的延伸，是在法定税率不变的情况下加重纳税人税收负担的一种措施，通常适用于所得税，并仅在应纳税所得额超过一定数额的时候使用。例如，我国的个人所得税法中规定，对于劳务报酬所得一次收入畸高的，可以加成征收个人所得税。

25. 什么是纳税义务发生时间？

纳税义务发生时间是指税法规定的纳税人应当承担纳税义务的起始时间。不同税种的纳税义务发生时间不尽相同。例如，我国的增值税暂行条例中规定：增值税的纳税义务发生时间，销售货物或者应税劳务，为收讫销售款或者取得索取销售款凭据的当天；进口货物，为报关进口的当天。所有纳税人都应当依法履行纳税义务，及时缴纳税款。

规定纳税义务发生时间，一是为了明确纳税人承担纳税义务的具体日期；二是有利于税务机关实施税务管理，合理规定申报期限和纳税期限，监督纳税人依法履行纳税义务，保证国家财政收入。

26. 什么是纳税期限？

纳税期限是税法规定的纳税人发生纳税义务以后缴纳税款和扣缴义务人发生扣缴税款义务以后解缴税款的期限。纳税期限是根据纳税人的经营规模、应纳税额的多少和各个税种的不同特点确定的，包括纳税计算期和税款缴库期。

纳税计算期一般有两种情况：一是按期计算，即以纳税人发生纳税义务和扣缴义务人发生扣缴税款义务的一定期间作为纳税计算期。例如，我国的消费税暂行条例中规定：消费税的纳税期限分别为1天、3天、5天、10天、15天和1个月。纳税计算期届满以后，纳税人、扣缴义务人即应缴纳应当缴纳的税款。二是按次计算，即以纳税人从事生产、经营活动的次数作为纳税计算期，一般适用于对某些特定行为的征税或者对临时经营者的征税，如印花税、契税等税种多在纳税人发生纳税义务以后按次计算应纳税额。

由于纳税人、扣缴义务人对纳税计算期内所取得的应税收入、应纳税款、代扣代收税款需要一定的时间进行结算和办理缴税手续，所以，税法规定了税款的入库期限，即税款缴库期。税款缴库期是指纳税计算期届满以后纳税人、扣缴义务人报缴税款的法定期限。例如，我国的消费税暂行条例中规定：纳税人以 1 个月为一期纳税的，自期满之日起 10 天以内申报纳税。

规定纳税期限，对于促进纳税人加强生产、经营管理，认真履行依法纳税义务，保证国家财政收入的稳定、及时，具有重要的意义。

27. 什么是纳税年度?

纳税年度是税法对于按年计算征收的税种规定的计算征税的起止日期。我国现行税制中的纳税年度一律采用历年制，即以公历每年 1 月 1 日至 12 月 31 日为一个纳税年度。例如，企业所得税、个人所得税、城镇土地使用税、房产税、车船税等税种，都有按照纳税年度计算征税的规定。

28. 什么是汇算清缴?

汇算清缴又称年终汇算清缴，是纳税人缴纳税款的方式之一。指某些税种的纳税期限采取按年计征、分期预缴、年终汇算、多退少补的做法，主要适用于所得税。例如，我国的企业所得税法中规定：缴纳企业所得税，按年计算，分月或者分季预缴。月份或者季度终了后 15 日以内预缴，年度终了后 4 个月以内汇算清缴，多退少补。

汇算清缴可以保证国家能够及时、均衡地取得财政收入，也有利于纳税人合理地安排资金。

29. 什么是纳税地点?

纳税地点是税法规定的纳税人申报缴纳税款、扣缴义务人申报解缴税款的地点。国家根据各个税种的征税环节和有利于税源控制的要求规定各个税种的纳税地点，总的原则是纳税人、扣缴义务人在其所在地申报纳税，同时考虑到某些纳税人、扣缴义务人的生产、经营和财务核算的特殊情况，通常有就地纳税、口岸纳税、集中纳税、营业行为所在地纳税和汇总纳税等。例如，根据我国的营业税暂行条例的规定，纳税人提供应税劳务，应当向应税劳务发生地的主管税务机关申报纳税。

合理规定纳税人申报纳税的地点，可以便利纳税人缴纳税款，也有利于税务机关加强税源控管，防止税收流失。

三、税收管理

1. 什么是税务管理？

税务管理是国家根据税收参与国民收入分配活动的规律，对税收进行决策、计划、组织和协调，使税收职能得以实现的一项管理工作。

税务管理是国家经济、财政管理的一个重要组成部分，它主要包括两个方面的内容，一是对税收分配活动进行决策、计划、组织等方面的管理，二是对税收分配活动监督和协调等方面的管理。税务管理是对税收参与国民收入分配活动全过程的管理，目标是使税务工作朝着规范化、条理化、高效化的方向发展，以充分发挥税收的职能作用。

税务管理的主体是各级政府及其税务主管部门，政府的主要任务是制定税收方针、政策，建立、健全和不断完善税收制度，也就是对税收工作的统一领导和对税收活动的重大决策管理。税务部门是国家税收方针、政策、制度的执行、监督、检查机关，具有组织税收收入和税务专业管理的职能。

在不同的国家和不同的历史时期，税务管理的内容不尽相同，一般包括以下几个方面：税收方针、政策、制度的制定、执行与完善，税收管理权限的划分、执行与调整，税款的征收与管理，经济税源的调整与培养，税务机构、人员的配置与管理，税收计划、会计、统计管理和税务信息管理等。税务管理的职能一般包括决策职能、计划职能、组织职能、监督职能和协调职能。

2. 什么是税收征收管理?

税收征收管理是税务机关根据税收法律、法规的规定,对纳税人履行依法纳税义务实施的组织管理、监督检查和税款征收活动。税收征收管理包括管理、征收、稽查3个基本环节:管理是指税务机关为了征税而开展的经常性的税收管理工作,如宣传税法,建立健全各项税收征收管理制度,经济税源调查研究,联系有关部门,组织有关部门和群众协税护税等。征收是指税务机关按照税法的规定,把应当征收的税款及时、足额地征收入库。稽查是指税务机关依法对纳税人、扣缴义务人履行纳税义务、扣缴税款义务情况进行的税务检查及处理工作。

税收征收管理的主体是税务机关,征收管理的对象是纳税单位和个人,税收征收管理的依据是税收法律、法规。2001年4月28日第九届全国人民代表大会常务委员会第二十一次会议修订通过的《中华人民共和国税收征收管理法》是我国税收征收管理的基本法律规范,《中华人民共和国税收征收管理法实施细则》是由国务院发布的行政法规,国家税务总局根据税收征管法及其实施细则制定有关的税收征管规章和制度。上述法律、法规、规章、制度的建立健全,使税收征收管理的各个环节都有法可依、有章可循。

3. 什么是税务登记?

税务登记是税务机关对纳税人的经济活动进行登记,并据此对纳税人实施税务管理的一项法定制度。

企业,企业在外地设立的分支机构和从事生产、经营的场所,个体工商户和从事生产、经营的事业单位,都应当依法办理税务登记。其他纳税人,除了国家机关、个人和无固定生产、经营场所的流动性农村小商贩以外,也应当依法办理税务登记。

依法负有扣缴税款义务的扣缴义务人(不包括国家机关),应当依法办理扣缴税款登记。

县以上国家税务局(分局)、地方税务局(分局)是税务登记的主管机关，负责税务登记的设立登记、变更登记、注销登记和税务登记证验证、换证以及非正常户处理、报验登记等有关事项。

国家税务局（分局）、地方税务局（分局）按照国务院规定的税收征收管理范围，实施属地管理，采取联合登记或者分别登记的方式办理税务登记。在有条件的城市，国家税务局（分局）和地方税务局（分局）可以按照各区分散受理、全市集中处理的原则办理税务登记。

国家税务局（分局）、地方税务局（分局）执行统一的税务登记代码。税务登记代码由省级国家税务局和地方税务局联合编制，统一下发各地执行。

已经领取组织机构代码的纳税人税务登记代码为：区域码＋国家技术监督部门设定的组织机构代码；个体工商户税务登记代码为其居民身份证号码；从事生产、经营的外国人和香港、澳门、台湾居民税务登记代码为：区域码＋相应的有效证件（如护照、港澳居民往来内地通行证、台湾居民往来大陆通行证等）号码。

纳税人在开立银行账户和领购发票的时候必须提供税务登记证件，在办理其他税务事项的时候应当出示税务登记证件。

4. 什么是账簿、凭证？

账簿，又称账册，指具有一定格式并且相互联系的账页组成的用以记录各项经济活动业务的簿籍，它是编制财务报表的依据。账簿按照用途可以分为日记账、总账、明细账等；按照形式可以分为订本账、活页账、卡片账等。

税法中所说的凭证通常是指会计凭证。会计凭证是记载经济业务的发生，明确经济责任，作为记账依据的书面证明，可以分为原始凭证和记账凭证。

原始凭证是经济业务发生时取得或者填制的凭证，是发生会计事项惟一合法的书面证明，是会计核算工作的起点和基础。合法的原始凭证，包括套印税务机关发票监制章的发票、经税务机关批准可以不套印发票监制章的专用性质票据和财政部门管理的行政性收费收据以及经财政、税务部门认可的其他凭证。

记账凭证是由会计人员根据审核无误的原始凭证，按照其内容、应用会计科目和记账方法加以归类整理，并据以确定会计分录和登记账簿的凭证。记账凭证可以根据每一件原始凭证填制，也可以根据同类原始凭证汇总表填制。按照所反映经济业务的内容不同，记账凭证可以分为收款凭证和付款凭证。

<u>5. 什么是纳税申报？</u>

纳税申报是纳税人、扣缴义务人依法向税务机关提交有关纳税、扣缴税款事项书面报告的一项制度。

下列纳税人、扣缴义务人需要办理纳税申报：从事生产、经营并实行独立经济核算的企业和其他单位；经工商行政管理部门批准营业的个体工商户；国家机关、部队、社会团体和事业单位等，从事生产、经营，负有纳税义务的；其他单位、个人，如应当缴纳房产税的单位、个人；负有代扣代缴税款、代收代缴税款义务的单位、个人。

纳税申报的主要方式是直接申报、邮寄申报和电子申报，纳税人也可以委托他人代理纳税申报。

纳税申报的期限因各种税的征税对象、征收环节等不同而不尽一致；即使是同一个税种，每个纳税人的纳税申报期限也不尽一致，我国现行税收法律、行政法规对此都作了原则的规定。例如，增值税暂行条例中规定：纳税人以 1 个月为一期纳税的，从期满之日起 10 天以内申报纳税。

<u>6. 什么是查账征收？</u>

查账征收是纳税人依法报送纳税资料，经税务机关审核以后缴纳税款的一种征税方式。其做法是：纳税人在税务机关规定的纳税期限以内，根据自己的生产、经营情况，填写纳税申报表、财务会计报表和其他有关资料，向税务机关办理纳税申报；税务机关对上述资料审核以后合格的，填开税收缴款书交纳税人；纳税人持税收缴款书向国库缴纳税款。这是我国广泛采用的一种征税方式。在实行这种征税方式时候，要求纳税人的会计核算资料齐全、真实、准

确，纳税人的法制观念比较强，有专门的办税人员，并经过税务机关审查批准。

7. 什么是核定征收？

核定征收是由税务机关审核确定纳税人的应纳税额或者收入额、所得率等，据以征收税款的一种方式。核定征收主要包括定额征收、核定应税所得率征收、核定收入额征收等征收方式。

定额征收指税务机关按照一定的标准、程序和方法，直接核定纳税人的应纳税额，由纳税人按照规定申报纳税的一种征收方式。

核定应税所得率征收指税务机关按照一定的标准、程序和方法，预先核定纳税人的应税所得率，由纳税人根据纳税年度内的收入总额或者成本、费用等项目的实际发生额，按照预先核定的应税所得率计算缴纳所得税的一种征收方式。

核定收入额征收指税务机关按照一定的标准、程序和方法，直接核定纳税人的销售（营业）额，据以征税的一种征收方式。

8. 什么是定期定额征收？

定期定额征收是税务机关按照法律、法规，按照规定程序，核定纳税人在一定经营地点、一定经营时期、一定经营范围以内的应纳税经营额（经营数量）或者所得额，并以此为计税依据，确定其应纳税额的一种征收方式。这种征收方式适用于经主管税务机关认定和县以上税务机关批准的生产、经营规模小、达不到国家税务总局发布的《个体工商户建账管理暂行办法》规定设置账簿标准的个体工商户（以下简称定期定额户），个人独资企业可以参照办理。虽然设立账簿，但是账目混乱，或者成本资料、收入和费用凭证残缺不全，难以查账的个体工商户，也可以实行这种征收办法。

国家税务局、地方税务局应当按照国务院规定的税收征收管理范围，分别核定各自管辖税种的定额。同时，应当加强协调、配合，共同制定联系制度，保证信息渠道畅通。

税务机关应当将定期定额户分类，在年度内按照行业、区域选择一定数量并具有代表性的定期定额户，对其经营、所得情况进行典型调查，做出调查分析。典型调查户数应当占该行业、区域总户数的 5% 以上，具体比例由省级税务机关确定。

定额执行期的具体期限由省级税务机关确定，但最长不得超过 1 年。定额执行期是指税务机关核定以后执行的第一个纳税期至最后一个纳税期。

9. 什么是代扣代缴、代收代缴和委托代征？

代扣代缴是法定负有扣缴税款义务的单位和个人，按照税法的规定，代税务机关从支付给纳税人的收入中扣除其应纳税款，并将代扣的税款向税务机关解缴的一种征税方式。例如，我国的个人所得税法规定：个人所得税以所得人为纳税人，以支付所得的单位和个人为扣缴义务人。

代收代缴是法定负有代收代缴税款义务的单位和个人，按照税法的规定，代税务机关向纳税人收取其应纳税款，并将代收的税款向税务机关解缴的一种征税方式。

委托代征是税务机关委托有关单位和个人，按照税法和代征协议规定的范围、权限，代税务机关征收税款的一种征税方式。

税务机关应当对负有代扣代缴、代收代缴义务的扣缴义务人办理扣缴税款登记，核发扣缴税款登记证件。扣缴义务人应当按照法律、行政法规的规定履行代扣、代收税款的义务。对法律、行政法规没有规定负有代扣代缴、代收代缴税款义务的单位、个人，税务机关不得要求履行代扣代缴、代收代缴税款义务。

负有代扣代缴义务的单位、个人，应当在支付款项的时候，依法将取得款项的纳税人应当缴纳的税款代为扣缴。纳税人拒绝扣缴税款的，扣缴义务人应当暂停支付相当于纳税人应纳税款的款项，并在 1 天以内报告税务机关。

负有代收代缴义务的单位、个人，应当在收取款项的时候，依法将支付款项的纳税人应当缴纳的税款代为收缴。纳税人拒绝给付的，扣缴义务人应当在 1 天以内报告税务机关。

税务机关在委托代征税款的时候，应当对代征单位、个人进行资格审定。其必备条件，一是财务制度健全、便于税收控管和方便纳税、能够独立承担民事责任，有熟悉税收政策的专门办税人员，并具有承担税收代征条件的单位；二是责任心强、具有高中以上文化、熟悉税收政策，能够独立承担民事责任，没有不良记录的个人。

税务机关委托单位、个人代征税款应当签订委托代征协议书，明确双方的权利和义务、职责与责任，核发委托代征证书。税务机关应当监督代征单位、个人按照法律、法规和税务机关的规定代征税款，解缴票款。

代征单位、个人按照代征证书的要求，以税务机关的名义依法征收税款，纳税人不得拒绝；纳税人拒绝的，受托单位、人员应当及时报告税务机关。

税务机关应当对代扣代缴、代收代缴、委托代征税款的单位和个人支付手续费，具体比例如下：

一、法律、行政法规规定的代扣代缴、代收代缴税款，按照代扣、代收税款的 2% 支付。

二、委托金融机构、邮政部门代征个人、个体工商户和实行核定征收税款的小型企业的税收，按照不超过代征税款的 1% 支付。

三、委托单位、个人代征农贸市场、专业市场的税收，按照不超过代征税款的 5% 支付。

四、委托单位、个人代征交通、房地产、屠宰等特殊行业的税款，按照不超过代征税款的 5% 支付。

五、委托证券交易所和证券登记结算机构代征证券交易印花税，按照代征税款的 0.3% 支付；委托有关单位代征代售印花税票，按照代售金额 5% 支付。

六、委托单位、个人代征其他零散、异地缴纳的税收，按照不超过代征税款的 5% 支付。

实行代扣代缴、代收代缴、委托代征制度，有利于加强税务机关与有关部门、单位和个人的配合，强化税源控管，保证国家税收；也有利于简化征收手续，方便纳税人纳税，降低征税成本，提高工作效率。

10. 什么是税收保全措施?

税收保全措施是税务机关为了维护国家的税收权益，针对由于纳税人的行为和某些客观原因造成的应征税款不能保证的情况，依法采取的确保税款完整的行政措施。我国税收征收管理法规定的税务机关可以采取的税收保全措施，一是通知金融机构冻结纳税人的存款，二是扣押、查封纳税人的商品、货物和其他财产。纳税人在税务机关采取税收保全措施以后按照规定的期限缴纳税款的，税务机关应当及时解除税收保全措施。纳税人在规定的限期期满以后仍然没有缴纳税款的，税务机关可以通知金融机构从其冻结的存款中扣缴税款，或者依法拍卖、变卖所扣押、查封的商品、货物和其他财产，以拍卖、变卖所得抵缴税款。

11. 什么是税收强制执行措施?

税收强制执行措施，是税务机关为了维护国家的税收权益，依法对纳税人不按照规定履行纳税义务的行为和扣缴义务人不按照规定履行扣缴税款义务的行为，所采取的强制其履行纳税义务、扣缴税款义务的行政措施。我国税收征收管理法规定的税收强制执行措施，一是通知金融机构从纳税人的存款中扣缴其应纳税款；二是扣押、查封、依法拍卖、变卖纳税人的价值相当于应纳税款的商品、货物和其他财产，以拍卖、变卖所得抵缴税款。

12. 什么是税务稽查?

税务稽查是税务机关依法对纳税人、扣缴义务人履行纳税义务、扣缴税款义务的情况进行税务检查和处理工作的总称，具体包括日常稽查、专项稽查和专案稽查等。

税务稽查的基本任务是：按照国家税法，查处税收违法行为，保障税收收入，维护税收秩序，促进依法纳税，保证税法的实施。为此，税务稽查必须以事实为根据，以国家发布的税收法律、法规和规章为准绳，依靠人民群众，加强与司法机关和其他有关部门的配合。

各级税务机关设立的税务稽查机构，按照各自的管辖范围行使税务稽查职能。

13. 什么是税收法律责任？

税收法律责任指纳税主体和征税主体违反税收法律规定的义务而应当承担的法律责任。税收法律责任的形式包括：

一、民事法律责任。主要是退还和赔偿，如税务机关追征纳税人应缴未缴、少缴的税款，加收滞纳金；纳税人要求税务机关退回多征税款。

二、行政法律责任。主要是罚款和其他行政处置，如税务机关对违反税法的纳税人处以罚款，对骗取国家出口退税者定期停止为其办理出口退税，对滥用职权、刁难纳税人的税务人员给予行政处分等。

三、刑事法律责任。主要是刑事处罚。税收法律关系主体违反税法，情节严重，构成犯罪的，由司法机关依法对有关当事人进行刑事处罚。

当有责任能力和纳税义务或者征税职责的法人、个人和其他组织违反税法时，都要依法承担相应的税收法律责任。

14. 什么是税务行政处罚？

税务行政处罚是税务机关对于违反税法，但是未构成犯罪的纳税人、扣缴义务人依法实施的行政制裁。税务行政处罚必须以税收法律、法规为依据，并以被处罚对象违反税法为前提，处罚的目的是维护国家的税收法制和财政收入。税务行政处罚权一般由税务机关行使，被处罚对象是纳税人、扣缴义务人。税务行政处罚由税法规定并由税务机关作出，处罚的基本形式是罚款；处罚的种类主要有财产处罚（如罚款、加收滞纳金），能力处罚（如停止发售发票、停止办理出口退税），申诫处罚（如责令限期改正或缴纳），经济处罚（如没收违法所得），自由处罚（如对未依法缴清税款者限制其出境）等。

15. 什么是税务刑事处罚？

税务刑事处罚是司法机关对于违反税法并构成犯罪的税收法律

关系主体按照刑法的规定实施的刑事制裁。这是最为严厉的一种税收法律责任形式。税务刑事处罚的目的是，通过惩罚与教育、改造相结合，改造罪犯，预防犯罪。我国税务刑事处罚的种类由刑法规定，目前有5种主刑（包括死刑、无期徒刑、有期徒刑、拘役和管制），3种附加刑（包括罚金、剥夺政治权利和没收财产），具体适用种类由人民法院作出判决。对自然人的税收犯罪可以采用上述各种处罚形式，而对法人的税收犯罪只能采用罚金和没收财产的附加刑形式，但是对其责任人也可以采用上述各类主刑予以处罚。

16. 什么是偷税?

纳税人伪造、变造、隐匿、擅自销毁账簿、记账凭证，在账簿上多列支出或者不列、少列收入，经税务机关通知申报而拒不申报或者进行虚假的纳税申报，不缴或者少缴应纳税款的，是偷税。

扣缴义务人采取上述手段，不缴或者少缴已扣、已收税款的，按照偷税处罚。

17. 什么是逃税?

逃税指纳税人逃避纳税义务的行为。对于逃税通常有两种理解：一种是广义的逃税，指纳税人采用各种合法和非法的手段逃避纳税义务的行为；一种是狭义的逃税，指纳税人采用非法手段减少纳税义务、不履行纳税义务的行为，如利用欺骗的手段，少报、不报应税收入、所得和财产，伪造凭证、账簿，隐匿财产，拒绝申报纳税，贿赂税务人员等方式少纳税或者不纳税。通常认为，采用合法手段减轻或者不履行纳税义务的为避税，采用非法手段减少或者不履行纳税义务的为逃税。

18. 什么是抗税?

以暴力、威胁方法拒不缴纳税款的，是抗税。所谓暴力，主要是指对税务人员人身实施攻击或者强制，如殴打、捆绑、扣押、禁闭等。此外，为阻挠征税而捣毁税务人员的交通、通信设备，冲击、打砸税务机关的，也属于实施暴力。所谓威胁，是指以暴力加害或者毁其财物、损毁名誉等方式对税务人员进行精神强制。

<u>19. 什么是欠税?</u>

欠税指纳税人、扣缴义务人超过税法规定或者税务机关依法核定的纳税期限，未缴纳和少缴纳应纳税款的行为。税务机关在纳税人发生纳税义务时根据税法规定核定其应纳税款的纳税期限和缴库期限，纳税人没有按期缴纳而发生拖欠税款的行为，一般称为欠税。欠税按照期限的长短可以分为滞纳、新欠和陈欠 3 种。

<u>20. 什么是税收滞纳金?</u>

税收滞纳金是税务机关依法对没有按照规定的期限缴纳税款的纳税人和没有按照规定的期限解缴税款的扣缴义务人所加收的款项。这是对违反税法的纳税人和扣缴义务人的一种经济制裁方式。各国税法中普遍规定了滞纳金的制裁方式，纳税人不按照规定的期限缴纳税款，扣缴义务人不按照规定的期限解缴税款的，税务机关除了限期追缴税款以外，还要从滞纳税款之日起至缴纳、解缴税款之日止，按照滞纳税款的日数和滞纳税款金额的一定比例加收滞纳金。滞纳金的计算公式为：滞纳金金额 = 滞纳税款金额 × 滞纳金比例 × 滞纳税款天数。

我国的税收征收管理法规定：纳税人、扣缴义务人按照法律、行政法规规定或者税务机关依照法律、行政法规的规定确定的期限，缴纳或者解缴税款。纳税人未按照规定期限缴纳税款的，扣缴义务人未按照规定期限解缴税款的，税务机关除责令限期缴纳税款外，从滞纳税款之日起，按日加收滞纳税款 0.5‰ 的滞纳金。

<u>21. 什么是税收罚款?</u>

税收罚款是税务机关向违反税法的纳税人、扣缴义务人强制征收的一定数额的货币，是对税收违法行为的一种行政处罚措施。例如，根据我国税收征收管理法的规定，纳税人偷税，没有构成犯罪的，由税务机关追缴其不缴或者少缴的税款、滞纳金，并处不缴或者少缴的税款 50% 以上 5 倍以下罚款。

22. 什么是税收罚金？

税收罚金是人民法院强制违反税收法律的犯罪分子缴纳的一定数额的货币。在我国，罚金是附加刑的一种形式，可以独立适用和附加适用。罚金的数额根据犯罪情节和犯罪分子的经济状况确定。税收罚金有两种形式：一种是处应纳税额若干倍数的罚金，如刑法中规定，纳税人欠缴应纳税款，采取转移或者隐匿财产的手段，致使税务机关无法追缴欠缴的税款，数额在 1 万元以上不满 10 万元的，处 3 年以下有期徒刑或者拘役，并处或者单处欠缴税款 1 倍以上 5 倍以下罚金；数额在 10 万元以上的，处 3 年以上 7 年以下有期徒刑，并处欠缴税款 1 倍以上 5 倍以下罚金。另一种是处一定金额的罚金，如刑法中规定，个人犯虚开增值税专用发票罪的，处 3 年以下有期徒刑或者拘役，并处 2 万元以上 20 万元以下罚金。虚开的数额较大或者有其他严重情节的，还要加重处罚。

23. 什么是税务行政复议？

税务行政复议是我国行政复议制度的一个组成部分，具体指纳税人和其他当事人认为税务机关的具体行政行为侵犯其合法权益，依法向上一级税务机关或者本级人民政府提出复查该具体行政行为的申请，由复议机关对该具体行政行为的合法性和适当性进行审查，并作出裁决的制度。

为了防止和纠正税务机关违法或者不当的具体行政行为，保护纳税人和其他当事人的合法权益，保障和监督税务机关依法行使职权，国家税务总局根据《中华人民共和国行政复议法》、《中华人民共和国税收征收管理法》和其他有关规定，于 2004 年 2 月 24 日公布《税务行政复议规则（暂行）》，从同年 5 月 1 日起施行。

如果纳税人和其他当事人认为税务机关的具体行政行为侵犯了其合法权益，可以依法向税务行政复议机关（指依法受理行政复议申请，审查具体行政行为，并作出行政复议决定的税务机关，以下简称"复议机关"）申请行政复议。

复议机关负责税收法制工作的机构（以下简称"法制工作机构"）

具体办理税务行政复议事项，履行下列职责：受理行政复议申请；向有关组织、人员调查取证，查阅文件、资料；审查申请行政复议的具体行政行为是否合法与适当，拟定行政复议决定；处理或者转送对有关规定的审查申请；按照规定的权限、程序对被申请人违反行政复议法和税务行政复议规则的行为提出处理建议；办理因不服行政复议决定提起行政诉讼的应诉事项；检查、监督下级税务机关的行政复议工作；办理行政复议案件的赔偿事项；办理行政复议、行政诉讼和赔偿等案件的统计、报告和归档工作。

各级税务机关应当建立健全法制工作机构，配备专职行政复议、应诉工作人员，保证行政复议、应诉工作的顺利开展。

复议机关必须强化责任意识和服务意识，树立依法行政观念，认真履行行政复议职责，忠于法律，确保法律正确实施，坚持有错必纠。行政复议活动应当遵循合法、公正、公开、及时和便民的原则。

纳税人和其他当事人对行政复议决定不服的，可以按照行政诉讼法的有关规定向人民法院提起行政诉讼。

复议机关、复议机关工作人员和被申请人在行政复议活动中有违反行政复议法和税务行政复议规则的行为，按照行政复议法的有关规定追究法律责任。

24. 什么是税务行政诉讼?

税务行政诉讼是我国行政诉讼制度的一种，具体指公民、法人和其他组织认为税务机关及其工作人员作出的具体行政行为违法或者不当，侵害了其合法权益，依法向人民法院提起行政诉讼，由人民法院对税务机关及其工作人员作出的具体行政行为的合法性、适当性进行审理，并作出裁判的司法制度。这项制度对于保证人民法院正确、及时地审理税务行政案件，保护纳税人、扣缴义务人等当事人和其他行政相对人的合法权益，保障和监督税务机关依法行使行政职权，具有重要的意义。

提起税务行政诉讼应当符合以下条件：即原告是认为具体行政行为侵害其合法权益的公民、法人和其他组织，有明确的被告，有具体的诉讼请求和事实根据，属于人民法院受案范围和受诉法院管辖。

25. 我国的税务机构是怎样设置的？

税务机构是国家为了行使征税权力而设立的专门工作机构。我国现行的税务机构是 1994 年实行分税制财政管理体制时组建的，分为中央税务机构和地方税务机构两个系统。全国共设 4 级税务机构：国家税务总局为国务院主管税收工作的正部级直属机构；各省、自治区和直辖市国家税务局、地方税务局为正厅级机构；地区、地级市（区）、自治州和盟的国家税务局、地方税务局为正处级机构；县、县级市（区）和旗的国家税务局、地方税务局为正科级机构。征收分局、税务所是县级税务局的派出机构，是直接从事税收征收管理的税务机关。县级国家税务局、地方税务局通常按照行政区划或者经济区划设置征收分局、税务所。

国家税务总局的主要职责是：拟定有关的税收法律、法规草案，制定实施细则；提出税收政策建议，并与财政部共同审议上报、制定贯彻落实的措施。参与研究宏观经济政策、中央与地方的税权划分，研究税负总水平，提出运用税收手段进行宏观调控的建议，制定并监督执行税收业务的规章制度，指导地方税收征管业务。组织实施税收征收管理体制改革，制定税收征管制度，监督税收法律法规、方针政策的贯彻执行。组织实施中央税、中央与地方共享税、国家指定的基金（费）的征收管理；编制税收计划，对税法执行过程中的征管问题和一般性税政问题进行解释，组织办理有关减免税事宜。开展税收领域的国际交流与合作；参加涉外税收的国际谈判，草签和执行有关的协定、协议。办理进口货物的增值税、消费税征收和出口货物的增值税、消费税退税业务。管理国家税务局系统的人事、劳动工资、机构编制和经费；管理省级国家税务局正、副局长和相应级别的干部；对省级地方税务局局长任免提出意见。负责税务系统的教育培训和思想政治工作。组织税收宣传和理论研究，组织实施注册税务师的管理，规范税务代理行为。

国家税务总局对国家税务局系统实行机构、编制、干部、经费垂直管理。国家税务总局对省级地方税务局的领导，主要体现在税收政策、业务的指导和协调，对国家统一的税收制度、政策的监督，组织经验交流等方面。

省级地方税务局是省级人民政府所属的主管本地区地方税收工作的职能部门，实行地方政府和国家税务总局双重领导，以地方政府领导为主的管理体制。省以下地方税务局实行上级税务机关和同级政府双重领导，以上级税务机关垂直领导为主的管理体制，即地区（市、区、州、盟）和县（市、区、旗）地方税务局的机构设置、干部管理、人员编制和经费开支均由所在省（自治区、直辖市）地方税务局垂直管理。

海关总署是国务院部级直属机构，是主管全国海关工作的行政执法机构，其主要职责之一是：研究拟定关税征收管理条例及其实施细则，组织实施进出口关税和其他税费的征收管理，依法执行反倾销、反补贴措施和保障措施。

关税征管司是海关总署内主管关税征管业务的职能部门，其主要职责是：参与研究进出口税收政策和税则税率的调整，承担关税立法调研、起草工作和税法执行过程中的一般性解释工作；研究提出关税、进口环节税等税费征收、减免和退补管理规章制度，并组织监控实施；组织实施国家关税、进口环节税减免的各项政策和规定；研究提出海关对边境贸易、边民互市和对台小额贸易等特殊贸易方式进出口货物的税收征管规章制度，并组织监控实施；研究提出进出口货物海关估价的规章制度，并组织监控实施，对境外价格调查工作实施业务管理；管理、维护商品价格资料库；研究提出海关进出口商品分类目录，并组织监控实施；管理海关商品归类、化验工作，确定疑难商品的税则归类；管理、维护进出口商品归类指导数据库；研究提出国家进出口商品原产地规则，并组织监控实施；参与反倾销调查，组织实施反倾销措施、反补贴措施、保障措施和其他关税措施；组织、参与各项优惠贸易协定下原产地规则的国际谈判；对海关商品价格信息机构、原产地管理机构、商品归类机构和化验机构实施业务管理。

海关系统实行垂直管理的领导体制。海关总署下设广东分署，天津、上海特派员办事处，41 个直属海关和直属海关下辖的 562 个隶属海关，分别依法独立行使职权。全系统共有关员 4.8 万人（包括海关缉私警察），监管中央政府批准的海、陆、空一类口岸 253 个，省级人民政府批准的二类口岸近 200 个。

根据对外经济、贸易、科技、文化交流和发展旅游事业需要，海关机构的设置不受行政区划的限制，一般设在对外开放口岸和货物进出口、人员进出境比较集中的地点。

<u>26. 我国的税收征收管理范围是怎样划分的？</u>

我国的税收征收管理范围划分大体如下：

一、国家税务局系统负责征收和管理的项目有：增值税、消费税（其中进口环节的增值税、消费税由海关负责代征），车辆购置税，铁道部门、各银行总行、各保险公司总公司集中缴纳的营业税、企业所得税、城市维护建设税，中央企业缴纳的企业所得税，中央与地方所属企业、事业单位组成的联营企业、股份制企业缴纳的企业所得税，地方银行和非银行金融企业缴纳的企业所得税，海洋石油企业缴纳的企业所得税、资源税（目前资源税暂不征收），2002 年 1 月 1 日以后注册的企业、事业单位缴纳的企业所得税，对储蓄存款利息征收的个人所得税，对股票交易征收的印花税。

二、地方税务局系统负责征收和管理的项目有：营业税、企业所得税、个人所得税、资源税、印花税、城市维护建设税（不包括上述由国家税务局系统负责征收管理的部分），房产税，城市房地产税，城镇土地使用税，耕地占用税（部分地区暂由财政部门负责征收和管理），土地增值税，车船税，烟叶税，固定资产投资方向调节税。其中，固定资产投资方向调节税已经停止征收。

到 2006 年年底，在国家税务局和地方税务局办理税务登记的纳税人，已经分别达到 1 482.9 万户和 1 912.3 万户。

为了加强税收征收管理，降低征收成本，避免工作交叉，简化征收手续，方便纳税人，在某些情况下，国家税务局和地方税务局可以相互委托对方代征某些税收。

三、在大部分地区，契税现由地方财政部门负责征收和管理；

在少数地区，此税现由地方税务局负责征收和管理。

四、海关系统负责征收和管理的项目有：关税、船舶吨税。此外，负责代征进口环节的增值税、消费税。

四、国际税收

1. 什么是国际税收？

国际税收是指两个以上的国家对从事国际经济活动的跨国纳税人行使征税权力而形成的国家之间的税收分配关系。其主要含义是：第一，国际税收不能离开国家税收而单独存在。征税总是在一个国家的政府与该国的纳税人之间进行的，没有各国政府对其管辖范围以内的纳税人的征税，就不会产生国际税收。第二，国际税收不能离开跨国纳税人这个因素。只有跨越国境的纳税人，同时承担两个以上国家的纳税义务，才有可能引起国家之间的税收关系。第三，国际税收的本质是国家之间的税收分配关系。国际税收与国家税收有着严格的区别。国家税收体现的特定征纳关系是一个主权国家政府与其管辖的纳税人之间的税收分配关系。国际税收虽然是依附于国家凭借其政治权力对跨国纳税人的征税行为，但是本质上反映的是国家之间的财权利益分配关系。因为跨国纳税人在其跨越的国家内取得的收入应当和能够承担的总税负是有限的，当一个国家向跨国纳税人多征税时，必然导致其他国家少征税，由此引起的有关国家之间税收权益分配的矛盾，只能通过调整这些国家之间的税收分配关系求得解决。

处理国际税收关系同处理其他国际关系一样，应当遵循平等、互利的原则。所谓平等，是指对本国纳税人和外国纳税人征税应该同等对待，不得歧视。所谓互利，是指双方互惠。也有单方面对外国纳税人实行优惠原则或者最大负担原则的，但是在对外国纳税人实行最大负担原则时往往会招致对方国家对本国纳税人的报复。平等、互利原则还包括有关国家对于对方国家纳税人的有关征税处理必须是对等的，如双方互相给予对方以分享投资所得预提税的权利等。

2. 什么是跨国纳税人?

跨国纳税人是指受两个以上国家管辖,按照两个以上国家税法的规定履行纳税义务的纳税人。例如,从事国际经济活动的纳税人,同时取得来源于两个以上国家的收入,或者虽然只有来源于一个国家的收入,但是在两个以上国家同时负有纳税义务,就成为跨国纳税人。跨国纳税人的纳税义务很容易在不同国家之间发生交叉、重叠,从而引起不同国家对同一纳税人、同一征税对象的共同课征,形成国家之间的税收权益的分配。

3. 什么是跨国所得?

跨国所得又称国际所得,指一个国家的纳税人取得的来源于其他国家的所得。跨国所得通常是指跨国纳税人取得或者实现的同时对两个以上国家负有纳税义务的所得,可以划分为 4 种类型:第一类是跨国一般经常性所得,指跨国纳税人在一定时期以内经常取得的跨国所得或者收益,一般包括自然人取得的工资、薪金、劳务报酬、利息、股息、特许权使用费和财产租赁收入等经常性所得或者收益,法人从事农业、工业、商业、矿业、交通运输业和其他服务业等取得的经常性所得或者收益。第二类是跨国资本利得。指跨国纳税人通过出售或者交换资本性资产所获得的收益,上述资本性资产主要包括房屋、机器设备、股票、债券、商誉、商标和专利权等资产。第三类是跨国超额所得,指跨国纳税人在特定时期或者特殊情况下所取得的超过一般经常性所得标准的跨国所得或者收益。例如,利用战争所创造的特殊便利条件或者利用所经营行业的自然资源的优越条件获得比一般纳税人更多的所得或者收益。第四类是跨国其他所得。

4. 什么是跨国一般财产价值?

跨国一般财产价值是跨国纳税人所拥有的一切财产在货币形式上的综合表现。按照其在征税时所处的状态,可以划分为以下两种类型:第一类是跨国一般动态财产价值,指由于财产的无偿转移而发生所有权变化的跨国一般财产价值，包括遗产和赠与财产的价值，不包括流通中所实现的跨国一般财产价值，也不包括在转让中实现的跨国一般财产价值。许多国家对跨国一般动态财产价值征税，其适用税种一般是遗产税和赠与税。由于跨国一般动态财产价值的放弃和接受有关各方不一定存在于一国范围以内，因而往往不同国家同时就同一价值或者部分价值征税，从而造成国际重复征税。第二类是跨国一般静态财产价值，指跨国纳税人所有的在一定时期以内处于相对静止状态的各项跨国财产价值的总和。有些国家对跨国一般静态财产价值征税，其适用税种涉及法人的有一般财产税和资本税，涉及自然人的有财富税、一般财产税和富裕税。由于同一纳税人拥有的跨国一般静态财产价值有可能存在于不同的国家，因而对其征税也可能导致国际重复征税。

5. 什么是税收管辖权？

税收管辖权是主权国家根据其法律在征税方面所拥有的权力，包括税收立法权和征收管理权。税收管辖权具有独立性和排他性，独立性体现在一个国家在征税方面行使权力的完全自主性，即对本国的税收立法和税务管理方面具有独立的管辖权力；排他性体现在处理本国税收事务时不受外国的控制和干涉。

行使税收管辖权没有统一的国际规则，但是这种权力的行使要受国家政治权力所能达到的范围的制约。国家政治权力所能达到的范围包括两个方面：一方面，以地域的概念来确定，指该国境内的全部空间，包括领土、领海和领空；另一方面，以人的概念来确定，包括该国所有的公民（居民）。

根据上述两个概念，一个国家行使税收管辖权的原则可以分为属地主义和属人主义两种原则。按照属地原则确立的税收管辖权称作地域管辖权，也称收入来源管辖权。实行地域管辖权的国家，只对跨国纳税人来源于本国境内的跨国所得和存在于本国境内的跨国一般财产价值征税，不对跨国纳税人来源于本国境外的跨国所得和存在于本国境外的跨国一般财产价值征税。按照属人原则确立的税收管辖权称作居民（公民）管辖权，也称居住管辖权。实行居民

（公民）管辖权的国家，不论跨国纳税人的跨国所得是否来源于本国境内和跨国纳税人的跨国一般财产价值是否存在于本国境内，只要纳税人是本国居民（公民），就要对其跨国所得和跨国一般财产价值征税。

行使税收管辖权的原则与范围，由各国政府根据本国的政治、经济和财政、税收政策自行确定。经济发达国家大多是资本输出国，他们从自己的经济利益出发，倾向于居民（公民）管辖权；发展中国家资本输入比较多，外资企业在本国经济中占有一定的比重，因而倾向于地域管辖权；发达国家之间互有资本输出，因而他们也同意地域管辖权。目前，多数国家的做法是将两种税收管辖权结合起来使用（我国即如此），也有一些国家选择采用两种税收管辖权中的一种。

6. 什么是国际重复征税？

国际重复征税是指两个以上国家对同一跨国纳税人的同一征税对象同时行使税收管辖权，征收相同或者类似的税收。国际重复征税包括涉及两个国家的国际双重征税和涉及多个国家的国际多重征税。在实践中，国际双重征税现象比较普遍，因此，国际重复征税主要是指国际双重征税。由于目前大多数国家同时采用居民（公民）管辖权和地域管辖权这两种不同的税收管辖权，一个国家的居民（包括自然人和法人）来源于非居住国家的跨国所得或者存在于非居住国家的跨国一般财产价值，一方面居住国政府要行使居民（公民）管辖权对其征税；另一方面，非居住国政府也要行使地域管辖权对其征税。这样，就不可避免地要对这个跨国纳税人的同一征税对象（跨国所得和跨国一般财产价值）发生双重（多重）征税。

国际双重征税的存在不仅对有关纳税人不利，而且不利于国际间的资本、技术、人才流动和国家之间的经济、技术、文化合作与交流。目前解决这个问题的主要方法是由有关国家政府之间签订避免双重征税协定，或者在一国的国内税法中规定单方面给予照顾。

7. 什么是税收抵免?

税收抵免是指在处理避免国际双重征税事务中，居住国或者国籍国政府允许本国居民（公民）在本国税法规定的限度以内，用已经缴纳的非居住国或者非国籍国政府的所得税或者一般财产税税额，抵免应当汇总缴纳的居住国或者国籍国的相关税额。按照两国政府间是否签订包含税收抵免条款的税收协定来划分，可以分为双边税收抵免和单边税收抵免两种情况。双边税收抵免的做法是：一个国家必须与对方国家签订避免双重征税协定，规定互相给予税收抵免的条款，才能给予税收抵免。单边税收抵免则不需要签订税收协定，可以由一国单方面在国内税法中规定给予税收抵免。采取单边税收抵免的国家在具体做法上也各有不同，如日本、荷兰实行自动抵免；美国、加拿大要经过本国国税局的裁定；德国要由财政部将外国的税法提交本国议会认可以后才准许抵免。

8. 什么是税收饶让?

税收饶让又称税收饶让抵免或者虚拟税收抵免，指在处理避免国际双重征税事务中，居住国（国籍国）政府对于本国居民（公民）在非居住国（非国籍国）得到减免的所得税视同已经征税给予抵免，不再按照本国税法的规定补征。税收饶让以税收抵免为前提，是税收抵免的延伸，是对跨国纳税人的一种税收优惠。

按照国际税收抵免的惯例，除了在非居住国（非国籍国）缴纳的税额超过了按照居住国（国籍国）税法规定计算的应纳税额以外，跨国纳税人在非居住国（非国籍国）投资的税负和在居住国（国籍国）投资的税负，通过税收抵免以后，一般是相等的。这种抵免机制带来的税负拉平的趋势，常常使发展中国家吸引外国投资的努力受到不利影响。因为发展中国家为了鼓励外国投资，可能在一定时期以内对于外国投资者给予免征或者减征所得税的优惠待遇。如果作为发达国家的居住国（国籍国）不考虑这种情况，对于非居住国（非国籍国）所减免的所得税加以补征，就会使发展中国家为吸引外资而实施的税收优惠落空，外国投资者并没有从中得到实惠，只不过将发展中国家减免的所得税转移到资本输出的发达国家，增加了资本输出国的税收收入而已。为了使发展中国家对于外国投资者采取的减免所得税的优惠措施不因被投资国家补征所得税而变得无效，可以采取税收饶让的办法。根据这种办法，资本输出的发达国家作为居住国（国籍国），不仅对于本国居民（公民）已经缴纳的非居住国（非国籍国）所得税给予抵免，而且对于作为非居住国（非国籍国）的发展中国家给予本国居民（公民）的所得税减免视同已经缴纳的所得税给予抵免。

目前税收饶让多属发达国家单方面对发展中国家减免所得税所承担的协定义务。在一些欧洲国家与发展中国家签订的双边税收协定中，考虑到发展中国家的要求，往往会在一定范围以内（如只限于预提税）以某种方式接受税收饶让的方法。

9. 什么是国际税收协定？

国际税收协定是两个以上的主权国家为了协调相互间在处理跨国纳税人征税事务和其他有关税收分配方面的关系，本着对等的原则，经过政府间谈判签订的一种法律文件。国际税收协定属于国际经济法范畴，是以国家为权利、义务主体，以国家间税收权益关系为调整对象的法律规范。国际税收协定处理的问题包括：有关国家之间的双重征税问题，取消税收差别待遇问题，税收的优惠待遇问题，相互配合以减少国际间逃税问题等。国际税收协定的分类一般有两种方法：一种是按照缔约主体划分，可以分为双边税收协定和多边税收协定；另一种是按照调整对象划分，可以分为综合税收协定和单项税收协定。

世界上最早的国际税收协定可以追溯到 1843 年法国与比利时签订的税务合作和税收情报交换协定。第二次世界大战以后，随着国际经济和政治的发展，跨国公司大量出现，由税收管辖权交错重叠所导致的国家间税收权益的矛盾愈来愈复杂，税收国际化问题为越来越多的国家所重视。为了公正合理地解决国际税收问题，各国在实践中逐渐形成了一系列处理双边或者多边税收关系的准则和惯例。20 世纪 60 年代至 70 年代产生的经济合作与发展组织制定的

《关于避免对所得和财产双重征税的协定范本》和联合国制定的《关于发达国家与发展中国家间避免双重征税的协定范本》,对处理国家间税收分配关系的准则作了进一步的规范。从此,参照这两个范本签订的国际税收协定迅速增加。

为了更好地实行对外开放政策,引进国外资金、技术和人才,我国在涉外税收方面实行了许多优惠政策,并已经陆续同日本、美国、法国、英国、比利时、德国、马来西亚、挪威、丹麦、芬兰、加拿大、瑞典、新西兰、泰国、意大利、荷兰、前捷克斯洛伐克、波兰、澳大利亚、保加利亚、巴基斯坦、科威特、瑞士、塞浦路斯、西班牙、罗马尼亚、奥地利、巴西、蒙古、匈牙利、马耳他、阿拉伯联合酋长国、卢森堡、韩国、俄罗斯、巴布亚新几内亚、印度、毛里求斯、克罗地亚、白俄罗斯、斯洛文尼亚、以色列、越南、土耳其、乌克兰、亚美尼亚、牙买加、冰岛、立陶宛、拉脱维亚、乌兹别克斯坦、孟加拉国、前南斯拉夫、苏丹、马其顿、埃及、葡萄牙、爱沙尼亚、老挝、塞舌尔、菲律宾、爱尔兰、南非、巴巴多斯、摩尔多瓦、卡塔尔、古巴、委内瑞拉、尼泊尔、哈萨克斯坦、印度尼西亚、·阿曼、尼日利亚、突尼斯、伊朗、巴林、希腊、吉尔吉斯斯坦、摩洛哥、斯里兰卡、特立尼达和多巴哥、阿尔巴尼亚、文莱、阿塞拜疆、格鲁吉亚、墨西哥、沙特阿拉伯、阿尔及利亚、新加坡 89 个国家签订了关于避免对所得双重征税和防止偷漏税的协定,其中同 86 个国家签订的协定已经生效并且执行(截至 2008 年 4 月 1 日,其中同前捷克斯洛伐克签订的协定现在适用于捷克、斯洛伐克两个国家,同前南斯拉夫签订的协定现在适用于塞尔维亚、黑山两个国家)。

<u>10. 什么是国际避税与反避税?</u>

国际避税是指跨国纳税人利用各国税法的规定、执行等方面的差异,躲避相关国家的税收管辖,以谋求最大限度地减轻其跨国税收负担的行为。国际避税按其性质可以分为国际税收筹划、国际税收规避和国际税收条约滥用 3 种形式,其具体避税方法有变更居民身份避税法、转让定价避税法、成本或者费用转移避税法、利润分

配避税法和滥用国际税收协定避税法等。

国际反避税是各国政府为了维护本国税收权益而对国际避税活动采取的防范措施。国际避税的存在对有关国家的财政利益产生了很大的影响，使本应属于国家的财政收入转化为避税者的额外收益。因此，各国普遍采取积极措施，对国际避税加以防范。近年来，许多国家通过完善单边反避税措施和加强双边或者多边反避税措施防范国际避税行为，其具体措施包括：加强税收立法，制定各类反避税条款；增加纳税人的相关义务，如规定跨国纳税人负有延伸提供税收情报的义务，某些交易行为要事先取得政府的同意等；加强税制建设，主要是完善税收法规，堵塞税收漏洞；强化税务管理，如注意收集有关信息，加强税务调查与税务审计，争取银行合作，对跨国纳税人的账目进行审查等；积极开展国际合作，通过签订税收协定，加强国际间税收情报交换，协同有关国家对有关案件实施同步审查，并逐步开展多边国际税务合作等。

第二篇　主要税种

一、企业所得税

1. 什么是企业所得税？

我国的企业所得税是对企业的所得征收的、目前各国普遍征收的一种税收。

新中国征收企业所得税始于建国初期，改革开放以后企业所得税制度逐步完善。2007 年 3 月 16 日，第十届全国人民代表大会第五次会议通过《中华人民共和国企业所得税法》，同日公布，从 2008 年 1 月 1 日起施行。2007 年 12 月 6 日，国务院公布《中华人民共和国企业所得税法实施条例》，与企业所得税法同时施行。

企业所得税分别由国家税务局和地方税务局负责征收管理，所得收入由中央政府与地方政府共享，是中央政府和地方政府税收收入的主要来源之一。2006 年，我国对各类企业征收的所得税收入为 7 080.9 亿元，占当年全国税收总额的 19.9%。

2. 企业所得税的纳税人有哪些？

企业所得税的纳税人分为以下两类：

一、企业，包括国有企业、集体企业、私营企业、股份制企业、中外合资经营企业、中外合作经营企业、外资企业和外国企业等类企业，但是不包括依照我国法律成立的个人独资企业、合伙企业；

二、其他取得收入的组织，包括事业单位、社会团体、民办非企业单位、基金会、外国商会和农民专业合作社等。

以下将上述企业和组织统称为企业。

3. 什么是居民企业、非居民企业？

企业分为居民企业和非居民企业。

居民企业包括以下两类企业：

一、依法在我国境内成立的企业；

二、依照外国（地区）法律成立，但是实际管理机构在我国境内的企业。

非居民企业包括以下两类企业：

一、依照外国（地区）法律成立，实际管理机构不在我国境内，但是在我国境内设立机构、场所的企业；

二、没有在我国境内设立机构、场所，但是有来源于我国境内所得的企业。

上述实际管理机构，指对企业的生产经营、人员、账务和财产等实施实质性全面管理和控制的机构。

上述机构、场所，指在我国境内从事生产、经营活动的机构、场所，包括管理机构、营业机构（如商场）和办事机构（如办事处），工厂、农场、牧场、林场、渔场和开采自然资源的场所（如矿山和油田等），提供劳务的场所，从事建筑、安装、装配、修理和勘探等工程作业的场所，其他从事生产、经营活动的机构、场所。

非居民企业委托营业代理人在我国境内从事生产、经营活动的，包括委托单位和个人经常代其签订合同，储存和交付货物等，该营业代理人视为非居民企业在我国境内设立的机构、场所。

在我国香港特别行政区、澳门特别行政区和台湾地区成立的企业，参照关于非居民企业的规定缴纳企业所得税。

4. 企业取得的哪些所得应当缴纳所得税？

居民企业应当就其来源于我国境内、境外的所得缴纳企业所得税。

非居民企业在我国境内设立机构、场所的，应当就其在我国境内所设机构、场所取得的来源于我国境内的所得和发生在我国境外但是与其在我国境内所设机构、场所有实际联系的所得缴纳企业所得税。

非居民企业没有在我国境内设立机构、场所的；或者虽然在我国境内设立机构、场所，但是取得的所得与其在我国境内所设机构、场所没有实际联系的，应当就其来源于我国境内的所得缴纳企业所得税。

上述所得，包括销售货物所得，提供劳务所得，转让财产所得，股息、红利等权益性投资所得，利息所得，租金所得，特许权使用费所得，接受捐赠所得，其他所得。

上述实际联系，指非居民企业在我国境内设立的机构、场所拥有据以取得所得的股权、债权和拥有、管理、控制据以取得所得的财产等。

目前，我国的企业所得税收入主要来自制造业、采矿业、电力生产和供应业、建筑业、交通运输业、批发和零售业、金融业、电信业、商务服务业和房地产业等行业的国有企业、集体企业、私营企业、股份制企业、外商投资企业和外国企业。

5. 怎样确定企业来源于我国境内、境外的所得？

企业来源于我国境内、境外的所得，可以按照以下原则确定：

一、销售货物所得，按照交易活动发生地（通常为销货企业的营业机构所在地）确定；

二、提供劳务所得，按照劳务发生地确定；

三、转让财产所得，不动产转让所得按照不动产所在地确定，动产转让所得按照转让动产的企业和机构、场所所在地确定，权益性投资资产转让所得按照被投资企业所在地确定；

四、股息、红利等权益性投资所得，按照分配所得的企业所在地确定；

五、利息所得、租金所得、特许权使用费所得，按照负担、支付所得的企业和机构、场所所在地确定，或者按照负担、支付所得的个人的住所地确定；

六、其他所得，由财政部、国家税务总局确定。

6. 企业所得税的应纳税所得额是怎样计算的?

企业所得税以应纳税所得额为计税依据。

企业本纳税年度的收入总额,减除不征税收入、免税收入、各项扣除和允许弥补的以前年度亏损以后的余额,为应纳税所得额。

应纳税所得额计算公式:

应纳税所得额 = 收入总额－不征税收入－免税收入－各项扣除－允许弥补的以前年度亏损

例:某居民企业本纳税年度总收入为 1 200 万元,其中不征税收入为 100 万元,免税收入为 50 万元,各项扣除为 570 万元;允许弥补的以前年度亏损为 80 万元,该企业本纳税年度企业所得税应纳税所得额的计算方法为:

应纳税所得额 = 1 200 万元－100 万元－50 万元－570 万元－80万元

= 400 万元

非居民企业没有在我国境内设立机构、场所,取得来源于我国境内的所得;或者虽然在我国境内设立机构、场所,但是取得来源于我国境内的所得与其在我国境内所设机构、场所没有实际联系,应当按照下列方法计算应纳税所得额:

一、股息、红利等权益性投资收益和利息、租金、特许权使用费所得,以收入全额为应纳税所得额。

二、转让财产所得,以收入全额减除财产净值以后的余额为应纳税所得额。

应纳税所得额计算公式:

应纳税所得额 = 收入全额－财产净值

上述收入全额,指非居民企业向支付人收取的全部价款和价外费用。

例 1:某外国银行没有在我国境内设立机构、场所,通过向我国境内的企业贷款取得利息收入 5 000 万元,其企业所得税应纳税所得额即为 5 000 万元。

例 2:某外国公司驻华代表处受该公司之托,将该公司在华一处净值600万元的房产出售，取得收入1 200万元，其企业所得税应纳税所得额的计算方法为：

$$应纳税所得额 = 1 200 万元 - 600 万元$$
$$= 600 万元$$

三、其他所得（如咨询费、保险费等），参照前两项规定的方法计算应纳税所得额。

企业应纳税所得额的计算，以权责发生制为原则，属于当期的收入和费用，不论款项是否收付，均作为当期的收入和费用；不属于当期的收入和费用，即使款项已经在当期收付，均不作为当期的收入和费用，税法另有规定的除外。

在计算应纳税所得额的时候，企业财务、会计处理办法与税收法律、行政法规的规定不一致的，应当按照税收法律、行政法规的规定计算。

7. 企业的纳税年度是怎样规定的？

企业所得税的纳税年度从公历1月1日起至12月31日止。

企业在一个纳税年度中间开业，或者终止经营活动，使该纳税年度的实际经营期不足12个月的，应当以其实际经营期为一个纳税年度。

企业依法清算的时候，应当以清算期间作为一个纳税年度。

8. 企业的收入是怎样规定的？

企业以货币形式和非货币形式从各种来源取得的收入为收入总额。

上述企业取得收入的货币形式，包括现金、存款、应收账款、应收票据、准备持有至到期的债券投资和债务的豁免等；企业取得收入的非货币形式，包括固定资产、生物资产、无形资产、股权投资、存货、不准备持有至到期的债券投资、劳务和有关权益等。

企业以非货币形式取得的收入，应当按照公允价值，即按照市场价格确定的价值，确定收入额。

上述收入总额由以下项目构成：

一、销售货物收入，指企业销售商品、产品、原材料、包装物、低值易耗品和其他存货取得的收入。

二、提供劳务收入，指企业从事建筑安装、修理修配、交通运输、仓储租赁、金融保险、邮电通信、咨询经纪、文化体育、科学研究、技术服务、教育培训、餐饮住宿、中介代理、卫生保健、社区服务、旅游、娱乐、加工和其他劳务服务活动取得的收入。

三、转让财产收入，指企业转让固定资产、生物资产、无形资产、股权和债权等财产取得的收入。

四、股息、红利等权益性投资收益，指企业因权益性投资从被投资方取得的收入。此类收益，除了税法另有规定以外，按照被投资方作出利润分配决定的日期确认收入的实现。

五、利息收入，指企业将资金提供他人使用但是不构成权益性投资，因他人占用本企业资金取得的收入，包括存款利息、贷款利息、债券利息和欠款利息等收入。此类收入，按照合同约定的债务人应付利息的日期确认收入的实现。

六、租金收入，指企业提供固定资产、包装物和其他有形资产的使用权取得的收入。此类收入，按照合同约定的承租人应付租金的日期确认收入的实现。

七、特许权使用费收入，指企业提供专利权、非专利技术、商标权、著作权和其他特许权（如连锁店经营的加盟特许权、品牌经营的特许权等）的使用权取得的收入。此类收入，按照合同约定的特许权使用人应付特许权使用费的日期确认收入的实现。

八、接受捐赠收入，指企业接受的来自其他企业、组织和个人无偿给予的货币性资产与非货币性资产。此类收入，按照实际收到捐赠资产的日期确认收入的实现。

九、其他收入，指企业取得的除了上述 8 项收入以外的其他收入，包括企业资产溢余收入、逾期未退包装物押金收入、确实无法偿付的应付款项、已经作坏账损失处理以后收回的应收款项、债务重组收入、补贴收入、违约金收入和汇兑收益等。

企业发生非货币性资产交换，将货物、财产和劳务用于捐赠、偿债、赞助、集资、广告、样品、职工福利和利润分配等用途的，应当视同销售货物、转让财产或者提供劳务，但是财政部、国家税务总局另有规定的除外。

9. 企业的哪些业务可以分期确认收入的实现？

企业的下列生产、经营业务可以分期确认收入的实现：

一、以分期收款方式销售货物的，按照合同约定的收款日期确认收入的实现。

二、企业受托加工制造大型机械设备、船舶和飞机，从事建筑、安装、装配工程业务和提供其他劳务等，持续时间超过 12 个月的，按照纳税年度完工进度或者完成的工作量确认收入的实现。

采取产品分成方式取得收入的，按照企业分得产品的日期确认收入的实现，其收入额按照产品的公允价值确定。

10. 企业取得的哪些收入不征收所得税？

企业取得的下列收入不征收所得税：

一、财政拨款，指各级人民政府对纳入预算管理的事业单位和社会团体等组织拨付的财政资金，但是国务院和财政部、国家税务总局另有规定的除外。

二、依法收取并纳入财政管理的行政事业性收费，指依照法律、行政法规等有关规定，按照国务院规定程序批准，在实施社会公共管理，向公民、法人和其他组织提供特定公共服务的过程中，向特定对象收取并纳入财政管理的费用。

三、政府性基金，指企业依照法律、行政法规等有关规定，代政府收取的具有专项用途的财政资金。

四、国务院规定的其他不征税收入，指企业取得的，由财政部、国家税务总局规定专项用途，并经国务院批准的财政性资金。例如，软件生产企业实行增值税即征即退政策退还的增值税税款，由企业用于研究开发软件产品和扩大再生产，不征收企业所得税。

11. 企业的哪些支出可以在计算应纳税所得额的时候扣除？

企业实际发生的与取得收入有关的、合理的支出，包括成本、费用、税金、损失和其他支出，可以在计算应纳税所得额的时候按照规定的范围和标准扣除。

上述成本，指企业在生产、经营活动中发生的销售成本、销货成本、业务支出和其他耗费。

上述费用，指企业在生产、经营活动中发生的销售费用、管理费用和财务费用，已经计入成本的有关费用除外。

上述税金，指企业发生的除了企业所得税和允许抵扣的增值税以外的各项税金及其附加。

上述损失，指企业在生产、经营活动中发生的固定资产和存货的盘亏、毁损、报废损失，转让财产损失，呆账损失，坏账损失，自然灾害等不可抗力造成的损失，其他损失。

企业发生的损失，减除责任人赔偿和保险赔款以后的余额，可以按照税法的规定扣除。

企业已经作为损失处理的资产，在以后纳税年度全部收回或者部分收回的时候，应当计入当期的收入。

上述其他支出，指除了上述成本、费用、税金和损失以外，企业在生产、经营活动中发生的与生产、经营活动有关的、合理的支出。

企业的不征税收入用于支出所形成的费用，不能扣除；所形成的财产，不能计算对应的折旧、摊销扣除。

12. 企业的工资、薪金支出怎样扣除？

企业发生的合理的工资、薪金支出，可以在计算应纳税所得额的时候扣除。

上述工资、薪金，指企业本纳税年度支付给在本企业任职和受雇的职工的所有现金形式与非现金形式的劳动报酬，包括基本工资、奖金、津贴、补贴、年终加薪、加班工资和与职工任职、受雇有关的其他支出。

13. 企业的各类保险和劳动保护支出怎样扣除？

企业按照国务院有关主管部门或者省级人民政府规定的范围和

标准为职工缴纳的基本养老保险费、基本医疗保险费、失业保险费、工伤保险费、生育保险费等基本社会保险费和住房公积金，可以在计算应纳税所得额的时候扣除。

企业为投资者、职工支付的补充养老保险费、补充医疗保险费，在财政部、国家税务总局规定的范围和标准以内，可以在计算应纳税所得额的时候扣除。

除了企业按照国家有关规定为特殊工种职工支付的人身安全保险费（如煤矿企业、建筑施工企业为有关职工支付的意外伤害保险费等）和财政部、国家税务总局规定可以在计算应纳税所得额的时候扣除的商业保险费以外，企业为投资者和职工支付的其他商业保险费，不能在计算应纳税所得额的时候扣除。

企业参加财产保险，按照规定缴纳的保险费，可以在计算应纳税所得额的时候扣除。

企业发生的合理的劳动保护支出（如购置工作服、安全保护用品和防暑降温用品等支出），可以在计算应纳税所得额的时候扣除。

14. 企业的借款费用、利息支出怎样扣除？

企业在生产、经营活动中发生的合理的、不需要资本化的借款费用，可以在计算应纳税所得额的时候扣除。

企业为购置、建造固定资产、无形资产和经过 12 个月以上的建造才能达到预定可销售状态的存货发生借款的，在有关资产购置、建造期间发生的合理的借款费用，应当作为资本性支出计入有关资产的成本，并可以按照规定在计算应纳税所得额的时候扣除。

企业在生产、经营活动中发生的下列利息支出，可以在计算应纳税所得额的时候扣除：非金融企业向金融企业借款的利息支出、金融企业的各项存款利息支出和同业拆借利息支出、企业经批准发行债券的利息支出；非金融企业向非金融企业借款的利息支出，不超过按照金融企业同期同类贷款利率计算的数额的部分。

15. 企业的汇兑损失怎样处理？

企业在货币交易中，纳税年度终了的时候将人民币以外的货币性资产、负债按照期末即期人民币汇率中间价折算为人民币的时候产生的汇兑损失，除了已经计入有关资产成本和与向所有者分配利润相关的部分以外，可以在计算应纳税所得额的时候扣除。

16. 企业的职工福利费、工会经费和职工教育经费支出怎样扣除？

企业的职工福利费、工会经费和职工教育经费，可以在计算应纳税所得额的时候按照以下规定扣除：

一、企业发生的职工福利费支出，不超过工资、薪金总额14%的部分，可以扣除。

二、企业拨缴的工会经费，不超过工资、薪金总额2%的部分，可以扣除。

三、除了财政部、国家税务总局另有规定以外，企业发生的职工教育经费支出，不超过工资、薪金总额2.5%的部分，可以扣除；超过工资、薪金总额2.5%的部分，可以在以后纳税年度结转扣除。软件生产企业、集成电路设计企业的职工培训费用，可以按照实际发生额在计算应纳税所得额的时候扣除。

例：某商业企业本纳税年度发生合理的工资、薪金支出200万元，发生职工福利费支出26万元，拨缴的工会经费4万元，发生职工教育经费支出8万元。其中职工福利费和工会经费支出分别没有超过规定的扣除限额28万元（200万元×14%＝28万元）和4万元（200万元×2%＝4万元），所以都可以在计算当年应纳税所得额的时候扣除；职工教育经费支出超过规定扣除限额的3万元（8万元－200万元×2.5%＝3万元）则不能在计算当年应纳税所得额的时候扣除，但是可以在以后年度结转扣除。

17. 企业的业务招待费支出怎样扣除？

企业发生的与生产、经营活动有关的业务招待费支出，可以在计算应纳税所得额的时候按照发生额的60%扣除，但是最高不得超过当年销售（营业）收入的5‰。

例：某企业本纳税年度发生与生产、经营活动有关的业务招待费支出 10 万元，按照 60% 的比例计算的可以在计算应纳税所得额的时候扣除的金额为 6 万元（10 万元×60% ＝6 万元）。但是，由于该企业当年的销售收入只有1 000万元，按照 5‰的比例计算的业务招待费支出的最高限额只有 5 万元（1 000 万元×5‰＝5 万元）。所以，该企业当年的业务招待费支出，在计算应纳税所得额的时候只能扣除 5 万元。

18. 企业的广告费、业务宣传费支出怎样扣除？

企业发生的符合条件的广告费和业务宣传费支出，除了财政部、国家税务总局另有规定以外，不超过本纳税年度年销售（营业）收入 15% 的部分，可以在计算应纳税所得额的时候扣除；超过本纳税年度年销售（营业）收入 15% 的部分，可以在以后纳税年度结转扣除。

例：某企业本纳税年度发生符合条件的广告费和业务宣传费支出 400 万元。但是，由于该企业当年的销售收入只有2 000万元，按照 15% 的比例计算的广告费和业务宣传费支出的扣除限额只有 300 万元（2 000万元×15% ＝300 万元）。所以，该企业当年的广告费和业务宣传费支出，在计算应纳税所得额的时候只能扣除 300 万元，超过扣除限额的 100 万元（400 万元－300 万元＝100 万元）可以在以后年度结转扣除。

19. 企业提取的专项资金怎样处理？

企业依照法律、行政法规有关规定提取的用于环境保护和生态恢复等方面的专项资金，可以在计算应纳税所得额的时候扣除。上述专项资金提取以后改变用途的，不能在计算应纳税所得额的时候扣除。

20. 企业的租赁费支出怎样扣除？

企业根据生产、经营活动的需要租入固定资产支付的租赁费，可以在计算应纳税所得额的时候按照以下方法扣除：

一、以经营租赁方式租入固定资产发生的租赁费支出，可以按照租赁期限均匀扣除。

二、以融资租赁方式租入固定资产发生的租赁费支出，按照规定构成融资租入固定资产价值的部分应当提取折旧费用，可以分期扣除。

21. 企业之间支付的费用怎样处理？

企业之间支付的管理费、企业内营业机构之间支付的租金和特许权使用费，非银行企业内营业机构之间支付的利息，在计算应纳税所得额的时候不能扣除。

非居民企业在我国境内设立的机构、场所，就其我国境外总机构发生的与该机构、场所生产、经营有关的费用，能够提供总机构出具的费用汇集范围、定额、分配依据和方法等证明文件，并合理分摊的，可以在计算应纳税所得额的时候扣除。

22. 企业的公益性捐赠支出怎样扣除？

企业发生的公益性捐赠支出，在企业按照国家统一会计制度的规定计算的年度会计利润总额12%以内的部分，可以在计算应纳税所得额的时候扣除。

上述公益性捐赠，指企业通过公益性社会团体、县级以上人民政府及其部门，用于《中华人民共和国公益事业捐赠法》规定的公益事业的捐赠。企业捐赠租房作为廉租住房的，也可以按此办理。

上述公益性社会团体，指同时符合下列条件的基金会、慈善组织等社会团体：依法登记，具有法人资格；以发展公益事业为宗旨，且不以营利为目的；全部资产及其增值为该法人所有；收益和营运结余主要用于符合该法人设立目的的事业；终止以后的剩余财产不归属任何个人或者营利组织；不经营与其设立目的无关的业务；有健全的财务会计制度；捐赠者不以任何形式参与社会团体财产的分配；财政部、国家税务总局会同民政部等登记管理部门规定的其他条件。

例：某企业本纳税年度向规定的公益性社会团体捐款1 000万元，当年该企业按照国家统一会计制度的规定计算的年度会计利润总额为8 000万元，该企业当年公益性捐赠支出扣除限额为960万元（8 000万元×12% =960万元）。所以，该企业当年向规定的公益性社会团体捐款，在计算应纳税所得额的时候只能扣除960万元。

23. 企业的哪些支出不能在计算应纳税所得额的时候扣除？

企业在计算应纳税所得额的时候，下列支出不能扣除：

一、向投资者支付的股息、红利等权益性投资收益款项；

二、企业所得税税款；

三、税收滞纳金；

四、罚金、罚款和被没收财物的损失；

五、公益性捐赠支出以外的捐赠支出；

六、赞助支出；

七、不符合财政部、国家税务总局规定的各项资产减值准备、风险准备等准备金支出；

八、与取得收入无关的其他支出。

24. 企业的亏损怎样处理？

企业本纳税年度发生的亏损，可以用以后纳税年度的所得弥补，但是结转年限最长不得超过5年。

上述亏损，指企业依法将本纳税年度的收入总额减除不征税收入、免税收入和各项扣除以后小于零的数额。

例：某企业2001年和2002年分别亏损170万元和60万元。从2003年到2006年，在没有弥补2001年和2002年亏损的情况下，该企业赢利160万元。这样，该企业2001年的亏损到2006年已经连续结转5年，只能弥补160万元，剩余的10万元不能在2007年继续结转和弥补。该企业2002年的亏损60万元，可以用2007年的赢利弥补。如果该企业2007年的赢利为50万元，则只能弥补50万元，其余的亏损10万元，由于结转期已经满5年，所以就不能在2008年继续结转和弥补了。

此外，企业在汇总计算缴纳企业所得税的时候，其在我国境外营业机构的亏损不能抵减其境内营业机构的盈利。

25. 企业的清算所得怎样处理？

清算指企业由于合并、兼并和破产等原因终止的时候，清理财产、收回债权、清偿债务和分配剩余财产的行为。

清算所得指企业的全部资产可变现价值或者交易价格减除资产净值、清算费用和相关税费等以后的余额。

投资方企业从被清算企业分得的剩余资产，其中相当于从被清算企业累计未分配利润和累计盈余公积中应当分得的部分，应当确认为股息所得。剩余资产减除上述股息所得以后的余额，超过或者投资成本的部分，应当确认为投资资产转让所得；低于投资成本的部分，应当确认为投资资产转让损失。

26. 企业资产的计税基础是怎样规定的？

企业的各项资产，包括固定资产、生物资产、无形资产、长期待摊费用、投资资产和存货等，以历史成本为计税基础。

上述历史成本，指企业取得该项资产的时候实际发生的支出。

企业持有各项资产期间资产增值和减值，除了财政部、国家税务总局规定可以确认损益以外，不得调整该资产的计税基础。

27. 企业固定资产的计税基础怎样确定？

固定资产，指企业为生产产品、提供劳务、出租和经营管理而持有的、使用时间超过 12 个月的非货币性资产，包括房屋、建筑物、机器、机械、运输工具和其他与生产、经营活动有关的设备、器具、工具等。

固定资产按照以下方法确定计税基础：

一、外购的固定资产，以购买价款、支付的相关税费和直接归属于使该资产达到预定用途发生的其他支出为计税基础。

二、自行建造的固定资产，以竣工结算以前发生的支出为计税基础。

三、融资租入的固定资产，以租赁合同约定的付款总额和承租人在签订租赁合同过程中发生的相关费用为计税基础；租赁合同未约定付款总额的，以该资产的公允价值和承租人在签订租赁合同过程中发生的相关费用为计税基础。

四、盘盈的固定资产，以同类固定资产的重置完全价值为计税基础。

五、通过捐赠、投资、非货币性资产交换和债务重组等方式取得的固定资产，以该资产的公允价值和支付的相关税费为计税基础。

六、改建的固定资产，除了已经足额提取折旧的固定资产改建支出和以经营租赁方式租入固定资产的改建支出应当作为长期待摊费用处理以外，以改建过程中发生的改建支出（包括材料费、人工费和向政府缴纳的有关税费等支出）增加计税基础。

28. 企业的固定资产折旧是怎样规定的？

企业在计算应纳税所得额的时候，固定资产按照直线法计算的折旧，可以扣除。

企业的固定资产由于技术进步等原因，需要加速折旧的，可以缩短折旧年限或者采取加速折旧的方法。

投入使用的固定资产，应当从其投入使用月份的次月起计算折旧；停止使用的固定资产，应当从其停止使用月份的次月起停止计算折旧。

企业应当根据固定资产的性质和使用情况，合理确定固定资产的预计净残值。上述净残值一经确定，不得变更。

除了财政部、国家税务总局另有规定以外，固定资产计算折旧的最低年限如下：

一、房屋、建筑物，为20年；

二、飞机、火车、轮船、机器、机械和其他生产设备，为10年；

三、与生产、经营活动有关的器具、工具和家具等，为5年；

四、飞机、火车和轮船以外的运输工具（如汽车、摩托车、拖拉机和机帆船等），为4年；

五、电子设备，为3年。

直线法的计算公式：

年折旧率＝（1－预计净残值率）÷折旧年限×100%

月折旧率＝年折旧率÷12

月折旧额＝固定资产原值×月折旧率

下列固定资产不得计算折旧扣除：

一、房屋、建筑物以外没有投入使用的固定资产；

二、以经营租赁方式租入的固定资产；

三、以融资租赁方式租出的固定资产；

四、已经足额提取折旧继续使用的固定资产；

五、与经营活动无关的固定资产；

六、单独估价作为固定资产入账的土地；

七、其他不得计算折旧扣除的固定资产。

企业、事业单位购进软件，符合固定资产确认条件的，可以按照固定资产核算。经过税务机关核准，其折旧年限可以适当缩短，最短为 2 年。

从事开采石油、天然气等矿产资源的企业，在开始商业性生产以前发生的费用和有关固定资产的折耗、折旧方法，由财政部、国家税务总局另行规定。

29. 企业生产性生物资产的计税基础、折旧是怎样规定的？

生产性生物资产，指企业为生产农产品、提供劳务和出租等而持有的生物资产，包括经济林、薪炭林、产畜和役畜等。

生产性生物资产按照以下方法确定计税基础：

一、外购的生产性生物资产，以购买价款和支付的相关税费为计税基础；

二、通过捐赠、投资、非货币性资产交换和债务重组等方式取得的生产性生物资产，以该资产的公允价值和支付的相关税费为计税基础。

企业在计算应纳税所得额的时候，生产性生物资产按照直线法计算的折旧，可以扣除。

投入使用的生产性生物资产，应当从其投入使用月份的次月起计算折旧；停止使用的生产性生物资产，应当从其停止使用月份的次月起停止计算折旧。

企业应当根据生产性生物资产的性质和使用情况，合理确定其预计净残值。上述净残值一经确定，不得变更。

生产性生物资产计算折旧的最低年限如下：

一、林木类生产性生物资产，为10年；

二、畜类生产性生物资产，为3年。

30. 企业无形资产的计税基础、摊销是怎样规定的?

无形资产，指企业为生产产品、提供劳务、出租和经营管理而持有的、没有实物形态的非货币性长期资产，包括专利权、商标权、著作权、土地使用权、非专利技术和商誉等。

无形资产按照以下方法确定计税基础：

一、外购的无形资产，以购买价款、支付的相关税费和直接归属于使该资产达到预定用途发生的其他支出为计税基础。

二、自行开发的无形资产，以开发过程中该资产符合资本化条件以后至达到预定用途以前发生的支出为计税基础。

三、通过捐赠、投资、非货币性资产交换和债务重组等方式取得的无形资产，以该资产的公允价值和支付的相关税费为计税基础。

企业在计算应纳税所得额的时候，无形资产按照直线法计算的摊销费用，可以扣除。

无形资产的摊销年限不得低于10年。

作为投资、受让的无形资产，有关法律规定或者合同约定了使用年限的，可以按照法律规定或者合同约定的使用年限分期摊销。

外购商誉的支出，在企业整体转让、清算的时候，可以扣除。

下列无形资产不得计算摊销费用扣除：

一、自行开发的支出已经在计算应纳税所得额的时候扣除的无形资产；

二、自创商誉；

三、与经营活动无关的无形资产；

四、其他不得计算摊销费用扣除的无形资产。

企业、事业单位购进软件，符合无形资产确认条件的，可以按照无形资产核算。经过税务机关核准，其摊销年限可以适当缩短，最短为 2 年。

31. 企业的长期待摊费用怎样摊销？

在计算应纳税所得额的时候，企业的下列支出作为长期待摊费用按照规定摊销的，可以扣除：

一、已经足额提取折旧的固定资产的改建支出，按照固定资产预计尚可使用年限分期摊销。

二、以经营租赁方式租入的固定资产的改建支出，按照合同约定的剩余租赁期限分期摊销。

上述固定资产的改建支出，指改变房屋、建筑物结构、延长使用年限等发生的支出。

改建的固定资产延长使用年限的，除了已经足额提取折旧的固定资产和以经营租赁方式租入的固定资产以外，还应当适当延长折旧年限。

三、固定资产的大修理支出，按照固定资产尚可使用年限分期摊销。此项支出应当同时符合下列条件：修理支出达到取得固定资产时的计税基础 50% 以上，修理以后固定资产的使用年限延长 2 年以上。

四、其他应当作为长期待摊费用的支出，从支出发生月份的次月起分期摊销，摊销年限不得低于 3 年。

32. 企业的投资资产怎样处理？

投资资产，指企业对外进行权益性投资、债权性投资形成的资产。

企业对外投资期间，投资资产的成本在计算应纳税所得额的时候不得扣除。企业在转让、处置投资资产的时候，投资资产的成本可以扣除。

投资资产按照以下方法确定成本：

　　一、通过支付现金方式取得的投资资产，以购买价款为成本；

　　二、通过支付现金以外的方式取得的投资资产，以该资产的公允价值和支付的相关税费为成本。

33. 企业的存货怎样处理？

　　存货指企业持有以备出售的产品或者商品、处在生产过程中的在产品、在生产和提供劳务过程中耗用的材料和物料等。

　　企业使用和销售存货，按照规定计算的存货成本，可以在计算应纳税所得额的时候扣除。

　　存货按照以下方法确定成本：

　　一、通过支付现金方式取得的存货，以购买价款和支付的相关税费为成本；

　　二、通过支付现金以外的方式取得的存货，以该存货的公允价值和支付的相关税费为成本；

　　三、生产性生物资产收获的农产品，以产出、采收过程中发生的材料费、人工费和分摊的间接费用等必要支出为成本。

　　企业使用和销售的存货的成本计算方法，可以在先进先出法、加权平均法和个别计价法中选用一种。计价方法一经选用，不得随意变更。

34. 企业转让资产、财产怎样处理？

　　企业转让资产和财产，被转让资产和财产的净值可以在计算应纳税所得额的时候扣除。

　　上述资产和财产净值，指有关资产和财产的计税基础减除已经按照规定扣除的折旧、折耗、摊销和准备金等以后的余额。

35. 企业与关联方业务往来的纳税调整是怎样规定的？

　　企业与其关联方之间的业务往来，不符合独立交易原则从而减少企业及其关联方应纳税收入、所得额的，税务机关有权按照合理的方法调整。

　　上述关联方，指与企业有下列关联关系之一的企业、其他组织和个人：

一、在资金、经营和购销等方面存在直接或者间接的控制关系；

二、直接或者间接地同为第三者控制；

三、在利益上具有相关联的其他关系。

具体而言，只要企业与另一个企业之间存在下列关系之一，即构成关联企业：相互直接或者间接持有对方股份25%以上；直接或者间接同为第三者拥有或者控制股份25%以上；企业向另一个企业借贷资金相当于自有资金50%以上，或者企业借贷资金的10%以上由另一个企业担保；企业的董事或者经理等高级管理人员50%以上或者1名以上常务董事由另一个企业委派；企业的生产、经营活动必须由另一个企业提供特许权利才能正常进行；企业生产、经营购进的原材料、零部件等由另一个企业供应并控制；企业生产的产品（商品）的销售由另一个企业控制；对企业的生产、经营和交易具有实际控制或者在利益上具有关联的其他关系（包括家族、亲属关系等）。

上述独立交易原则，指没有关联关系的交易各方，按照公平成交价格和营业常规进行业务往来遵循的原则。

上述合理方法，包括以下方法：

一、可比非受控价格法，指按照没有关联关系的交易各方进行相同或者类似业务往来的价格定价的方法；

二、再销售价格法，指按照从关联方购进商品再销售给没有关联关系的交易方的价格，减除相同或者类似业务的销售毛利定价的方法；

三、成本加成法，指按照成本加合理的费用和利润定价的方法；

四、交易净利润法，指按照没有关联关系的交易各方进行相同或者类似业务往来取得的净利润水平确定利润的方法；

五、利润分割法，指将企业与其关联方的合并利润或者亏损在各方之间采用合理标准分配的方法；

六、其他符合独立交易原则的方法。

企业与其关联方之间的业务往来，不符合独立交易原则，企业实施其他不具有合理商业目的安排的，税务机关有权在该业务发生的纳税年度起 10 年以内进行纳税调整。

36. 企业应当怎样与关联方分摊成本？

企业与其关联方共同开发、受让无形资产，共同提供、接受劳务发生的成本，在计算应纳税所得额的时候，应当按照独立交易原则分摊，并可以与其关联方达成成本分摊协议。

企业与其关联方分摊成本的时候，应当按照成本与预期收益相配比的原则分摊，并按照税务机关的要求报送有关资料。

企业与其关联方分摊成本的时候违反上述规定的，其自行分摊的成本不能在计算应纳税所得额的时候扣除。

37. 什么是预约定价安排？

企业可以向税务机关提出与其关联方之间业务往来的定价原则和计算方法，税务机关与企业协商、确认以后，达成预约定价安排。

上述预约定价安排，指企业就其未来年度关联交易的定价原则和计算方法，向税务机关提出申请，与税务机关按照独立交易原则协商、确认以后达成的协议。实施的时候，通常需要采取预备会谈、正式申请、审核和评估、磋商、签订协议、监控执行等步骤。

38. 企业及其关联方应当向税务机关提供哪些材料？

企业向税务机关报送年度企业所得税纳税申报表的时候，应当就其与关联方之间的业务往来，附送年度关联业务往来报告表。

税务机关在进行关联业务调查的时候，企业及其关联方，与关联业务调查有关的其他企业，都应当按照规定提供以下相关资料：

一、与关联业务往来有关的价格、费用的制定标准、计算方法和说明等同期资料；

二、关联业务往来所涉及的财产、财产使用权和劳务等的再销售（转让）价格或者最终销售（转让）价格的相关资料；

三、与关联业务调查有关的其他企业应当提供的与被调查企业可比的产品价格、定价方式和利润水平等资料；

四、其他与关联业务往来有关的资料。

上述与关联业务调查有关的其他企业，指与被调查企业在生产、经营内容和方式上相类似的企业。

企业应当在税务机关规定的期限以内提供与关联业务往来有关的价格、费用的制定标准、计算方法和说明等资料。上述期限不超过 60 天；情况特殊的，经过纳税人申请和税务机关批准，可以适当延期，但是不能超过 30 天。关联方和与关联业务调查有关的其他企业，应当在税务机关与其约定的期限以内提供相关资料。

39. 企业不提供或者不能准确提供与关联方业务往来资料的，怎样核定其应纳税所得额？

企业不提供与其关联方之间业务往来资料，或者提供虚假、不完整资料，不能真实反映其关联业务往来情况的，税务机关有权依法采用以下方法核定其应纳税所得额：

一、参照同类或者类似企业的利润率核定；

二、按照企业成本加合理的费用和利润的方法核定；

三、按照关联企业集团整体利润的合理比例核定；

四、按照其他合理方法核定。

企业对税务机关按照上述规定的方法核定的应纳税所得额有异议的，应当提供相关证据，经税务机关认定以后，调整核定的应纳税所得额。

40. 由居民企业或者由居民企业和我国居民控制的设立在低税负国家（地区）的企业，非正常不分配利润或者减少利润分配的，怎样处理？

由居民企业或者由居民企业和我国居民控制的设立在企业所得税实际税负低于 12.5% 的国家（地区）的企业，并非由于合理的经营需要而不分配利润、减少利润分配的，上述利润中应当归属于该居民企业的部分，应当计入该居民企业的当期收入。

上述我国居民，指根据《中华人民共和国个人所得税法》的规定，就其从我国境内、境外取得的所得在我国缴纳个人所得税的个人。

上述控制，包括以下情形：

一、居民企业、我国居民直接或者间接单一持有外国企业10%以上有表决权股份，且由其共同持有该外国企业50%以上股份；

二、居民企业或者居民企业和我国居民持股比例没有达到上述标准，但是在股份、资金、经营和购销等方面对该外国企业构成实质控制。

41. 企业从关联方接受的债权性投资与权益性投资的比例超过规定标准而发生的利息支出怎样处理？

企业从其关联方接受的债权性投资与权益性投资的比例超过财政部、国家税务总局的规定标准而发生的利息支出，不能在计算应纳税所得额的时候扣除。

上述债权性投资，指企业直接或者间接从关联方获得的，需要偿还本金和支付利息或者需要以其他具有支付利息性质的方式予以补偿的融资。其中，企业间接从关联方获得的债权性投资，包括：

一、关联方通过无关联第三方提供的债权性投资；

二、无关联第三方提供的、由关联方担保且负有连带责任的债权性投资；

三、其他间接从关联方获得的具有负债实质的债权性投资。

上述权益性投资，指企业接受的不需要偿还本金和支付利息，投资人对企业净资产拥有所有权的投资。

42. 税务机关作出纳税调整时，补征税款和加收利息是怎样规定的？

税务机关按照企业所得税法的规定作出纳税调整，需要补征税款的，应当补征税款。同时，对补征的税款，从税款所属纳税年度的次年6月1日起至补缴税款之日止，按日加收利息。此项利息应当按照税款所属纳税年度中国人民银行公布的与补税期间同期的人民币贷款基准利率加5个百分点计算。但是，企业依法提供有关资料的，可以按照上述人民币贷款基准利率计算利息。企业的此项利息支出不能在计算应纳税所得额的时候扣除。

43. 企业所得税的税率是怎样规定的?

企业所得税的税率为25%。符合条件的小型微利企业，可以减按20%的税率缴纳企业所得税。国家需要重点扶持的高新技术企业，可以减按15%的税率缴纳企业所得税。

非居民企业没有在我国境内设立机构、场所，取得来源于我国境内的所得；或者虽然在我国境内设立机构、场所，但是取得来源于我国境内的所得与其在我国境内所设机构、场所没有实际联系，税率为20%。符合条件的项目，可以减按10%的税率缴纳企业所得税。我国政府与外国政府签订的有关税收协定有更优惠规定的，可以按照有关税收协定的规定办理。

44. 企业所得税的应纳税额怎样计算?

企业的应纳税所得额乘以适用税率，减除按照企业所得税法的规定减征、免征和抵免的税额以后的余额，为应纳税额。

一、居民企业来源于我国境内、境外的所得，非居民企业在我国境内所设机构、场所取得的来源于我国境内的所得和发生在我国境外但是与其在我国境内所设机构、场所有实际联系的所得，应当按照以下方法计算缴纳企业所得税：

应纳税额计算公式：

应纳税额＝应纳税所得额×适用税率－减免税额－抵免税额

例1：某居民企业适用企业所得税税率为25%，本纳税年度的应纳税所得额为400万元，减免税额为30万元，抵免税额为10万元，该企业当年应纳企业所得税税额的计算方法为：

应纳税额＝400万元×25%－30万元－10万元

＝60万元

例2：某外国企业在我国境内设立一个分公司，该分公司本纳税年度的应纳税所得额为200万元，既不享受税收优惠，也没有抵免税额，该分公司当年应纳企业所得税税额的计算方法为：

应纳税额 = 200 万元 × 25%

$\quad\quad\quad$ = 50 万元

二、非居民企业没有在我国境内设立机构、场所，取得来源于我国境内的所得；或者虽然在我国境内设立机构、场所，但是取得来源于我国境内的所得与其在我国境内所设机构、场所没有实际联系，应当按照以下方法计算缴纳企业所得税：

应纳税额计算公式：

应纳税额 = 应纳税所得额 × 适用税率 − 减免的税额

例 1：没有在我国境内设立机构的某外国银行从我国境内取得利息 2 000 万元，依法减按 10% 的税率缴纳企业所得税，其应纳企业所得税税额的计算方法为：

应纳税额 = 2 000 万元 × 10%

$\quad\quad\quad$ = 200 万元

例 2：某外国公司驻华代表处受该公司之托，将该公司在华一处净值 600 万元的房产出售，取得收入 1 200 万元，依法减按 10% 的税率缴纳企业所得税，其应纳企业所得税税额的计算方法为：

应纳税所得额 = 1 200 万元 − 600 万元

$\quad\quad\quad\quad$ = 600 万元

应纳税额 = 600 万元 × 10%

$\quad\quad\quad$ = 60 万元

企业所得税以人民币计算。所得以人民币以外的货币计算的，应当先折算为人民币，然后计算纳税。

45. 企业在我国境外已经缴纳的所得税怎样进行直接抵免？

企业在我国境外已经缴纳所得税的抵免方法如下：

一、居民企业来源于我国境外的所得；非居民企业在我国境内设立机构、场所，取得发生在我国境外但是与该机构、场所有实际联系的所得，已经在我国境外缴纳的所得税税额，可以从其当期应纳所得税税额中抵免，抵免限额为上述所得按照我国企业所得税法的规定计算的应纳企业所得税税额；超过抵免限额的部分，可以在超过抵免限额的纳税年度次年起连续 5 个纳税年度以内，用每个纳税年度抵免限额抵免当年应抵税额以后的余额抵补。除了财政部和国家税务总局另有规定以外，上述抵免限额应当分国（地区）不分项计算，计算公式如下：

抵免限额 = 按照我国税法规定计算的来源于某国（地区）的应纳税所得额×25%

例1：某中外合资经营企业适用企业所得税税率为25%，本纳税年度来源于我国境内的应纳税所得额为300万元，来源于该企业设在某外国的分支机构的应纳税所得额为100万元，并且已经在该国缴纳企业所得税35万元，该企业境外企业所得税抵免限额和汇总计算的应纳我国企业所得税税额的计算方法为：

（1）抵免限额 = 100万元×25%
             = 25万元

（2）应纳税额 = （300万元 + 100万元）×25% − 25万元
             = 75万元

由于该企业当年在我国境外缴纳的企业所得税税额为35万元，而扣除限额只有25万元，所以，超过扣除限额的10万元只能留待以后的纳税年度抵扣。

例2：某外国银行在我国境内设立一个分行，该分行本纳税年度来源于我国境内的应纳税所得额为2 000万元；将从我国吸收的存款贷给某外国的一个企业，取得利息收入200万元，并且按照20%的税率在该国缴纳企业所得税40万元，该分行境外企业所得税抵免限额和汇总计算的应纳中国企业所得税税额的计算方法为：

（1）抵免限额 = 200万元×25%
             = 50万元

（2）应纳税额 = （2 000万元 + 200万元）×25% − 40万元
             = 510万元

46. 企业在我国境外已经缴纳的所得税怎样进行间接抵免？

居民企业从其直接或者间接控制的外国企业分得的来源于我国境外的股息、红利等权益性投资收益，外国企业在我国境外实际缴纳的所得税税额中属于上述所得负担的部分，可以作为该居民企业的可抵免境外所得税税额，在我国企业所得税法规定的抵免限额以内抵免。

上述直接控制，指居民企业直接持有外国企业20%以上股份。间接控制，指居民企业以间接持股方式持有外国企业20%以上股份，具体认定办法由财政部、国家税务总局制定。

计算间接抵免企业所得税的关键在于将外国企业支付的股息还原为税前利润。上述税前利润等于上一层企业从下一层企业分得的股息与下一层企业为该股息负担的企业所得税之和。下一层企业支付上一层企业的股息负担的企业所得税，按照下一层企业已经缴纳的所得税和支付上一层企业的股息占下一层企业税后利润的比例计算。如果下一层企业所在国家（地区）对股息征收所得税，则计算上一层企业从下一层企业分得股息的时候还应当包括对股息征收的所得税。

例：我国居民企业甲公司本纳税年度来源于我国境内的应纳税所得额为2 000万元，适用所得税税率为25%。甲公司持有设立在某外国的乙公司30%的股份，乙公司本纳税年度的应纳税所得额为1 000万元，按照20%的税率缴纳所得税200万元；甲公司从乙公司分得股息200万元，按照10%的税率向乙公司所在国缴纳所得税20万元。甲公司境外企业所得税抵免限额和汇总计算的应纳我国企业所得税税额的计算方法为：

$$乙公司本纳税年度的税后利润 = 1\,000\,万元 \times (1 - 20\%)$$
$$= 800\,万元$$

$$甲公司从乙公司分得股息负担的所得税 = 200\,万元 \times 200\,万元 \div 800\,万元$$
$$= 50\,万元$$

$$甲公司从乙公司分得股息还原后所得 = 200\,万元 + 50\,万元$$
$$= 250\,万元$$

$$甲公司从乙公司分得股息已在我国境外缴纳所得税 = 50\,万元 + 20\,万元$$
$$= 70\,万元$$

$$甲公司从乙公司分得股息境外所得税抵免限额 = 250\,万元 \times 25\%$$
$$= 62.5\,万元$$

$$\text{甲公司汇总计算的应纳我国所得税税额} = (2\,000\text{万元} + 250\text{万元}) \times 25\% - 62.5\text{万元}$$
$$= 500\text{万元}$$

47. 企业的哪些收入为免税收入?

企业的下列收入为免税收入:

一、国债利息收入。

二、符合条件的居民企业之间的股息、红利等权益性投资收益。

三、在我国境内设立机构、场所的非居民企业从居民企业取得的与上述机构、场所有实际联系的股息、红利等权益性投资收益。

上述股息、红利等权益性投资收益,不包括连续持有居民企业公开发行并上市流通的股票不足12个月取得的投资收益。

四、符合条件的非营利组织的收入。

上述符合条件的非营利组织,指同时符合下列条件的组织:依法履行非营利组织登记手续;从事公益性或者非营利性活动;取得的收入除了用于与该组织有关的、合理的支出以外,全部用于登记核定或者章程规定的公益性或者非营利性事业;财产及其孳息不用于分配;按照登记核定或者章程规定,该组织注销以后的剩余财产用于公益性或者非营利性目的,或者由登记管理机关转赠该组织性质、宗旨相同的组织,并向社会公告;投入人对投入该组织的财产不保留或者享有任何财产权利;工作人员的工资、福利开支控制在规定的比例以内,不变相分配该组织的财产。

上述非营利组织的收入,不包括非营利组织从事营利性活动取得的收入,但是财政部、国家税务总局另有规定的除外。

48. 企业的哪些所得可以免征、减半征收所得税?

企业从事下列项目的所得,可以免征企业所得税:

一、蔬菜、谷物、薯类、油料、豆类、棉花、麻类、糖料、水果和坚果的种植;

二、农作物新品种的选育;

三、中药材的种植；

四、林木的培育和种植；

五、牲畜、家禽的饲养；

六、林产品的采集；

七、灌溉、农产品初加工、兽医、农技推广、农机作业和维修等农、林、牧、渔服务业项目；

八、远洋捕捞。

企业从事下列项目的所得，可以减半征收企业所得税：

一、花卉、茶、其他饮料作物和香料作物的种植；

二、海水养殖、内陆养殖。

49. 企业从事公共基础设施项目投资经营可以享受哪些所得税优惠？

企业从事国家重点扶持的公共基础设施项目投资经营（不包括企业承包经营、承包建设和内部自建自用项目）的所得，可以从项目取得第一笔生产、经营收入所属纳税年度起，第一年至第三年免征企业所得税，第四年至第六年减半征收企业所得税。

上述国家重点扶持的公共基础设施项目，指《公共基础设施项目企业所得税优惠目录》规定的港口码头、机场、铁路、公路、城市公共交通、电力和水利等项目。

上述依法享受定期免征、减征企业所得税待遇的国家重点扶持的公共基础设施项目，在规定的减税、免税期限以内转让的，受让方从受让之日起，可以在剩余的期限以内继续享受规定的减税、免税待遇；减税、免税期限届满转让的，受让方不能就该项目重复享受减税、免税待遇。

上述《公共基础设施项目企业所得税优惠目录》，由财政部、国家税务总局商国务院有关部门制定，报国务院批准以后公布施行。

50. 企业从事环境保护、节能节水项目的所得可以享受哪些所得税优惠？

企业从事符合条件的环境保护和节能节水项目的所得，可以从项目取得第一笔生产、经营收入所属纳税年度起，第一年至第三年免征企业所得税，第四年至第六年减半征收企业所得税。

上述符合条件的环境保护和节能节水项目，包括污水处理、垃圾处理、沼气综合开发利用、节能减排技术改造和海水淡化等。项目的具体条件和范围由财政部、国家税务总局商国务院有关部门制定，报国务院批准以后公布施行。

上述依法享受定期免征、减征企业所得税待遇的环境保护、节能节水项目，在规定的减税、免税期限以内转让的，受让方从受让之日起，可以在剩余的期限以内继续享受规定的减税、免税待遇；减税、免税期限届满转让的，受让方不能就该项目重复享受减税、免税待遇。

51. 居民企业取得技术转让所得可以享受哪些所得税优惠？

居民企业取得技术转让所得，一个纳税年度以内所得不超过500万元的部分，可以免征企业所得税；超过500万元的部分，可以减半征收企业所得税。

例：某居民企业本纳税年度取得技术转让所得1 000万元，该企业此项所得应纳企业所得税税额的计算方法为：

应纳税额＝（1 000万元－500万元）×25%×50%
　　　　＝62.5万元

52. 非居民企业没有在我国境内设立机构、场所，取得来源于我国境内的所得；或者虽然在我国境内设立机构、场所，但是取得来源于我国境内的所得与其在我国境内所设机构、场所没有实际联系，可以享受哪些所得税优惠？

非居民企业没有在我国境内设立机构、场所，取得来源于我国境内的所得；或者虽然在我国境内设立机构、场所，但是取得来源于我国境内的所得与其在我国境内所设机构、场所没有实际联系，可以减按10%的税率征收企业所得税。我国政府与外国政府签订的有关税收协定有更优惠规定的，可以按照有关税收协定的规定执行。

下列所得可以免征企业所得税：

一、外国政府向我国政府提供贷款取得的利息所得；

二、国际金融组织（包括国际货币基金组织、世界银行、亚洲开发银行等）向我国政府、居民企业提供优惠贷款取得的利息所得；

三、经国务院批准的其他所得。

53. 哪些小型微利企业可以减按20%的税率缴纳所得税?

从事非国家限制和禁止的行业，并符合下列条件的小型微利企业，可以减按20%的税率缴纳企业所得税：

一、工业企业，年度应纳税所得额不超过30万元，从业人数不超过100人，资产总额不超过3 000万元；

二、其他企业，年度应纳税所得额不超过30万元，从业人数不超过80人，资产总额不超过1 000万元。

上述从业人数，按照企业全年平均从业人数计算；资产总额，按照企业年初、年末的资产总额平均计算。

纳税年度终了以后，税务机关应当根据企业当年的有关指标，核实企业当年是否符合小型微利企业的条件。如果企业当年的有关指标不符合小型微利企业的条件，已经减征了企业所得税，在年度汇算清缴的时候应当补缴减征的企业所得税。

54. 哪些高新技术企业可以减按15%的税率缴纳所得税?

拥有核心自主知识产权，并同时符合下列条件的国家需要重点扶持的高新技术企业，可以减按15%的税率缴纳企业所得税：

一、产品（服务）属于《国家重点支持的高新技术领域》规定的范围；

二、研究开发费用占销售收入的比例不低于规定的比例；

三、高新技术产品（服务）收入占企业总收入的比例不低于规定的比例；

四、科技人员占企业职工总数的比例不低于规定的比例；

五、高新技术企业认定管理办法规定的其他条件。

《国家重点支持的高新技术领域》和高新技术企业认定管理办法由科学技术部、财政部和国家税务总局商国务院有关部门制定，报国务院批准以后公布施行。

55. 民族自治地方减免企业所得税有哪些特殊规定？

民族自治地方的自治机关对本民族自治地方的企业应当缴纳的企业所得税中地方分享的部分，可以决定减征、免征。自治州和自治县决定减征、免征的，须报所在省（自治区、直辖市）人民政府批准。

上述民族自治地方，指依照《中华人民共和国民族区域自治法》的规定，实行民族区域自治的自治区、自治州和自治县。

对民族自治地方内国家限制和禁止行业的企业，不得免征、减征企业所得税。

56. 企业的哪些支出可以在计算应纳税所得额的时候加计扣除？

企业的下列支出可以在计算应纳税所得额的时候加计扣除：

一、企业为开发新技术、新产品和新工艺发生的研究开发费用，未形成无形资产计入当期损益的，可以在按照规定据实扣除的基础上，按照研究开发费用发生额的50%加计扣除；形成无形资产的，可以按照无形资产成本的150%摊销。

例：某企业本纳税年度发生允许计入当期费用，在计算应纳税所得额的时候扣除的新产品研究开发费用100万元；按照上述费用额的50%加计扣除，即50万元（100万元×50%＝50万元）；合计扣除额为150万元（100万元＋50万元＝150万元）。

二、企业安置残疾人员就业的，可以在按照规定将支付给残疾职工工资据实扣除的基础上，按照支付给残疾职工工资的100%加计扣除。残疾人员的范围适用《中华人民共和国残疾人保障法》的有关规定。

例：某企业本纳税年度发生允许计入当期成本，在计算应纳税所得额的时候扣除的残疾职工工资30万元；按照上述工资额的100%加计扣除，即30万元（30万元×100%＝30万元）；合计扣除额为 60 万元（30 万元 + 30 万元 = 60 万元）。

三、企业安置国家鼓励安置的其他就业人员所支付的工资，加计扣除办法由国务院另行规定。

57. 创业投资企业股权投资未上市中小高新技术企业的，可以享受怎样的所得税优惠？

创业投资企业采取股权投资方式投资于未上市的中小高新技术企业 2 年以上的，可以按照其投资额的 70%，在股权持有满 2 年的当年抵扣该创业投资企业的应纳税所得额；当年该创业投资企业的应纳税所得额不足抵扣的，可以在以后纳税年度结转抵扣。

例：某创业投资企业采取股权投资方式投资于未上市的中小高新技术企业，投资额为 1 000 万元；该创业投资企业在股权持有满 2 年的当年允许抵扣应纳税所得额的股权投资额为 700 万元（1 000 万元 × 70% = 700 万元）。但是，该创业投资企业当年的应纳税所得额只有 500 万元，所以，不足抵扣的 200 万元（700 万元 − 500 万元 = 200 万元）只能在以后年度结转抵扣。

58. 企业可以缩短折旧年限、加速折旧的固定资产是怎样规定的？

企业可以缩短折旧年限和加速折旧的固定资产，包括由于技术进步、产品更新换代较快的固定资产和常年处于强震动、高腐蚀状态的固定资产。

采取缩短折旧年限方法的，最低折旧年限不得低于前述法定固定资产最低折旧年限的 60%；采取加速折旧方法的，可以采取双倍余额递减法和年数总和法。

一、双倍余额递减法的计算公式

年折旧率 = 2 ÷ 折旧年限 × 100%

月折旧率 = 年折旧率 ÷ 12

月折旧额 = 月初固定资产账面净值 × 月折旧率

二、年数总和法的计算公式

年折旧率 =（折旧年限 − 已使用年限）÷ 折旧年限 ÷（折旧年

限 +1） ×2×100%

月折旧率 = 年折旧率 ÷12

月折旧额 = （固定资产原值－预计净残值） ×月折旧率

集成电路生产企业的生产性设备，经过税务机关核准，折旧年限可以适当缩短，最短为 3 年。

59. 企业从事资源综合利用，可以享受怎样的所得税优惠？

企业以《资源综合利用企业所得税优惠目录》规定的资源作为主要原材料，生产非国家限制和禁止并符合国家和行业相关标准的产品取得的收入，可以减按90% 计入收入总额。上述原材料占生产产品材料的比例不得低于《资源综合利用企业所得税优惠目录》规定的标准。

上述《资源综合利用企业所得税优惠目录》，由财政部、国家税务总局商国务院有关部门制定，报国务院批准以后公布施行。

例：某企业生产符合国家规定的资源综合利用产品，取得收入500 万元，减按90% 计入收入总额，即450 万元（500 万元×90% = 450 万元）。

60. 企业购置并使用环境保护、节能节水和安全生产等专用设备，可以享受怎样的所得税优惠？

企业购置并使用《环境保护专用设备企业所得税优惠目录》、《节能节水专用设备企业所得税优惠目录》和《安全生产专用设备企业所得税优惠目录》规定的环境保护、节能节水和安全生产等专用设备的，该专用设备的投资额的10% 可以抵免企业本纳税年度的应纳企业所得税税额；本纳税年度的应纳企业所得税税额不足抵免的，可以在以后5 个纳税年度结转抵免。

例：某企业投资200 万元，购置一批符合规定的安全生产等专用设备，并投入使用，这笔投资额的10% 即20 万元。在减除上述抵免额以前，该企业本纳税年度的应纳企业所得税税额为 100 万元。在减除上述抵免额以后，该企业本纳税年度的应纳企业所得税税额为80 万元（100 万元－20 万元 =80 万元）。

享受上述企业所得税优惠的企业，应当购置上述专用设备自用。企业购置上述专用设备在 5 年以内转让、出租的，应当停止享受上述企业所得税优惠，并补缴已经抵免的企业所得税税款。

上述《环境保护专用设备企业所得税优惠目录》、《节能节水专用设备企业所得税优惠目录》和《安全生产专用设备企业所得税优惠目录》，由财政部、国家税务总局商国务院有关部门制定，报国务院批准以后公布施行。

61. 企业同时从事适用不同企业所得税待遇的项目的，怎样处理？

企业同时从事适用不同企业所得税待遇的项目的，其优惠项目应当单独计算所得，并合理分摊企业的期间费用；没有单独计算的，不能享受企业所得税优惠。

62. 西部地区的企业可以享受哪些所得税优惠？

设立在国家规定的西部地区和其他地区，以国家规定的鼓励类产业项目为主营业务，且当年主营业务收入超过企业总收入 70% 的企业，经过企业申请，税务机关审核确认，在 2001 年至 2010 年期间减按 15% 的税率征收企业所得税。

上述地区新办的交通、电力、水利、邮政和广播电视等企业，上述项目的业务收入占企业总收入的 70% 以上的，经过企业申请，税务机关审核确认，第一年至第二年免征企业所得税，第三年至第五年减半征收企业所得税。

63. 在深圳、珠海、汕头、厦门、海南经济特区和上海浦东新区登记的国家需要重点扶持的高新技术企业可以享受哪些所得税优惠？

2008 年以后在深圳、珠海、汕头、厦门、海南 5 个经济特区和上海浦东新区登记的国家需要重点扶持的高新技术企业，在经济特区和上海浦东新区取得的所得，可以从取得第一笔生产、经营收入所属纳税年度起，第一年至第二年免征企业所得税，第三年至第五年按照 25% 的法定税率减半征收企业所得税。

64. 软件产业和集成电路产业可以享受哪些所得税优惠？

软件产业和集成电路产业可以享受以下所得税优惠：

一、软件生产企业实行增值税即征即退政策退还的增值税税款，由企业用于研究开发软件产品和扩大再生产，不征收企业所得税。

二、我国境内新办软件生产企业经过认定以后，可以从获利年度起，第一年和第二年免征企业所得税，第三年至第五年减半征收企业所得税。

三、国家规划布局以内的重点软件生产企业，如果当年没有享受免征企业所得税的优惠，可以减按 10% 的税率缴纳企业所得税。

四、软件生产企业的职工培训费用，可以按照实际发生额在计算应纳税所得额的时候扣除。

五、企业、事业单位购进软件，符合固定资产、无形资产确认条件的，可以按照固定资产、无形资产核算。经过税务机关核准，其折旧、摊销年限可以适当缩短，最短为 2 年。

六、集成电路设计企业视同软件企业，享受上述软件企业的有关企业所得税待遇。

七、集成电路生产企业的生产性设备，经过税务机关核准，折旧年限可以适当缩短，最短为 3 年。

八、投资额超过 80 亿元人民币或者集成电路线宽小于 0.25 微米的集成电路生产企业，可以减按 15% 的税率缴纳企业所得税。其中，经营期在 15 年以上的，可以从开始获利的年度起，第一年至第五年免征企业所得税，第六年至第十年减半征收企业所得税。

九、生产线宽 0.8 微米以下集成电路产品的生产企业，经过认定以后，可以从获利年度起，第一年和第二年免征企业所得税，第三年至第五年减半征收企业所得税。已经享受从获利年度起 2 年免征企业所得税、3 年减半征收企业所得税的企业，不能重复执行此项规定。

十、从 2008 年至 2010 年，集成电路生产企业、封装企业的投资者以其取得的缴纳企业所得税以后的利润直接投资于本企业，增加注册资本，或者作为资本投资开办其他集成电路生产企业、封装企业，经营期不少于5年的，可以按照40%的比例退还其再投资部分已经缴纳的企业所得税税款。再投资不满5年撤资的，追缴已经退还的企业所得税税款。

十一、从2008年至2010年，国内外经济组织作为投资者，以其在我国境内取得的缴纳企业所得税以后的利润投资于西部地区，开办集成电路生产企业、封装企业和软件产品生产企业，经营期不少于5年的，可以按照80%的比例退还其再投资部分已经缴纳的企业所得税税款。再投资不满5年撤资的，追缴已经退还的企业所得税税款。

65. 鼓励证券投资基金发展的所得税优惠措施有哪些？

鼓励证券投资基金发展的所得税优惠措施如下：

一、证券投资基金从证券市场取得的收入，包括买卖股票、债券取得的差价收入，股权投资取得的股息、红利收入，债券投资取得的利息收入，其他收入，暂不征收企业所得税。

二、投资者从证券投资基金分配中取得的收入，暂不征收企业所得税。

三、证券投资基金管理人运用基金买卖股票、债券取得的差价收入，暂不征收企业所得税。

66. 企业所得税法公布以前批准设立的企业，所得税优惠怎样过渡？

企业所得税法公布以前批准设立的企业，所得税优惠过渡办法如下：

一、从2008年起，原来执行企业所得税低税率的企业，可以在企业所得税法施行以后5年之内，逐步过渡到该法规定的税率。其中：执行15%的税率的企业，2008年按照18%的税率执行，2009年按照20%的税率执行，2010年按照22%的税率执行，2011年按照24%的税率执行，2012年按照25%的税率执行。原来执行

24％的税率的企业，从 2008 年起按照 25％的税率执行。

二、从 2008 年起，原来享受企业所得税 2 年免税、3 年减半征税和 5 年免税、5 年减半征税等定期减免税优惠的企业，在企业所得税法施行以后，继续按照原来的税法规定的优惠办法和年限享受至期满为止。但是，由于没有获利而没有享受上述税收优惠的，其优惠期限从 2008 年起计算。

67. 国务院在什么情况下可以制定企业所得税专项优惠措施？

按照企业所得税法的规定，根据国民经济和社会发展的需要，或者由于突发事件等原因对企业经营活动产生重大影响的，国务院可以制定企业所得税专项优惠措施，报全国人民代表大会常务委员会备案。

68. 企业所得税的纳税期限是怎样规定的？

企业所得税分月或者分季预缴，由税务机关具体核定；年终汇算清缴，多退少补。

企业应当从月份或者季度终了之日起 15 天以内，向税务机关报送预缴企业所得税纳税申报表，预缴上个月或者上个季度的企业所得税税款。

企业应当从年度终了之日起 5 个月以内，向税务机关报送年度企业所得税纳税申报表，并汇算清缴上个年度的企业所得税税款，结清应缴税款或者应退税款。

企业分月或者分季预缴企业所得税的时候，应当按照月度或者季度的实际利润额预缴；按照月度或者季度的实际利润额预缴有困难的，可以按照上一纳税年度应纳税所得额的月度或者季度平均额预缴，或者按照经税务机关认可的其他方法预缴。预缴方法一经确定，本纳税年度以内不得随意变更。

企业所得以人民币以外的货币计算的，在预缴企业所得税的时候，应当按照月度或者季度最后一天的人民币汇率中间价，折合成人民币计算应纳税所得额。年度终了汇算清缴的时候，对于已经按照月度或者季度预缴企业所得税的，不再折合计算，只就本纳税年度以内没有缴纳企业所得税的部分，按照本纳税年度最后一天的人民币汇率中间价，折合成人民币计算应纳税所得额。

经税务机关检查确认，企业少计或者多计上述所得的，应当按照检查确认补税或者退税时的上一个月最后一天的人民币汇率中间价，将少计或者多计的所得折合成人民币计算应纳税所得额，再计算应当补缴或者退还的企业所得税税额。

企业在本纳税年度以内无论盈利或者亏损，都应当依法向税务机关报送预缴企业所得税纳税申报表、年度企业所得税纳税申报表、财务会计报告和税务机关规定应当报送的其他资料。

企业在年度中间终止经营活动的，应当从实际经营终止之日起60天以内，向税务机关办理当期企业所得税汇算清缴。

企业注销的，应当在办理注销登记以前就其清算所得向税务机关申报缴纳企业所得税。

69. 企业所得税的纳税地点是怎样规定的？

除了税收法律、行政法规另有规定以外，居民企业的企业所得税纳税地点为企业登记注册地；但是登记注册地在我国境外的，企业所得税纳税地点为实际管理机构所在地。

居民企业在我国境内设立不具有法人资格的营业机构的，应当汇总计算缴纳企业所得税，具体办法由财政部、国家税务总局制定。

非居民企业在我国境内所设机构、场所取得的来源于我国境内的所得和发生在我国境外但是与其在我国境内所设机构、场所有实际联系的所得，以其在我国境内所设机构、场所所在地为企业所得税纳税地点。非居民企业在我国境内设立两个以上机构、场所的，经各机构、场所所在地税务机关的共同上级税务机关审核批准，可以选择由其主要机构、场所汇总缴纳企业所得税。

上述主要机构、场所，应当同时符合下列条件：

一、对其他各机构、场所的生产、经营活动负有监督管理责任；

二、设有完整的账簿、凭证，能够准确反映各机构、场所的收入、成本、费用和盈亏情况。

非居民企业经批准汇总缴纳企业所得税以后，需要增设、合并、迁移和关闭机构、场所或者停止机构、场所业务的，应当事先由负责汇总申报缴纳企业所得税的主要机构、场所向其所在地税务机关报告；需要变更汇总缴纳企业所得税的主要机构、场所的，也应当报各机构、场所所在地税务机关的共同上级税务机关审核批准。

非居民企业没有在我国境内设立机构、场所，取得来源于我国境内的所得；或者虽然在我国境内设立机构、场所，但是取得来源于我国境内的所得与其在我国境内所设机构、场所没有实际联系的，一般以扣缴义务人所在地为企业所得税纳税地点。

除了国务院另有规定者以外，企业之间不得合并缴纳企业所得税。

70. 属于中央与地方共享收入的跨省市总分机构企业所得税怎样缴纳？

属于中央与地方共享收入的跨省市总分机构企业（指跨省、自治区、直辖市和计划单列市设立不具有法人资格营业机构的居民企业）缴纳的企业所得税，实行统一计算、分级管理、就地预缴、汇总清算、财政调库的处理办法，总分机构统一计算的当期应纳企业所得税税额的地方分享部分，25% 由总机构所在地分享，50% 由各分支机构所在地分享，25% 按照一定比例在各地之间分配。

统一计算，指企业总机构统一计算包括各个不具有法人资格营业机构的应纳税所得额在内的企业全部应纳税所得额、应纳企业所得税税额。总机构、分支机构处于不同税率地区的，先由总机构统一计算全部应纳税所得额，然后按照总机构与分支机构分摊预缴企业所得税的比例和各分支机构的经营收入、职工工资和资产总额三个因素及其权重，计算划分不同税率地区机构的应纳税所得额，再分别按照总机构、分支机构所在地的适用税率计算应纳企业所得税税额。

分级管理，指企业总机构、分支机构的企业所得税分别由其所在地的税务机关管理。

就地预缴，指企业总机构、分支机构应当根据规定的比例分别就地按照月份或者季度向当地税务机关申报、预缴企业所得税。

汇总清算，指在年度终了后，总机构负责进行企业所得税的年度汇算清缴。总分机构企业根据统一计算的年度应纳税所得额、应纳企业所得税税额，抵减总机构、分支机构当年已经就地分期预缴的企业所得税税额以后，多退少补。

财政调库，指财政部定期将缴入中央总金库的跨省市总分机构企业所得税待分配收入，按照核定的系数调整至地方金库。

实行就地预缴企业所得税办法的企业暂定为总机构和具有主体生产、经营职能的二级分支机构，三级以下分支机构的经营收入、职工工资和资产总额等统一计入二级机构。

总机构设立具有独立生产经营职能部门，且此类部门的经营收入、职工工资和资产总额与管理职能部门分开核算的，可以将此类部门视同一个分支机构，就地预缴企业所得税。

不具有主体生产、经营职能且不在当地缴纳营业税、增值税的产品售后服务、内部研发、仓储等企业内部辅助性的二级分支机构和上年度符合条件的小型微利企业的分支机构，不实行上述办法。

新设立的分支机构，设立当年不就地预缴企业所得税。撤销的分支机构，撤销当年剩余期限以内应当分摊的企业所得税，由总机构缴入中央国库。

企业在我国境外设立的不具有法人资格的营业机构，不就地预缴企业所得税。

企业计算分期预缴的企业所得税时，其实际利润额、应纳税额和分摊因素数额，均不包括其在我国境外设立的营业机构。

企业应当根据当期实际利润额，按照规定的预缴分摊方法计算总机构和分支机构的企业所得税预缴额，分别由总机构和分支机构分月或者分季就地预缴。在规定期限以内按照实际利润额预缴企业所得税有困难的，经总机构所在地主管税务机关认可，可以按照上一年度应纳税所得额的 1/12 或者 1/4，由总机构和分支机构分别就地预缴企业所得税。预缴方式一经确定，当年不得变更。

一、分支机构分摊的预缴税款。总机构在每月或者每季终了之日起 10 天以内，根据以前年度（1 月至 6 月按照前年，7 月至 12 月按照去年）各分支机构的经营收入、职工工资和资产总额 3 个因素，将统一计算的企业当期应纳企业所得税税额的 50% 在各分支机构之间分摊（上述 3 个因素权重依次为 0.35、0.35 和 0.30），由各分支机构就地缴入国库，并由中央政府与分支机构所在地政府按照规定的比例分享。各分支机构应当在每月或者季度终了之日起 15 天以内，就其分摊的企业所得税税额向所在地主管税务机关申报预缴。当年新设立的分支机构从第二年起参与分摊；当年撤销的分支机构从第二年起不参与分摊。

分支机构的经营收入，指企业在销售货物、提供劳务等经营业务中实现的全部营业收入。其中，生产经营企业的经营收入指生产经营企业销售货物、提供劳务等取得的全部收入；金融企业的经营收入指金融企业取得的利息和手续费等全部收入；保险企业的经营收入指保险企业取得的保费等全部收入。

分支机构的职工工资，指企业为获得职工提供的服务支付的各种形式的报酬和其他支出。

分支机构的资产总额，指企业拥有或者控制的除了无形资产以外的能以货币计量的经济资源总额。

上述各分支机构的经营收入、职工工资和资产总额的数据，均以企业财务会计决算报告为准。

各分支机构分摊预缴额按照下列公式计算：

各分支机构分摊预缴额 ＝ 所有分支机构应分摊的预缴总额 × 该分支机构分摊比例

其中：

所有分支机构应分摊的预缴总额 ＝ 统一计算的企业当期应纳税额 × 50%

该分支机构分摊比例 ＝ 该分支机构经营收入 ÷ 各分支机构经营收入总额 × 0.35 ＋ 该分支机构职工工资总额 ÷ 各分支机构职工工资总额 × 0.35 ＋ 该分支机构资产总额 ÷ 各分支机构资产总额之和 × 0.30

以上公式中，分支机构仅指需要参与就地预缴的分支机构。分摊比例一经确定，当年不作调整。

分支机构所在地主管税务机关对总机构计算确定的分摊税款比例有异议的，应当于收到《中华人民共和国企业所得税汇总纳税分支机构分配表》以后 30 天以内向企业总机构所在地主管税务机关提出书面复核建议，并附送相关数据资料。总机构所在地主管税务机关必须于收到复核建议以后 30 天以内对分摊税款的比例进行复核，并作出调整或者维持原比例的决定。分支机构所在地主管税务机关应当执行总机构所在地主管税务机关的复核决定。在分摊税款比例复核期间，分支机构应当先按照总机构确定的分摊比例申报预缴税款。

二、总机构就地预缴税款。总机构应当将统一计算的企业当期应纳企业所得税税额的 25% 就地缴入国库，并由中央政府与总机构所在地政府按照规定的比例分享，申报预缴期限为每月或者每季终了后 15 天以内。

三、总机构预缴中央国库税款。总机构应当将统一计算的企业当期应纳企业所得税税额的 25%，就地缴入中央国库，申报预缴期限为每月或者每季终了后 15 天以内。这部分税款中的 60% 作为中央收入，40% 由财政部按照 2004 年至 2006 年各省市 3 年分享企业所得税占地方分享企业所得税总额的比例定期向各省市分配。

企业所得税的汇算清缴统一由总机构按照相关规定办理，各分支机构无需办理此项业务。总机构所在地税务机关根据汇总计算的企业年度全部应纳企业所得税税额，扣除总机构和分支机构已经预缴的企业所得税税额，多退少补。补缴的税款由总机构全额就地缴入中央国库，不实行与总机构所在地分享；多缴的税款由总机构所在地税务机关开具收入退还书并按照规定办理退库。

居民企业在同一省（自治区、直辖市、计划单列市）行政区域以内跨地区（市、区、县）设立不具有法人资格营业机构、场所的，其企业所得税征收管理办法，由各省、自治区、直辖市和计划单列市国家税务局、地方税务局参照上述办法联合制定。

71. 企业所得税的源泉扣缴是怎样规定的?

非居民企业没有在我国境内设立机构、场所,取得来源于我国境内的所得;或者虽然在我国境内设立机构、场所,但是取得来源于我国境内的所得与其在我国境内所设机构、场所没有实际联系的,其应当向我国缴纳的所得税,实行源泉扣缴,以支付人为扣缴义务人。税款由扣缴义务人在每次支付或者到期应支付时,从支付或者到期应支付的款项中扣缴。

上述支付人,指按照有关法律规定或者合同约定对非居民企业直接负有支付相关款项义务的单位和个人。

上述支付,包括现金支付、汇拨支付、转账支付和权益兑价支付等货币支付与转让股权、债券、实物和提供劳务等非货币支付。

上述到期应支付的款项,指支付人按照权责发生制原则应当计入相关成本或者费用的应付款项。

对于非居民企业在我国境内取得工程作业、劳务所得应当缴纳的所得税,有以下情形的,税务机关可以指定工程价款、劳务费的支付人为扣缴义务人:

一、预计工程作业或者提供劳务期限不足一个纳税年度,且有证据表明纳税人不履行纳税义务的;

二、纳税人没有办理税务登记或者临时税务登记,且没有委托我国境内的代理人履行纳税义务的;

三、纳税人没有按照规定期限办理企业所得税纳税申报或者预缴申报的。

上述扣缴义务人由县级以上税务机关指定,并同时告知扣缴义务人所扣税款的计算依据、计算方法、扣缴期限和扣缴方式。

按照上述规定应当扣缴的所得税,扣缴义务人没有依法扣缴或者无法履行扣缴义务的,由纳税人在所得发生地缴纳。在我国境内存在多处所得发生地的,由纳税人选择其中之一申报缴纳所得税。纳税人没有依法缴纳应纳税款的,税务机关可以从该纳税人在我国境内其他收入项目的支付人应付的款项中追缴该纳税人的应纳税款。税务机关在追缴该纳税人应纳税款的时候,应当将追缴税款的理由、数额、缴纳期限和缴纳方式等告知该纳税人。

扣缴义务人每次代扣的所得税税款，应当从代扣之日起 7 天以内缴入国库，并向所在地的税务机关报送扣缴企业所得税报告表。

72. 哪些企业可以核定征收企业所得税？

居民企业纳税人具有下列情形之一的，核定征收企业所得税：

一、按照法律、行政法规的规定可以不设置账簿的；

二、按照法律、行政法规的规定应当设置账簿而没有设置账簿的；

三、擅自销毁账簿或者拒不提供纳税资料的；

四、虽然设置账簿，但是账目混乱或者成本资料、收入凭证、费用凭证残缺不全，难以查账的；

五、发生纳税义务，没有按照规定的期限办理纳税申报，经税务机关责令限期申报，逾期仍然不申报的；

六、申报的计税依据明显偏低，又无正当理由的。

国家税务总局规定的特殊行业、特殊类型的纳税人和一定规模以上的纳税人不适用核定征收企业所得税办法。

税务机关应当根据核定征收企业所得税的纳税人的具体情况，核定其应税所得率或者应纳企业所得税税额。

具有下列情形之一的，核定其应税所得率：

一、能够正确核算（查实）收入总额，但是不能正确核算（查实）成本、费用总额的；

二、能够正确核算（查实）成本、费用总额，但是不能正确核算（查实）收入总额的；

三、通过合理的方法，能够计算和推定纳税人收入总额或者成本、费用总额的。

纳税人不属于以上情形的，核定其应纳企业所得税税额。

73. 税务机关可以采用哪些方法核定征收企业所得税？

税务机关可以采用下列方法核定征收企业所得税：

一、参照当地同类行业或者类似行业中经营规模和收入水平相近的纳税人的税负水平核定；

二、按照应税收入额或者成本、费用支出额定率核定；

三、按照耗用的原材料、燃料、动力等推算或者测算核定；

四、按照其他合理方法核定。

采用上述方法中的一种方法不足以正确核定应纳税所得额或者应纳企业所得税税额的，可以同时采用两种以上的方法核定。采用两种以上方法测算的应纳企业所得税税额不一致时，可以从高核定。

采用应税所得率方式核定征收企业所得税的，应纳企业所得税税额的计算公式如下：

应纳税额＝应纳税所得额×适用税率

应纳税所得额＝应税收入额×应税所得率

或者：应纳税所得额＝成本（费用）支出额÷（1－应税所得率）×应税所得率

采用应税所得率方式核定征收企业所得税的纳税人，经营多业的，无论其经营项目是否单独核算，均由税务机关根据其主营项目确定适用的应税所得率。主营项目应当为纳税人所有经营项目中收入总额或者成本、费用支出额或者耗用原材料、燃料、动力数量所占比重最大的项目。

应税所得率按照下表规定的标准确定：

行　　业	应税所得率（％）
一、农业、林业、牧业、渔业	3～10
二、制造业	5～15
三、批发和零售贸易业	4～15
四、交通运输业	7～15
五、建筑业	8～20
六、饮食业	8～25
七、娱乐业	15～30
八、其他行业	10～30

纳税人的生产、经营范围、主营业务发生重大变化，或者应纳

税所得额、应纳企业所得税税额增减变化达到20%的，应当及时向税务机关申报调整已经确定的应税所得率或者应纳企业所得税税额。

例1：某企业本年度收入总额为100万元，当地税务机关核定其应税所得率为10%，企业所得税适用税率为20%，该企业应纳企业所得税税额的计算方法为：

应纳税所得额 = 100万元 × 10%
= 10万元
应纳所得税额 = 10万元 × 20%
= 2万元

例2：某企业本年度成本费用支出总额为17万元，当地税务机关核定其应税所得率为15%，企业所得税适用税率为20%，该企业应纳企业所得税税额的计算方法为：

应纳税所得额 = 17万元 ÷（1−15%）× 15%
= 3万元
应纳所得税额 = 3万元 × 20%
= 0.6万元

74. 怎样办理核定征收企业所得税的鉴定？

税务机关应当及时向纳税人送达《企业所得税核定征收鉴定表》，及时完成对其核定征收企业所得税的鉴定工作，具体程序如下：

一、纳税人应当在收到《企业所得税核定征收鉴定表》以后10个工作日之内，填好该表并报送主管税务机关。该表一式三联，主管税务机关和县级税务机关各执一联，另一联送达纳税人执行。主管税务机关还可以根据实际工作的需要适当增加联次备用。

二、主管税务机关应当在受理《企业所得税核定征收鉴定表》以后20个工作日之内，分类逐户审查核实，提出鉴定意见，并报县级税务机关复核、认定。

三、县级税务机关应当在收到《企业所得税核定征收鉴定表》以后30个工作日之内，完成复核、认定工作。

纳税人收到《企业所得税核定征收鉴定表》以后没有在规定期限之内填列、报送的，税务机关视同纳税人已经报送，按照上述程序复核、认定。

税务机关应当在每年 6 月底以前对上年度实行核定征收企业所得税的纳税人进行重新鉴定。在重新鉴定工作完成以前，纳税人可以暂按上年度的核定征收方式预缴企业所得税；重新鉴定工作完成以后，按照重新鉴定的结果调整。

主管税务机关应当分类逐户公示核定的应税所得率或者应纳企业所得税税额。主管税务机关应当按照便于纳税人和社会各界了解、监督的原则确定公示地点、方式。

纳税人对税务机关确定的企业所得税征收方式、核定的应税所得率或者应纳企业所得税税额有异议的，应当提供合法、有效的相关证据，税务机关经核实认定以后，可以调整有异议的事项。

75. 怎样办理核定征收企业所得税的申报？

纳税人采用核定应税所得率方式的，按照下列规定申报缴纳企业所得税：

一、主管税务机关根据纳税人应纳企业所得税税额的大小确定纳税人按月或者按季预缴，年终汇算清缴。预缴方法一经确定，一个纳税年度以内不得改变。

二、纳税人应当按照确定的应税所得率计算和预缴纳税期间实际应当缴纳的企业所得税税额。按照实际数额预缴有困难的，经主管税务机关同意，可以按照上一年度应纳企业所得税税额的 1/12 或者 1/4 预缴，或者按照主管税务机关认可的其他方法预缴。

三、纳税人预缴企业所得税税款或者年终汇算清缴的时候，应当按照规定填写纳税申报表，在规定的纳税申报期限以内报送主管税务机关。

纳税人采用核定应纳企业所得税税额方式的，按照下列规定申报缴纳企业所得税：

一、在应纳企业所得税税额确定以前，可以暂按上一纳税年度应纳企业所得税税额的 1/12 或者 1/4 预缴，或者按照主管税务机关认可的其他方法按月或者按季分期预缴。

二、在应纳企业所得税税额确定以后，减除当年已经预缴的企业所得税税额，余额按照剩余月份或者季度均分，以此确定以后各月或者各季的应纳企业所得税税额，由纳税人按月或者按季填写纳税申报表，在规定的纳税申报期限以内办理纳税申报。

三、纳税年度终了后，纳税人应当在规定的期限以内按照实际经营额或者实际应纳企业所得税税额向税务机关申报纳税。申报额超过核定的经营额或者应纳企业所得税税额的，按照申报额缴纳企业所得税；申报额低于核定经营额或者应纳企业所得税税额的，按照核定的经营额或者应纳企业所得税税额缴纳企业所得税。

二、增值税

1. 什么是增值税？

增值税是对销售货物和提供劳务的过程中增加的价值征收的、目前各国普遍征收的一种税收。它改变了传统的流转税按照销售收入全额征税的做法，可以避免重复征税，有利于促进专业化生产和分工、协作的发展，被公认为一种比较科学、合理的税种。

我国从20世纪80年代初期开始试行增值税，以后逐步推行。1993年12月13日，国务院发布《中华人民共和国增值税暂行条例》，从1994年1月1日起施行。同年12月25日，财政部发布《中华人民共和国增值税暂行条例实施细则》，与增值税暂行条例同时施行。

增值税由国家税务局负责征收管理（进口环节的增值税由海关代为征收管理），所得收入由中央政府与地方政府共享。增值税是中央政府财政收入最主要的来源，也是地方政府税收收入的主要来源之一。2006年，增值税收入为13 480.1亿元，占当年我国税收总额的37.9%，居各税之首。

2. 增值税的纳税人有哪些？

增值税的纳税人包括在我国境内销售、进口货物,提供加工、修理、修配劳务（以下简称应税劳务）的国有企业、集体企业、私营企业、外商投资企业、外国企业、股份制企业、其他企业、事业单位、社会团体、国家机关、部队、其他单位、个体工商户和其他个人。

企业租赁、承包给他人经营的，以承租人、承包人为纳税人。

目前，我国的增值税收入主要来自制造业（其中主要有烟草制品业、饮料制造业、食品加工和制造业、纺织业、石油加工业、化学原料和化工制品业、医药制造业、黑色金属冶炼和压延加工业、有色金属冶炼和压延加工业、通用设备制造业、交通运输设备制造业、电气机械和器材制造业、电子通信设备制造业），采矿业（其中主要有煤炭、石油、天然气、黑色金属、有色金属开采等），电力生产和供应业，批发和零售业等行业的国有企业、集体企业、私营企业、股份制企业、外商投资企业、个体工商户和进口货物。

3. 哪些行为视同销售货物？怎样征税？

企业、单位和个人的下列行为，视同销售货物，并且按照销售货物征收增值税：将货物交付他人代销；销售代销货物；设有两个机构并实行统一核算的纳税人，将货物从一个机构移送其他机构用于销售（相关机构设在同一县、市的除外）；将自己生产、委托加工的货物用于非应税项目、集体福利或者个人消费；将自产、委托加工或者购买的货物作为投资，提供给其他企业、单位或者个体经营者，分配给股东、投资者，无偿赠送他人。

4. 什么是混合销售行为？怎样征税？

如果一项销售行为既涉及货物又涉及非应税劳务（如销售货物并负责运输），称为混合销售行为。从事货物生产、批发、零售者（包括以货物生产、批发、零售为主，兼营非应税劳务者）的混合销售行为，视为销售货物，应当按照其全部销售收入征收增值税；其他企业、单位、个人的混合销售行为（不包括这些企业、单位和个人设立的经营货物销售并独立核算的单独机构的混合销售行为），不征收增值税，征收营业税。

增值税纳税人兼营非应税劳务的，应当分别核算货物、应税劳务和非应税劳务的销售收入金额（以下简称销售额）。如果纳税人不分别核算或者不能准确地核算其销售额，税务机关将要求纳税人将其非应税劳务与货物、应税劳务一并缴纳增值税，并且非应税劳务适用税率从高。

5. 增值税的税率有几档？征税的货物和劳务有哪些？

增值税的税率分为 0、13% 和 17% 共 3 个档次，税目、税率表如下：

增值税税目、税率表

税　　目	征收范围	税率（%）
一、出口货物	不包括国家禁止出口的货物（如天然牛黄、麝香、铜和铜基合金等）和国家限制出口的部分货物（如矿砂及精矿、钢铁初级产品、原油、车用汽油、煤炭、原木、尿素产品、山羊绒、鳗鱼苗、某些援外货物等）	0
二、农业产品	包括粮食、蔬菜、烟叶（不包括复烤烟叶）、茶叶（包括各种毛茶）、园艺植物、药用植物、油料植物、纤维植物、糖料植物、林业产品、其他植物、水产品、畜牧产品、动物皮张、动物毛绒和其他动物组织	13
三、粮食复制品	包括切面、饺子皮、馄饨皮、面皮、米粉等	13
四、食用植物油	包括芝麻油、花生油、豆油、菜籽油、葵花籽油、棉籽油、玉米胚油、茶油、胡麻油和以上述油为原料生产的混合油	13
五、自来水		13
六、暖气、热气、热水、冷气	含利用工业余热生产、回收的暖气、热气和热水	13
七、煤气	包括焦炉煤气、发生炉煤气和液化煤气	13
八、石油液化气		13
九、天然气	包括气田天然气、油田天然气、煤田天然气和其他天然气	13
十、沼气	包括天然沼气和人工生产的沼气	13
十一、居民用煤炭制品	包括煤球、煤饼、蜂窝煤和引火炭	13
十二、图书、报刊、音像制品、电子出版物	不包括邮政部门发行的报刊	13

续表

税　　目	征　收　范　围	税率（%）
十三、饲料	包括单一饲料、混合饲料和配合饲料。不包括直接用于动物饲养的粮食和饲料添加剂	13
十四、化肥	包括化学氮肥、磷肥、钾肥、复合肥料、微量元素肥和其他化肥	13
十五、农药	包括杀虫剂、杀菌剂、除草剂、植物生长调节剂、植物性农药、微生物农药、卫生用药和其他农药原药、农药制剂	13
十六、农业机械	包括拖拉机、土壤耕整机械、农田基本建设机械、种植机械、植物保护管理机械、收获机械、场上作业机械、排灌机械、农副产品加工机械、农业运输机械（不包括三轮农用运输车以外的农用汽车）、畜牧业机械、渔业机械（不包括机动渔船）、林业机械（不包括森林砍伐机械和集材机械）、小农具（不包括农业机械零部件）	13
十七、农用塑料薄膜		13
十八、金属矿采选产品	包括黑色金属矿和有色金属矿采选产品	13
十九、非金属矿采选产品		13
二十、煤炭	包括原煤、洗煤、选煤等	13
二十一、工业盐和食用盐	包括海盐、井矿盐和湖盐	13
二十二、原油	包括天然原油和人造原油	17
二十三、其他货物	包括纳税人销售或者进口的除上述货物以外的其他货物	17
二十四、加工、修理、修配劳务		17

　　增值税税率的调整，由国务院决定。

　　如果纳税人兼营适用不同增值税税率的货物和应税劳务，应当分别核算适用税率不同的货物和应税劳务的销售额。如果纳税人不分别核算上述不同货物和应税劳务的销售额，税务机关在征收增值税的时候适用税率从高。

6. 什么是一般纳税人?

增值税一般纳税人的标准是:

一、生产应税货物或者提供应税劳务的纳税人;以生产应税货物或者提供应税劳务为主(即这部分销售额超过全年应税销售额的50%)、兼营应税货物批发或者零售的纳税人,年应税销售额超过100万元的。

二、从事应税货物批发或者零售经营,年应税销售额超过180万元的。

此外,符合规定条件的某些小规模纳税人也可以认定为一般纳税人。

一般纳税人应当向其所在地的税务机关申请办理一般纳税人认定手续。

新开业的符合一般纳税人条件的企业,应当在办理税务登记的同时申请办理一般纳税人认定手续。对于预计年应税销售额达到一般纳税人标准的,税务机关暂认定为一般纳税人;如果开业以后实际年应税销售额没有达到一般纳税人标准,则应当重新申办一般纳税人认定手续。对于已经开业的小规模纳税人,其年应税销售额达到一般纳税人标准的,应当在次年1月底以前申办一般纳税人认定手续。

新办的小型商贸批发企业必须从税务登记之日起1年以内实际销售额达到180万元,才可以申请一般纳税人资格认定。但是,具有一定经营规模,拥有固定的经营场所,有相应的经营管理人员,有货物购销合同或者书面意向,有明确的货物购销渠道(供货企业证明),预计年销售额可以达到180万元以上的新办小型商贸批发企业,经过税务机关审核,也可以认定其为一般纳税人,实行为期一般不少于6个月的辅导期一般纳税人管理。设有固定经营场所和拥有货物实物的新办商贸零售企业以及注册资金在500万元以上、人员在50人以上的新办大中型商贸企业在办理税务登记时提出一般纳税人资格认定申请的,可以认定为一般纳税人,实行辅导期一般纳税人管理。辅导期结束以后,经税务机关审核同意,就可以按照正常的一般纳税人管理。注册资金在 500 万元以上、人员在 50 人以上的新办大中型商贸企业提出一般纳税人资格认定申请的，经过税务机关案头审核、法定代表人约谈和实地查验，确认符合规定条件的；经营规模较大、拥有固定的经营场所、固定的货物购销渠道、完善的管理和核算体系的大中型商贸企业，可以直接按照正常的一般纳税人管理。

对新办工业企业增值税一般纳税人的认定，税务机关也应当及时组织对纳税人的实地查验，核实其是否拥有必要的厂房、机器设备和生产人员，是否具备一般纳税人的财务核算条件。

企业申请办理一般纳税人认定手续，应当向税务机关提出申请，并提供营业执照，有关合同、章程、协议书，银行账号证明以及税务机关要求提供的其他有关证明、资料。县级以上国家税务局对企业的申请和有关资料审核以后，对于符合一般纳税人条件的企业，在其《税务登记证》副本首页上方加盖"增值税一般纳税人"确认专章。

7. 一般纳税人怎样计算应纳增值税税额？

一般纳税人在计算应纳增值税税额的时候，应当先分别计算其当期销项税额和进项税额，然后以销项税额抵扣进项税额以后的余额为实际应纳税额。

应纳税额计算公式：

应纳税额＝当期销项税额－当期进项税额

例：某工厂本月增值税销项税额为 200 万元，进项税额为 100 万元，该工厂本月应纳增值税税额的计算方法为：

应纳税额＝200 万元－100 万元

＝100 万元

纳税人在计算其应纳增值税税额时，如果当期销项税额小于当期进项税额，不足抵扣，其不足部分可以结转下期继续抵扣；如果纳税人同时欠缴增值税，则应当以期末留抵税额抵减欠缴的增值税税额。

纳税人由于销货退回、折让而退还给购买方的增值税税额，应当从当期的销项税额中扣减；由于进货退出或者折让而收回的增值税税额，应当从当期的进项税额中扣减。

8. 什么是销项税额？怎样计算销项税额？

增值税纳税人销售货物和应税劳务，按照销售额和适用税率计算并向购买方收取的增值税税额，称为销项税额。销项税额计算公式为：

当期销项税额 = 当期销售额 × 适用税率

例：某钢铁公司向某机械公司出售一批钢材，出厂价格为 500 万元，增值税适用税率为 17%，该钢铁公司应当向机械公司收取的销项税额的计算方法为：

销项税额 = 500 万元 × 17%

    = 85 万元

9. 怎样确定当期销售额？

当期销售额是增值税一般纳税人计算应纳增值税税额的计税依据，包括增值税纳税人当期销售货物和应税劳务从购买方取得的全部价款和价外费用（包括价外收取的手续费、补贴、基金、集资费、返还利润、奖励费、违约金、延期付款利息、包装费、包装物租金、储备费、优质费、运输装卸费、代收款项和代垫款项等费用，国家另有规定者除外）。纳税人应当按照当期销售额计算当期销项税额，在向买方收取货款、劳务收入以外同时收取。

纳税人销售货物和应税劳务，采用销售额与销项税额合并定价方法的，应当按照以下公式计算不含增值税的销售额：

不含增值税的销售额 = 含增值税的销售额 ÷ （1 + 增值税适用税率）

例：某图书城本月的图书销售收入为 113 万元（含增值税税额），增值税适用税率为 13%，该图书城不含税销售额和销项税额的计算方法为：

不含税销售额 = 113 万元 ÷ （1 + 13%）

    = 100 万元

销项税额 = 100 万元 × 13%

= 13 万元

货物和应税劳务的销售额均以人民币计算。纳税人以人民币以外的货币结算销售额的，应当先按照销售额发生的当天或者当月 1 日的汇价折算成人民币，然后计算缴纳增值税。不论以什么时候的汇价折算，纳税人都应当事先确定，而且确定以后 1 年之内不能变更。

如果纳税人销售货物、应税劳务的价格明显偏低，又没有正当的理由；或者有规定的视同销售货物行为而没有销售额，税务机关可以按照纳税人当月同类货物的平均销售价格、纳税人近期同类货物的平均销售价格或者组成计税价格，确定其销售额，据以征收增值税。组成计税价格计算公式为：

组成计税价格 = 成本 × （1 + 成本利润率）

上述公式中的"成本"，是指自产货物的实际生产成本，或者外购货物的实际采购成本；"成本利润率"由国家税务总局确定。属于应当征收消费税的货物，其组成计税价格中还应当加计应纳消费税税额。

10. 什么是进项税额？哪些进项税额可以抵扣？

增值税纳税人购进货物和应税劳务所支付或者负担的增值税税额，称为进项税额。

下列进项税额可以从销项税额中抵扣：

一、纳税人购进货物（包括外购原材料、燃料和动力等）和应税劳务，从销售方取得的增值税专用发票上注明的增值税税额。

二、纳税人进口货物，从海关取得的完税凭证上注明的增值税税额。

三、纳税人购进农业生产者、小规模纳税人销售的农业产品和国有粮食购销企业销售的免税粮食，可以分别按照收购凭证、销售发票所列金额和 13% 的扣除率计算进项税额（计算公式：进项税额 = 购进金额 × 13%）。

四、纳税人外购货物（不包括固定资产）和销售货物所支付的运输费用，根据运费结算单据（普通发票）所列运费金额（不包括随运费支付的装卸费、保险费等杂费），按照 7% 的扣除率计算进项税额（计算公式：进项税额＝运费金额×7%）。但是，纳税人外购、销售免税货物的时候所支付的运费不能计算进项税额抵扣。

五、使用废旧物资的生产企业购进废旧物资，可以按照购进金额和 10% 的扣除率计算进项税额（计算公式：进项税额＝购进金额×10%）。

11. 进项税额在什么时候可以申报抵扣？

增值税纳税人购进货物和应税劳务以后，申请抵扣防伪税控系统开具的增值税专用发票，必须从该发票开具之日起 90 天以内到税务机关认证，否则不能抵扣进项税额。认证通过的防伪税控系统开具的增值税专用发票，应当在认证通过当月按照规定核算当期进项税额并申报抵扣，否则也不能抵扣进项税额。

增值税纳税人购进货物和应税劳务以后，申请抵扣非防伪税控系统开具的增值税专用发票，其进项税额申报抵扣的时间，工业生产企业为购进货物验收入库以后，商业企业为购进货物付款以后，购进应税劳务为劳务费用支付以后。

12. 在哪些情况下进项税额不能抵扣？

如果纳税人符合增值税一般纳税人条件，但是不去税务机关办理有关认定手续，或者会计核算不健全，不能提供准确的税务资料，税务机关将按照纳税人的销项税额征收增值税，不允许其抵扣进项税额，也不允许其使用增值税专用发票。

纳税人购进货物和应税劳务，没有按照规定取得并保存增值税扣税凭证，或者增值税扣税凭证上没有按照规定注明增值税税额和其他有关事项的，其进项税额不能从销项税额中抵扣。

下列项目的进项税额不能从销项税额中抵扣：

一、购进固定资产（包括使用期限超过 1 年的机器、机械、运输工具和其他与生产、经营有关的设备、工具、器具，单位价值在 2 000 元以上，并且使用期限超过 2 年的不属于生产、经营主要设备的物品）；规定地区扩大增值税抵扣范围的行业和企业除外。

二、用于非应税项目（包括提供非应税劳务、转让无形资产、销售不动产和固定资产在建工程等）的购进货物和应税劳务。

三、用于免税项目的购进货物和应税劳务。

四、用于集体福利、个人消费的购进货物（也包括招待费中开支的烟、酒、茶、饮料等）和应税劳务。

五、非正常损失（如由于自然灾害、管理不善等原因造成的损失等）的购进货物。

六、非正常损失的在产品、产成品所耗用的购进货物和应税劳务。

此外，如果纳税人将已经抵扣进项税额的购进货物和应税劳务用于非应税项目、免税项目、集体福利和个人消费，或者发生非正常损失，应当将有关购进货物和应税劳务的进项税额从当期发生的进项税额中扣减。

纳税人兼营免税项目、非应税项目（不包括固定资产在建工程），无法准确划分不得抵扣的进项税额的，按照下列公式计算不得抵扣的进项税额：

不得抵扣的进项税额＝（当月全部进项税额－当月可以准确划分用于应税项目、免税项目和非应税项目的进项税额）×当月免税项目销售额、非应税项目营业额合计÷当月全部销售额、营业额合计＋当月可以准确划分用于免税项目和非应税项目的进项税额

13. 生产、经营过程中的增值税税额是怎样计算的？

现以钢材生产、经营过程为例，简单地说明一下增值税应纳税额的计算方法：

一、甲矿山向乙炼铁厂销售一批铁矿石，售价1 000万元（不含增值税，下同），增值税适用税率为13%，销项税额为130万元（1 000万元×13% ＝130万元），价税合计为1 130万元；允许扣除的进项税额为100万元；该矿山应纳的增值税税额为30万元（130万元－100万元＝30万元）。

二、乙炼铁厂用从甲矿山购入的铁矿石炼制成生铁以后销售给

丙炼钢厂，售价2 000万元，增值税适用税率为17%，销项税额为340万元（2 000万元×17% = 340万元），价税合计为2 340万元（2 000万元 + 340万元 = 2 340万元）；允许扣除的进项税额为130万元（即甲矿山的销项税额）；该炼铁厂应纳的增值税税额为210万元（340万元 − 130万元 = 210万元）。

三、丙炼钢厂用从乙炼铁厂购入的生铁炼制成钢坯以后销售给丁轧钢厂，售价8 000万元，增值税适用税率为17%，销项税额为1 360万元（8 000万元×17% = 1 360万元），价税合计为9 360万元（8 000万元 + 1 360万元 = 9 360万元）；允许扣除的进项税额为340万元（即乙炼铁厂的销项税额）；该炼钢厂应纳的增值税税额为1 020万元（1 360万元 − 340万元 = 1 020万元）。

四、丁轧钢厂将从丙炼钢厂购入的钢坯制成钢材以后售出，售价10 000万元，增值税适用税率为17%，销项税额为1 700万元（10 000万元×17% = 1 700万元），价税合计为11 700万元（10 000万元 + 1 700万元 = 11 700万元）；允许扣除的进项税额为1 360万元（即丙炼钢厂的销项税额）；该轧钢厂应纳的增值税税额为340万元（1 700万元 − 1 360万元 = 340万元）。

上述计算举例可以参看下表：

增值税计算举例

企　业	商　品	不含税销售价格（万元）	适用税率（%）	增值税（万元）		
				销项税额	进项税额	应纳税额
矿　山	铁矿石	1 000	13	130	100	30
炼铁厂	生　铁	2 000	17	340	130	210
炼钢厂	钢　坯	8 000	17	1 360	340	1 020
轧钢厂	钢　材	10 000	17	1 700	1 360	340

销项税额 = 不含税销售价格×税率
应纳税额 = 销项税额 − 进项税额

14. 货物期货交易怎样缴纳增值税？

货物期货交易应当在实物交割的时候缴纳增值税，计税依据为实物交割时不含增值税的实际成交价格。

货物期货交易增值税的纳税人分为两种情况：

一、实物交割时由期货交易所开具发票的，以期货交易所为纳税人，按照每次交易计算纳税，其进项税额为实物交割时供货会员单位开具的增值税专用发票上注明的销项税额。

二、实物交割时由供货会员单位直接将发票开给购货会员单位的，以供货会员单位为纳税人。

15. 什么是小规模纳税人？

增值税小规模纳税人包括以下两种类型的增值税纳税人：

一、生产应税货物或者提供应税劳务的纳税人；以生产应税货物或者提供应税劳务为主（即这部分销售额超过全年应税销售额的50%），兼营应税货物批发或者零售的纳税人，年应税销售额在100万元以下的。

二、从事应税货物批发或者零售经营，年应税销售额在180万元以下的纳税人（不包括销售成品油的加油站）。

年应税销售额超过上述标准的个人、非企业性单位（其中经常发生应税行为，并且符合一般纳税人条件的，可以认定为一般纳税人）、不经常发生应税行为的企业，视同小规模纳税人。

16. 小规模纳税人怎样计算应纳增值税税额？

小规模纳税人按照简易办法计算应纳增值税税额，即以销售货物和应税劳务取得的销售额为计税依据，按照适用征收率计算应纳增值税税额，连同销售价款一并向买方收取，然后上缴税务机关。

从事货物批发或者零售，以货物批发或者零售业务为主、兼营货物生产或者提供应税劳务的小规模纳税人，增值税适用征收率为4%；其他小规模纳税人的增值税适用征收率为6%。

此外，寄售商店代销寄售物品，典当业销售死当物品，销售旧货，经过批准的免税商店零售免税货物，拍卖行受托拍卖应税货物，也按照4%的征收率计算缴纳增值税。

应纳税额计算公式：

应纳税额＝销售额×适用征收率

纳税人销售货物和应税劳务，采用销售额与应纳增值税税额合并定价方法的，应当按照以下公式计算不含增值税的销售额：

不含增值税的销售额＝含增值税的销售额÷（1＋增值税适用征收率）

小规模纳税人增值税征收率的调整由国务院决定。

小规模纳税人由于销货退回、折让退还给购买方的销售额，应当从当期的销售额中扣减。

例：个体经营者张某经营的商店本月销售额为 11 000 元（含增值税），退货 600 元，增值税适用征收率为 4%，张某本月不含税销售额和应纳增值税税额的计算方法为：

不含税销售额＝（11 000 元－600 元）÷（1＋4%）

　　　　　　＝10 000 元

应纳税额＝10 000 元×4%

　　　　＝400 元

17. 哪些小规模纳税人可以按照一般纳税人的计税方法计算缴纳增值税？

如果生产货物或者提供应税劳务，以生产货物或者提供应税劳务为主、兼营货物批发或者零售的小规模纳税人的年应税销售额在 30 万元以上，并且会计核算健全，能够按照会计制度和税务机关的要求准确地核算销项税额、进项税额和应纳税额，能够提供准确的税务资料，经过税务机关批准，可以不视为小规模纳税人，按照一般纳税人的计税方法计算应纳增值税税额。上述小规模纳税人被认定为一般纳税人以后，就不能再转为小规模纳税人。

18. 哪些一般纳税人可以按照 6% 的征收率计算缴纳增值税？

生产下列货物的一般纳税人，除了按照税额抵扣方法计算缴纳增值税以外，也可以采用简易办法，按照 6% 的征收率计算缴纳增值税（但是计税方法选定以后 3 年之内不能改变），并且可以开具增值税专用发票：

一、县以下小型水力发电单位生产的电力；

二、建筑用和生产建筑材料所用的砂、土、石料；

三、以自己采掘的砂、土、石料和其他矿物连续生产的砖、瓦、石灰；

四、原料中掺有煤矸石、石煤、粉煤炭、烧煤锅炉的炉底渣和其他废渣生产的墙体材料；

五、用微生物，微生物代谢产物，动物毒素，人和动物的血液、组织制成的生物制品；

六、自来水（征税时可以抵扣纳税人购进独立核算水厂销售的自来水时取得的增值税专用发票上注明的、按照 6% 征收率开具的增值税税款）。

一般纳税人生产销售的商品混凝土，也可以按照 6% 的征收率计算缴纳增值税，但是不能开具增值税专用发票。

19. 增值税纳税人怎样开具销售发票？

增值税纳税人销售货物和应税劳务，应当向购买者开具增值税专用发票，并在上面分别注明销售额和销项税额。买方可以凭发票上所注明的增值税税额在计算其应纳增值税税额时抵扣。但是，销售货物和应税劳务给消费者的，销售免税项目的，小规模纳税人销售货物和应税劳务的，只开具不分别注明销售额和增值税税额的普通发票。

20. 进口货物怎样计算缴纳增值税？

纳税人进口应税货物，应当以组成计税价格为计税依据，按照适用税率计算应纳增值税税额，不能抵扣任何进项税额。

应纳税额 = 组成计税价格 × 增值税适用税率

组成计税价格 = 关税完税价格 + 关税

如果纳税人进口应当缴纳消费税的货物，在组成计税价格中还应当加上应纳消费税税额。

例：某外贸公司进口一批农用化肥，组成计税价格为 200 万元，增值税适用税率为 13%，该公司应纳增值税税额的计算方法为：

应纳税额＝200万元×13%

＝26万元

21. 出口货物怎样办理增值税退税?

纳税人出口适用零税率的货物,向海关办理报关出口手续以后,凭出口报关单等有关凭证,可以按月向税务机关申报办理该项出口货物的增值税退税。目前,一般纳税人的出口退税率分为5档:17%、13%、11%、9%和5%。从小规模纳税人商贸企业购进的货物,出口退税率为4%;从小规模纳税人工业企业购进的货物,农产品的退税率为5%,其他产品的退税率为6%。

生产企业自营出口和委托外贸企业代理出口(以下简称生产企业出口)的自产货物,除了另有规定者以外,一律实行免税、抵税和退税的办法。免税,是指对生产企业出口的自产货物免征生产销售环节的增值税;抵税,是指生产企业出口的自产货物所耗用的原材料、零部件、燃料、动力等所含应当予以退还的进项税额,抵顶内销货物应纳的增值税;退税,是指生产企业出口的自产货物当月应当抵顶的进项税额大于应纳增值税税额的时候,对没有抵顶完的部分予以退税。

上述免税、抵税和退税的金额应当按照规定的退税率、出口货物的离岸价格和汇率计算。

生产企业承接国外修理、修配业务;利用国际金融组织、外国政府贷款,采用国际招标方式,国内企业中标,或者外国企业中标以后分包给国内企业的机电产品,可以比照上述规定办理。

出口货物办理增值税退税以后发生退货、退关的,纳税人应当按照规定补缴已经退还的增值税税款。

在一般情况下,出口企业应当从货物报关出口之日(以出口货物报关单上注明的出口日期为准)起90天以内,向税务机关申报办理出口货物退(免)税手续。

22. 国家规定特准退(免)增值税的货物主要有哪些?

国家规定特准退还或者免征增值税的货物主要有以下14类:

一、对外承包工程公司运出境外，用于对外承包项目的货物；

二、企业在国内采购以后运往境外，作为在境外投资的货物；

三、境外带料加工装配业务使用（包括实物性投资）的出境设备、原材料和散件；

四、利用中国政府的援外优惠贷款和援外合资合作项目基金方式出口的货物；

五、外轮供应公司、远洋运输供应公司销售给外轮和远洋国轮，并收取外汇的货物；

六、出境口岸免税店销售的货物；

七、出口企业从小规模纳税人购进并且持普通发票的特殊货物；

八、保税区内的企业从保税区外购进货物，用于出口或者加工以后出口的；

九、出口加工区外的企业销售给出口加工区内的企业，并运入出口加工区供区内企业使用的国产设备、原材料和零部件等；

十、出口加工区内的生产企业生产出口货物所耗用的水、电、气；

十一、外商投资企业在投资总额以内采购国家规定的免税范围内的国产设备（包括随设备购进的部分料、件）；

十二、经国务院批准设立、享有进出口经营权的中外合资商业企业收购自营出口的国产货物；

十三、外贸企业承接国外修理、修配业务；

十四、外国驻华使馆、领事馆等机构和外交代表、领事官员等人员在中国境内购买的货物和应税劳务。

23. 增值税的主要免税、减税规定有哪些？

增值税的免税、减税项目由国务院规定。可以免征增值税的主要项目如下：

一、种子、种苗、农用塑料薄膜和规定的农业机械、化肥、农药、饲料等农业生产资料，农业（包括种植业、养殖业、林业、牧业和水产业）生产单位和个人销售的自产初级农业产品。

二、来料加工复出口的货物。

三、下列企业（项目）进口的规定的自用设备和按照合同随同设备进口的配套技术、配件和备件：

（一）国家鼓励、支持发展的外商投资项目和国内投资项目在投资总额内进口的；

（二）企业为生产我国科学技术部制定的《国家高新技术产品目录》中所列的产品而进口的；

（三）软件企业进口的。

四、集成电路生产企业引进集成电路技术和成套生产设备，单项进口集成电路专用设备和仪器，符合国家规定的；以及符合国家规定的集成电路生产企业进口自用的原材料、消耗品。

五、企业为引进我国科学技术部制定的《国家高新技术产品目录》中所列的先进技术而向境外支付的软件费。

六、利用外国政府、国际金融组织贷款项目进口的设备。

七、避孕药品和用具。

八、向社会收购的古旧图书。

九、国家规定的科学研究机构和学校（主要指省、部级单位所属的专门科研机构和国家承认学历的实施专科以上高等学历教育的高等院校），以科学研究和教学为目的，在合理数量范围以内进口国内不能生产或者性能不能满足需要的科学研究和教学用品。

十、直接用于农业科研、试验的进口仪器、设备。

十一、外国政府、国际组织无偿援助、赠送的进口物资和设备，外国政府、国际组织无偿援助项目在我国境内采购的货物。

十二、我国境外的自然人、法人和其他组织按照规定无偿向受赠人捐赠进口的直接用于扶贫、慈善事业的物资。

十三、我国境外的捐赠人按照规定无偿捐赠的直接用于各类职业学校、高中、初中、小学和幼儿园教育的教学仪器、图书、资料和一般学习用品。

十三、符合国家规定的进口供残疾人专用的物品。

十四、个人销售自己使用过的物品，单位和个体经营者销售自己使用过的属于货物的固定资产，但是不包括售价超过原值的机动车、摩托车和游艇（售价超过原价的，按照 4% 的征收率减半征税）。

十五、承担粮食收储任务的国有粮食购销企业销售的粮食，其他粮食企业经营的军队用粮、救灾救济粮和水库移民口粮，销售政府储备食用植物油。

十六、军事工业企业、军队和公安、司法等部门所属企业和一般企业生产的规定的军、警用品。

十七、专供残疾人使用的假肢、轮椅和矫形器。

十八、个体残疾劳动者提供的加工和修理、修配劳务。

十九、符合国家规定的利用废渣生产的建材产品。

二十、血站供给医疗机构的临床用血。

二十一、非营利性医疗机构自产自用的制剂。营利性医疗机构取得的收入直接用于改善医疗卫生条件的，自其取得执业登记之日起 3 年以内，自产自用的制剂也可以免征增值税。

二十二、废旧物资回收经营企业经营的废旧物资。

二十三、小规模纳税人出口的货物，国家规定不予退（免）增值税的货物除外。

二十四、边境居民通过互市贸易进口的生活用品，每人每日价值在人民币 3 000 元以下的部分，可以免征进口环节的增值税。

此外，中国共产党和民主党派、政府、人民代表大会、人民政治协商会议、工会、共产主义青年团、妇女联合会、科学技术协会、新华社、军队的机关报刊，科学技术类图书、报刊、音像制品和技术标准出版物，专门为少年儿童出版发行的报刊，中学、小学学生课本，少数民族文字出版物，盲文图书和期刊，在民族自治区内批准注册的出版单位出版的出版物，少数民族文字图书、报刊的印刷业务和音像制品、电子出版物的制作业务，县以下新华书店、农村供销社在本地销售的出版物，规定的电影企业销售的电影拷贝，黄金和铂金，纳税人销售自行开发生产的计算机软件产品，抗艾滋病病毒药品，安置残疾人就业的单位，民族贸易企业，定点企业生产和经销单位经销的边销茶等，在增值税方面也可以享受一定的优惠（如定期先征后退、免税、减税和即征即退等）。

如果纳税人兼营免征、减征增值税的项目，应当单独核算免税、减税项目的销售额。如果纳税人不单独核算其免税、减税项目的销售额，税务机关将不予办理免税、减税。

24. 纳税人能否放弃增值税免税权？

生产、销售免征增值税的货物和劳务的纳税人可以选择放弃增值税免税权。要求放弃增值税免税权的时候，纳税人应当以书面形式提交放弃增值税免税权声明，报税务机关备案，并自提交备案资料的次月起依法缴纳增值税。

放弃增值税免税权的纳税人符合增值税一般纳税人认定条件，尚未认定为增值税一般纳税人的，应当按照规定认定为增值税一般纳税人，其销售的货物和劳务可以开具增值税专用发票。

放弃增值税免税权的纳税人自税务机关受理其放弃增值税免税权声明的次月起，12 个月以内不得申请免征增值税。

25. 增值税的纳税义务发生时间是怎样规定的？

纳税人销售货物和应税劳务，其增值税纳税义务发生时间为收讫销售款或者取得索取销售款凭据的当天，主要有以下几种情况：

一、采取直接收款方式销售货物的，不论货物是否发出，均为收到销售款或者取得索取销售款的凭据，并将提货单交给买方的当天；

二、采取托收承付和银行收款方式销售货物的，为发出货物并办妥托收手续的当天；

三、采取赊销和分期收款方式销售货物的，为合同约定的收款日期的当天；

四、采取预收货款方式销售货物的，为货物发出的当天；

五、委托他人代销货物的，为收到代销单位销售的代销清单的当天；

六、销售应税劳务的，为提供劳务同时收讫销售款或者索取销售款凭据的当天。

纳税人进口货物，其增值税纳税义务发生时间为报关进口的当天。

26. 增值税的纳税期限是怎样规定的？

增值税的纳税期限，由税务机关根据纳税人应纳增值税税额的大小，分别核定为 1 天、3 天、5 天、10 天、15 天和 1 个月。

纳税人不能按照固定期限纳税的，可以按次计算纳税。

纳税人以 1 个月为一期缴纳增值税的，应当从期满之日起 10 天以内申报纳税；以 1 天、3 天、5 天、10 天和 15 天为一期纳税的，应当从期满之日起 5 天以内预缴税款，于次月 1 日起 10 天以内申报纳税，并结清上月应纳的税额。

纳税人进口货物，应当从海关填发税款缴纳证的次日起 7 天以内缴纳增值税。

27. 增值税的纳税地点是怎样规定的？

增值税的纳税地点分为 4 种情况：

一、固定业户应当向其机构所在地的税务机关申报缴纳增值税。总机构和分支机构不在同一县（市）的，应当分别向各自所在地的税务机关申报纳税。经过国家税务总局或者国家税务总局授权的税务机关批准，分支机构应纳的税款也可以由其总机构汇总向总机构所在地的税务机关申报缴纳。

二、固定业户到外县（市）销售货物的，应当向其机构所在地的税务机关申请开具外出经营活动税收管理证明，向其机构所在地的税务机关申报缴纳增值税。需要向购货方开具增值税专用发票的，也应当回其机构所在地补开。未持有其机构所在地的税务机关核发的上述证明到外县（市）销售货物和应税劳务的，应当向销售地的税务机关申报缴纳增值税；没有向销售地的税务机关申报纳税的，由其机构所在地的税务机关补征税款。

三、非固定业户销售货物和应税劳务，应当向销售地的税务机关申报缴纳增值税。非固定业户到外县（市）销售货物和应税劳务，没有向销售地的税务机关申报缴纳增值税的，由其机构所在地或者居住地的税务机关补征税款。

四、进口货物应当由进口人或其代理人向报关地海关申报缴纳增值税。

28. 连锁经营企业在哪里申报缴纳增值税?

跨地区经营的直营连锁企业,即连锁店的门店均由总部全资或者控股开设,在总部领导下统一经营的连锁企业,凡是按照规定采取计算机联网,统一采购配送商品,统一核算,统一规范化管理和经营,并符合以下条件的,可以由总店向其所在地的税务机关统一申报缴纳增值税:

一、在本省(自治区、直辖市、计划单列市)范围以内连锁经营的企业,报经本省(自治区、直辖市、计划单列市)国家税务局会同同级财政部门审批同意;

二、在本县(市)范围以内连锁经营的企业,报经本县(市)国家税务局会同同级财政局审批同意。

自愿连锁企业,即连锁店的门店均为独立法人,各自的资产所有权不变的连锁企业;特许连锁企业,即连锁店的门店同总部签订合同,取得使用总部的商标、商号、经营技术和销售总部开发商品的特许权的企业,由各独立核算门店分别向其所在地的税务机关申报缴纳增值税。

三、消费税

1. 什么是消费税?

消费税是对规定的消费品征收的、目前各国普遍征收的一种税收。它不仅是国家财政收入的一项来源,也是贯彻国家的产业政策、调节消费的一种手段。

新中国对消费品和消费行为征税始于建国初期。1993 年 12 月 13 日,国务院发布《中华人民共和国消费税暂行条例》,从 1994 年 1 月 1 日起施行。同年 12 月 25 日,财政部发布《中华人民共和国消费税暂行条例实施细则》,与消费税暂行条例同时施行。

消费税由国家税务局负责征收管理(进口环节的消费税由海关

代为征收管理），所得收入归中央政府所有，是中央政府财政收入的主要来源之一。2006 年，消费税收入为 1 982.4 亿元，占当年我国税收总额的 5.6% 。

2. 消费税的纳税人有哪些？

消费税的纳税人包括在我国境内生产和进口应税消费品的国有企业、集体企业、私营企业、外商投资企业、外国企业、股份制企业、其他企业、事业单位、社会团体、国家机关、部队、其他单位、个体工商户和其他个人。委托加工应税消费品和在零售环节销售某些应税消费品的企业、单位和个人，也是消费税的纳税人。

目前，我国的消费税收入主要来自饮料制造业（其中主要是酒类制造业）、烟草制品业（其中主要是卷烟制造业）、交通运输设备制造业（其中主要是汽车和摩托车制造业）、石油加工业（其中主要是汽油、柴油加工业）等行业的国有企业、股份制企业和外商投资企业。

3. 消费税的税目有多少个？税率（税额标准）是多少？

消费税一共设有 14 个税目，分别采用比例税率、固定税额标准和复合税率，税目、税率（税额标准）表如下：

消费税税目、税率（税额标准）

税　　目	征收范围	计税单位	税率（税额标准）
一、烟 1. 第一类卷烟	包括每标准条（200 支）调拨价格在 50 元（不包括增值税）以上的卷烟、进口卷烟和国家规定的其他若干类卷烟	标准箱（5 万支）	150 元 + 销售额×45%
2. 第二类卷烟	包括每标准条（200 支）调拨价格不足 50 元（不包括增值税）的卷烟	标准箱（5 万支）	150 元 + 销售额×30%
3. 雪茄烟 4. 烟丝	包括斗烟、莫合烟、烟末、水烟、黄红烟丝等		25% 30%

续表

税　　目	征　收　范　围	计税单位	税率（税额标准）
二、酒和酒精 1. 粮食白酒和薯类白酒		斤或者 500 毫升	0. 50 元 + 出厂价格 ×20%
2. 黄酒		吨	240 元
3. 第一类啤酒	每吨出厂价格在 3 000 元（不包括增值税）以上的，娱乐业、饮食业自制的	吨	250 元
4. 第二类啤酒	每吨出厂价格不足 3 000 元（不包括增值税）的	吨	220 元
5. 其他酒	包括糠麸白酒、其他原料白酒、土甜酒、复制酒、果木酒、汽酒、药酒等		10%
6. 酒精	包括工业酒精、医用酒精和食用酒精		5%
三、化妆品	包括香水、香水精、香粉、口红、指甲油、胭脂、眉笔、唇笔、蓝眼油、眼睫毛，高档护肤类化妆品，成套化妆品		30%
四、贵重首饰和珠宝玉石	1. 金、银首饰和钻石、钻石饰品		5%
	2. 其他贵重首饰和珠宝玉石		10%
五、鞭炮、焰火			15%
六、成品油 1. 汽油	包括车用汽油、航空汽油和启动汽油		
（1）无铅汽油		升	0. 20 元
（2）含铅汽油		升	0. 28 元
2. 柴油	包括轻柴油、重柴油、农用柴油和军用柴油	升	0. 10 元
3. 石脑油	包括除汽油、柴油、煤油、溶剂油以外的各种轻质油	升	0. 20 元
4. 溶剂油		升	0. 20 元
5. 润滑油	包括以石油为原料加工的矿物性润滑油，矿物性润滑油基础油	升	0. 20 元
6. 燃料油	包括用于电厂、船舶锅炉、加热炉、冶金和其他工业炉的燃料油	升	0. 10 元
7. 航空煤油		升	0. 10 元
七、汽车轮胎	包括各种汽车、挂车、专用车和其他机动车使用的内胎、外胎		3%

税　　目	征 收 范 围	计税单位	税率（税额标准）
八、摩托车 1. 排气量不超过250毫升的 2. 排气量超过250毫升的			3% 10%
九、小汽车 1. 乘用车 （1）排气量不超过1.5升的 （2）排气量超过1.5升，不超过2.0升的 （3）排气量超过2.0升，不超过2.5的 （4）排气量超过2.5升，不超过3.0升的 （5）排气量超过3.0升，不超过4.0升的 （6）排气量超过4.0升的	不超过9个座位		 3% 5% 9% 12% 15% 20%
2. 中轻型商用客车	10个座位至23个座位		5%
十、高尔夫球及球具	包括高尔夫球、高尔夫球杆、高尔夫球包（袋）		10%
十一、高档手表	包括销售价格（不包括增值税）在1万元以上的各类手表		20%
十二、游艇			10%
十三、木制一次性筷子			5%
十四、实木地板	包括各类规格的实木地板、实木指接地板、实木复合地板和用于装饰墙壁、天棚的侧端面为榫、槽的实木装饰板		5%

消费税税目、税率（税额标准）的调整，由国务院决定。

如果纳税人兼营适用不同消费税税率（税额标准）的应税消费

品，应当分别核算其销售额、销售数量。如果纳税人不分别核算上述不同的应税消费品的销售额、销售数量，或者将适用不同税率（税额标准）的应税消费品组成成套消费品销售，税务机关在征收消费税的时候适用税率（税额标准）从高。

4. 消费税的应纳税额怎样计算？

消费税一般采用从价定率计税和从量定额计税两种方法计算应纳税额，前者应当以应税消费品的销售额为计税依据，按照适用税率计算应纳税额（如化妆品、小汽车）；后者应当以应税消费品的销售数量为计税依据，按照适用税额标准计算应纳税额（如啤酒、汽油）。

应纳税额计算公式：

一、应纳税额 = 应税消费品销售额 × 适用税率

二、应纳税额 = 应税消费品销售数量 × 适用税额标准

采用复合计税方法计算应纳消费税税额的，将以上两个计算公式结合使用即可。应纳税额计算公式为：

应纳税额 = 应税消费品销售数量 × 适用税额标准 + 应税消费品销售额 × 适用税率

例1：某卷烟厂本月销售卷烟 80 000 标准箱，每标准箱内装 250 标准条卷烟，每标准条卷烟的调拨价格为 60 元（不包括增值税），消费税适用税额标准为每标准箱 150 元，适用税率为 45%，该厂本月应纳消费税税额的计算方法为：

每标准箱销售额 = 250 标准条 × 60 元/标准条

= 15 000 元

应纳税额 = 80 000 标准箱 × 150 元/标准箱 + 80 000 标准箱 ×

15 000元/标准箱 × 45%

= 552 000 000 元

例2：某啤酒厂本月销售啤酒 5 000 吨，每吨的出厂价格为 2 800元（不包括增值税），消费税适用税额标准为每吨 220 元，该厂本月应纳消费税税额的计算方法为：

应纳税额 = 5 000 吨 × 220 元/吨

= 1 100 000 元

例3：某汽车制造厂本月销售销售排气量为2.0升的小汽车5 000辆，每辆的出厂价格为8万元（不包括增值税），消费税适用税率为5%，该厂本月应纳消费税税额的计算方法为：

应纳税额 = 5 000 辆×8 万元/辆×5%

= 2 000 万元

对于纳税人用外购、委托加工的已税消费品连续生产的某些应税消费品（如以外购、委托加工的已税烟丝为原料生产的卷烟，以外购、委托加工的已税化妆品为原料生产的化妆品，以外购、委托加工的已税润滑油为原料生产的润滑油等），在计征消费税的时候，可以扣除外购、委托加工的应税消费品已经缴纳的消费税。

纳税人销售的应税消费品由于质量等原因被买方退回的时候，经过税务机关审核批准，可以退还已经征收的消费税。

5. 怎样确定消费税应税消费品的销售额和销售数量？

消费税应税消费品的销售额是消费税的计税依据，指消费税纳税人销售应税消费品向买方收取的全部价款和价外费用（包括价外收取的基金、集资费、返还利润、补贴、违约金、延期付款利息、手续费、包装费、储备费、优质费、运输装卸费、代收款项和代垫款项等），不包括向买方收取的增值税税款。

纳税人将自产的应税消费品与外购、自产的非应税消费品组成套装销售的，以套装产品的销售额（不包括向买方收取的增值税税款）为计税依据。

如果应税消费品的销售额中没有扣除向买方收取的增值税税款，或者由于不能开具增值税专用发票而将价款和增值税税款合并收取的，应当按照以下公式计算不含增值税的销售额：

不含增值税的销售额 = 含增值税的销售额 ÷（1 + 增值税税率或者征收率）

应税消费品的销售额以人民币计算。纳税人以人民币以外的货币结算销售额的，应当先按照结算当天或者当月1日的汇价折算成人民币，然后计算缴纳消费税。不论以什么时候的汇价折算，纳税人都应当事先确定，而且确定以后1年之内不能变更。

如果纳税人申报的应税消费品的计税价格明显偏低，又没有正当的理由，税务机关将按照核定的计税价格征收消费税。

消费税应税消费品的销售数量也是消费税的计税依据，指应税消费品的数量。其中：销售应税消费品的，为应税消费品的销售数量；自产自用应税消费品的，为应税消费品的移送使用数量；委托加工应税消费品的，为纳税人收回的应税消费品数量；进口的应税消费品，为海关核定的征税数量。

6. 自产自用的应税消费品怎样计算缴纳消费税?

生产者自产自用的应税消费品，用于连续生产应税消费品的，不缴纳消费税；用于其他方面的（如生产非应税消费品、在建工程、管理部门、非生产机构、提供劳务、馈赠、赞助、集资、广告、样品、职工福利和奖励等），在移送使用的时候缴纳消费税。

采用从价定率计税方法计算应纳消费税税额的，应当以纳税人生产的同类消费品的销售价格为计税依据，按照适用税率计算应纳税额；没有同类产品销售价格的，应当以组成计税价格为计税依据，按照适用税率计算应纳税额。

应纳税额计算公式：

应纳税额 = 组成计税价格 × 适用税率

组成计税价格 = （成本 + 利润）÷ （1 − 适用税率）

上述计算公式中的"成本"，指应税消费品的产品生产成本；"利润"，是指根据国家税务总局确定的应税消费品全国平均成本利润率计算的利润（例如，化妆品为5%，小汽车中的乘用车为8%，粮食白酒为10%，高档手表为20%）。

例：某葡萄酒厂本月将本厂生产的1 000瓶葡萄酒发给职工作为福利，该厂本月销售这种葡萄酒的价格为每瓶50元（不包括增值税），消费税适用税率为10%，该厂这部分葡萄酒应纳消费税税额的计算方法为：

应纳税额 = 1 000瓶 × 50元/瓶 × 10%

　　　　 = 5 000元

采用复合计税方法计算应纳消费税税额的，除了按照上述方法确定计税价格以外，还应当以应税消费品的移送使用数量为计税依据，按照适用税率和税额标准计算应纳税额。

采用从量定额计税方法计算应纳消费税税额的，应当以应税消费品的移送使用数量为计税依据，按照适用税额标准计算应纳税额。

7. 委托加工的应税消费品怎样计算缴纳消费税？

委托加工的应税消费品，是指由委托方提供原料和主要材料，受托方只收取加工费和代垫部分辅助材料加工的应税消费品。这类应税消费品通常由受托方在向委托方交货的时候代收代缴消费税税款。

采用从价定率计税方法计算应纳消费税税额的，应当以受托方同类消费品的销售价格为计税依据，按照规定的税率计算应纳税额；没有同类消费品销售价格的，应当以组成计税价格为计税依据，按照规定的税率计算应纳税额。

应纳税额计算公式：

应纳税额＝组成计税价格×适用税率

组成计税价格＝（材料成本＋加工费）÷（1－适用税率）

例：某汽车制造厂委托某橡胶厂加工汽车轮胎5万套，并向橡胶厂提供橡胶，每套轮胎的材料成本为200元。橡胶厂加工一套轮胎的加工费为60元，代垫辅料31元，没有同类产品价格可比，消费税适用税率为3%，该厂这笔业务应当代收代缴消费税税额的计算方法为：

组成计税价格＝（200元＋60元＋31元）÷（1－3%）

　　　　　　＝300元

应纳税额＝300元/套×5万套×3%

　　　　＝45万元

采用复合计税方法计算应纳消费税税额的，除了按照上述方法确定计税价格以外，还应当以委托方收回应税消费品的数量为计税依据，按照适用税率和税额标准计算应纳税额。

采用从量定额计税方法计算应纳消费税税额的，应当以委托方收回应税消费品的数量为计税依据，按照适用税额标准计算应纳税额。

此外，消费者个人委托加工的金银首饰和珠宝玉石，可以暂按加工费计算缴纳消费税。

8. 进口的应税消费品怎样计算缴纳消费税？

进口的应税消费品，采用从价定率计税方法计算应纳消费税税额的，应当以组成计税价格为计税依据，按照适用税率计算应纳税额。

应纳税额计算公式：

应纳税额＝组成计税价格×消费税适用税率

组成计税价格＝（关税完税价格＋关税）÷（1－消费税适用税率）

例：某公司进口排气量为3.0升的小轿车100辆，关税完税价格为每辆10万元，关税适用税率为25%，消费税适用税率为12%，该公司这批进口小轿车应纳消费税税额的计算方法为：

组成计税价格＝（10万元＋10万元×25%）÷（1－12%）

$$\approx 14.20 万元$$

应纳税额＝14.20万元/辆×12%×100辆

$$=170.40 万元$$

如果纳税人申报的进口应税消费品的计税价格明显偏低，又没有正当的理由，海关将按照核定的计税价格征收消费税。

采用复合计税方法计算应纳消费税税额的，除了按照规定的方法确定计税价格以外，还应当以海关核定的应税消费品征税数量为计税依据，按照规定的税率和税额标准计算应纳税额。

采用从量定额计税计算应纳消费税税额的，应当以海关核定的应税消费品征税数量为计税依据，按照规定的税额标准计算纳税。

9. 哪些应税消费品可以免征、减征、退还消费税？

纳税人出口的应税消费品，可以免征消费税，但是国家限制出口的产品除外。

一、生产企业自营出口和委托外贸企业代理出口的应税消费品，可以按照其实际出口数量和金额免征消费税。

二、来料加工复出口的应税消费品可以免征消费税。

三、国家特准可以退还或者免征消费税的消费品主要有：对外承包工程公司运出境外，用于对外承包项目的；企业在国内采购以后运出境外，作为境外投资的；利用我国政府的援外优惠贷款和援外合资合作项目基金方式出口的；对外补偿贸易、易货贸易、小额贸易出口的；外轮供应公司、远洋运输供应公司销售给外轮和远洋国轮，并收取外汇的；对外承接修理、修配业务的企业用于所承接的修理、修配业务的；保税区内的企业从保税区外有进出口经营权的企业购进应税消费品，用于出口或者加工以后出口的；经国务院批准设立，享有进出口经营权的中外合资商业企业收购自营出口的我国生产的应税消费品；外商投资企业经省级外经贸主管部门批准收购应税消费品出口的；委托其他企业加工回收以后出口的应税消费品；外国驻华使馆、领事馆及其有关人员购买的列名的我国生产的应税消费品。

出口退还消费税的应税消费品的退税率，按照《消费税税目税率（税额标准）表》规定的适用税率、税额标准执行。

四、外商投资企业以来料加工、进料加工贸易方式进口的应税消费品，可以免征进口环节的消费税。

办理出口退、免消费税的企业，应当将其出口的适用不同税率、税额标准的应税消费品分别核算、申报。否则，税务机关将从低适用税率、税额标准计算应当退、免的消费税税额。

出口的应税消费品办理退、免消费税以后发生退关，或者国外退货，进口时免税的，纳税人应当按照规定补缴已经退还或者免征的消费税税款。其中，已经办理退税的，应当及时补缴税款；已经办理免税的，可以待转为国内销售的时候补缴税款。

五、子午线轮胎可以免征消费税，翻新轮胎不征收消费税。

六、边境居民通过互市贸易进口的生活用品，每人每日价值在人民币3 000元以下的部分，可以免征进口环节的消费税。

七、外国政府、国际组织无偿赠送的进口物资，可以免征进口环节的消费税。

八、航空煤油暂不征收消费税。

10. 消费税的纳税义务发生时间是怎样规定的?

消费税一般以应税消费品的生产者和进口者为纳税人，在销售环节和进口环节缴纳；金、银首饰和钻石、钻石饰品在零售环节纳税。

纳税人销售应税消费品，其消费税纳税义务发生时间根据结算方式的不同分为以下几种情况：

一、采取赊销和分期收款结算方式的，为销售合同规定的收款日期的当天；

二、采取预收货款结算方式的，为发出应税消费品的当天；

三、采取托收承付和委托银行收款结算方式的，为发出应税消费品并办妥托收手续的当天；

四、采取其他结算方式的，为收讫销售款或者取得索取销售款凭据的当天。

纳税人自产自用应税消费品，其消费税纳税义务发生时间为移送使用的当天。

纳税人委托加工应税消费品，其消费税纳税义务发生时间为纳税人提货的当天。

纳税人进口应税消费品，其消费税纳税义务发生时间为报关进口的当天。

11. 消费税的纳税期限是怎样规定的?

消费税的纳税期限，由税务机关根据纳税人应纳消费税税额的大小，分别核定为 1 天、3 天、5 天、10 天、15 天和 1 个月。

纳税人不能按照固定期限纳税的，可以按次计算纳税。

纳税人以 1 个月为一期缴纳消费税的，应当从期满之日起 10 天以内申报纳税；以 1 天、3 天、5 天、10 天和 15 天为一期纳税的，应当从期满之日起 5 天以内预缴税款，于次月 1 日起 10 天以内申报纳税，并结清上月应纳的税款。

会计核算不健全的小企业，可以由税务机关根据其应税消费品的产销情况，按季或者按年核定其应纳消费税税额，分月缴纳。

纳税人进口应税消费品，应当从海关填发税款缴纳证的次日起7天以内缴纳消费税。

12. 消费税的纳税地点是怎样规定的？

消费税的纳税地点分为5种情况：

一、纳税人销售的应税消费品和自产自用的应税消费品，一般应当向纳税人核算地的税务机关申报缴纳消费税。

二、纳税人到外县（市）销售和委托外县（市）代销自产应税消费品的，应当在应税消费品销售以后回纳税人核算地或者所在地缴纳消费税。

三、纳税人的总机构与分支机构不在同一县（市）的，应当在生产应税消费品的分支机构所在地缴纳消费税。经过国家税务总局和省级国家税务局批准，纳税人分支机构应纳的消费税税款也可以由总机构汇总向总机构所在地的税务机关缴纳。其中，总机构与分支机构不在同一省（自治区、直辖市）的，需要经过国家税务总局批准；总机构与分支机构在同一省（自治区、直辖市），不在同一县（市）的，由省级国家税务局批准。

四、委托加工的应税消费品，一般由受托方向所在地的税务机关解缴消费税税款。但是，纳税人委托个体经营者加工的应税消费品，一律由委托方收回以后在委托方所在地纳税。

五、进口的应税消费品，由进口人或其代理人向报关地海关申报缴纳消费税。

四、车辆购置税

1. 什么是车辆购置税？

我国的车辆购置税是对购置的车辆征收的一种税收。2000年10月22日，国务院公布《中华人民共和国车辆购置税暂行条例》，从2001年1月1日起施行。

车辆购置税由国家税务局负责征收管理，所得收入归中央政府所有，专门用于交通事业建设。2006年，车辆购置税收入为687.5亿元，占当年我国税收总额的1.9%。

2. 车辆购置税的纳税人和征收范围是怎样规定的？

车辆购置税的纳税人包括在我国境内购置规定的车辆（以下简称应税车辆）的国有企业、集体企业、私营企业、股份制企业、外商投资企业、外国企业、其他企业、事业单位、社会团体、国家机关、部队、其他单位、个体工商户和其他个人。

车辆购置税的征收范围包括汽车、摩托车、电车、挂车和农用运输车。车辆购置税征收范围的调整，由国务院决定并公布。

上述车辆购置，包括纳税人购买、进口、自产、受赠、获奖和以其他方式（如拍卖、抵债、罚没等）取得并自用应税车辆的行为。

3. 车辆购置税的计税依据和税率是怎样规定的？

车辆购置税以规定的应税车辆的计税价格为计税依据，计税价格按照下列规定确定：

一、纳税人购买自用的应税车辆的计税价格，为纳税人购买应税车辆的时候支付给销售者的全部价款和价外费用（包括销售方在车价以外向购买方收取的基金、集资费、返还利润、补贴、违约金、手续费、包装费、储存费、优质费、运输装卸费、保管费、代收款项、代垫款项和其他价外收费），但是不包括增值税税款。

二、纳税人进口自用的应税车辆的计税价格的计算公式为：

计税价格 ＝ 关税完税价格 ＋ 关税 ＋ 消费税

三、纳税人自产、受赠、获奖和以其他方式取得并自用的应税车辆的计税价格，由主管税务机关参照国家税务总局核定的最低计税价格核定。

纳税人购买、进口自用应税车辆，申报的计税价格低于同类型（指国别、排气量、车长、吨位相同，配置近似等）应税车辆的出厂价格或者进口自用车辆的计税价格的，应当按照最低计税价格计算缴纳车辆购置税。

应税车辆的最低计税价格由国家税务总局根据车辆生产企业提供的车辆价格信息，并参照市场平均交易价格核定。

四、特殊规定：

（一）底盘更换的应税车辆，计税依据为最新核发的同类型应税车辆最低计税价格的 70%。

（二）免税条件消失的应税车辆，从初次办理纳税申报之日起，使用年限不超过 10 年的，计税依据为最新核发的同类型应税车辆最低计税价格扣除一定比例以后的余额（每满 1 年扣除 10%）。

（三）已使用未完税车辆转让、补税的，计税依据为最新核发的同类型应税车辆最低计税价格。

（四）国家税务总局没有核定最低计税价格的应税车辆，纳税人申报的计税价格低于同类型应税车辆最低计税价格，无正当理由的，可以比照已经核定的同类型应税车辆的最低计税价格征税。

（五）进口旧车、由于不可抗力损坏的车辆、库存超过 3 年的车辆、行驶 8 万公里以上的试验车辆和国家税务总局规定的其他车辆，计税依据为纳税人提供的有效凭证注明的价格。

纳税人以人民币以外的货币结算应税车辆价款的，应当先按照申报纳税之日的汇价折算成人民币，然后计算缴纳车辆购置税。

车辆购置税的税率为 10%。车辆购置税税率的调整，由国务院决定并公布。

车辆购置税的应纳税额的计算保留到元，元以下舍去。

4. 车辆购置税的应纳税额怎样计算？

车辆购置税按照规定的应税车辆计税价格和 10% 的税率计算应纳税额。

应纳税额计算公式：

应纳税额 = 计税价格 × 10%

例：某企业购买 1 辆价格为 20 万元的轿车和 1 辆价格为 30 万元的货车（上述价格均为不含增值税的价格），该企业应纳车辆购置税税额的计算方法为：

$$应纳税额 = (20\ 万元 + 30\ 万元) \times 10\%$$
$$= 5\ 万元$$

车辆购置税实行一次缴纳制度。购置已经缴纳车辆购置税的车辆，不再缴纳车辆购置税。

5. 车辆购置税的主要免税、减税规定有哪些？

下列车辆可以免征车辆购置税：

一、外国驻华使馆和外交代表、外国驻华领事馆和领事官员、国际组织驻华机构及其官员自用的车辆；

二、中国人民解放军和中国人民武装警察部队列入军队武器装备订货计划的车辆；

三、设有固定装置的非运输车辆（如挖掘机、平地机、推土机、叉车、装载车、起重机、混凝土泵车、高空作业车、扫路车、洒水车、清洗车、垃圾车和消防车等）；

四、防汛专用车、森林消防专用车；

五、三轮农用运输车；

六、出国留学和在香港、澳门地区学习，回国、回内地服务的人员购买的国产小汽车（限 1 辆）；

七、来华定居的外国专家进口自用的小汽车（限 1 辆）。

车辆购置税的其他免税、减税项目由国务院规定。

6. 在什么情况下纳税人可以办理车辆购置税的退税？

纳税人已经缴纳车辆购置税，发生下列情形之一的，可以到税务机关申请办理退税：

一、由于质量原因，纳税人将所购车辆退回生产企业或者经销商的，从纳税人办理纳税申报之日起，可以按照已经缴纳的税款每满 1 年扣减 10% 计算退税额。

二、公安机关车辆管理机构不予办理车辆登记注册的，可以退还已经缴纳的全部税款。

7. 车辆购置税的纳税期限和纳税地点是怎样规定的?

纳税人购置应税车辆,应当向车辆登记注册地的税务机关申报缴纳车辆购置税。购置不需要办理车辆登记注册的应税车辆,应当向纳税人所在地的税务机关申报纳税。

纳税人购买自用应税车辆的,应当从购买之日起 60 天以内申报缴纳车辆购置税;进口自用应税车辆的,应当从进口之日起 60 天以内申报纳税;自产、受赠、获奖和以其他方式取得并自用应税车辆的,应当从取得之日起 60 天以内申报纳税。

车辆购置税税款应当一次缴清。

纳税人应当在向公安机关车辆管理机构办理车辆登记注册以前缴纳车辆购置税。

纳税人应当持税务机关出具的车辆购置税完税证明或者免税证明,向公安机关车辆管理机构办理车辆登记注册。没有上述完税证明或者免税证明的,公安机关车辆管理机构不得办理车辆登记注册。

税务机关发现纳税人没有按照规定缴纳车辆购置税的,有权责令其补缴;纳税人拒绝缴纳的,税务机关可以通知公安机关车辆管理机构暂扣纳税人的车辆牌照。

应税车辆发生过户、转籍和变更等情况的时候,车主应当在向公安机关车辆管理机构办理车辆变动手续之日起 30 天以内到税务机关办理档案变动手续。

五、营业税

1. 什么是营业税?

营业税是对规定的营利事业和经营行为征收的、目前各国普遍征收的一种税收。

新中国征收营业税始于建国初期。1993 年 12 月 13 日,国务院发布《中华人民共和国营业税暂行条例》,从 1994 年 1 月 1 日起施行。同年 12 月 25 日,财政部发布《中华人民共和国营业税暂行条例实施细则》，与营业税暂行条例同时施行。

营业税分别由国家税务局和地方税务局负责征收管理，所得收入由中央政府与地方政府共享。营业税是地方政府税收收入最主要的来源。2006年，营业税收入为5 129.8亿元，占当年我国税收总额的14.4%。

<u>2. 营业税的纳税人有哪些?</u>

营业税的纳税人包括在我国境内提供应税劳务、转让无形资产和销售不动产的国有企业、集体企业、私营企业、外商投资企业、外国企业、股份制企业、其他企业、事业单位、社会团体、国家机关、部队、其他单位、个体工商户和其他个人。

单位、个人自建建筑物以后销售，其自建行为视同提供应税劳务。

转让不动产有限产权和永久使用权，单位将不动产无偿赠与他人，视同销售不动产。

如果一项销售行为既涉及应税劳务又涉及货物，为混合销售行为。从事货物生产、批发和零售的企业、企业性单位和个体经营者（包括以货物生产、批发和零售为主，兼营应税劳务者）的混合销售行为，征收增值税，不征收营业税；其他企业、单位和个人的混合销售行为（不包括这些企业、单位和个人设立的经营货物销售并独立核算的单独机构的混合销售行为），视为提供应税劳务，征收营业税。

如果纳税人兼营应税劳务、货物或者非应税劳务，应当分别核算其营业额、销售额。如果纳税人不分别核算或者不能准确核算其营业额、销售额，税务机关将一并征收增值税，不征收营业税。

企业租赁、承包给他人经营的，以承租人、承包人（指具有独立的经营权，在财务上独立核算，定期向出租者缴纳租金的承租人和定期向发包者缴纳承包费的承包人）为纳税人。

目前，我国的营业税收入主要来自交通运输业、建筑业、金融业、电信业、餐饮业、商务服务业和房地产业等行业的国有企业、集体企业、私营企业、股份制企业、外商投资企业和个体工商户。

3. 营业税的扣缴义务人有哪些？

营业税的扣缴义务人主要有以下几类：

一、委托金融机构发放贷款的，其应纳营业税税款以受托发放贷款的金融机构为扣缴义务人。

二、建筑安装业务实行分包、转包的，其应纳营业税税款以总承包人为扣缴义务人。

三、我国境外的单位、个人在我国境内发生应税行为而在我国境内没有设立机构的，其应纳营业税税款以代理人为扣缴义务人；没有代理人的，以受让者或者购买者为扣缴义务人。

四、单位、个人举行演出，由他人售票的，其应纳营业税税款以售票者为扣缴义务人。

五、个人转让专利权、非专利技术、商标权、著作权和商誉的，其应纳营业税税款以受让者为扣缴义务人。

六、财政部规定的其他营业税扣缴义务人。

4. 营业税的税目有多少个？税率是多少？

营业税一共设有 9 个税目，一律采用比例税率，税目、税率表如下：

营业税税目、税率表

税　　目	征 收 范 围	税率（％）
一、交通运输业	陆路（包括铁路、公路、缆车、索道等）运输，水路（包括江、河、湖、海等）运输，航空运输，管道运输，装卸搬运	3
二、建筑业	建筑、安装、修缮、装饰、代办电信工程、水利工程、道路修建、疏浚、钻井、拆除建筑物、平整土地、搭脚手架、爆破等	3
三、金融保险业	1. 金融：包括贷款、融资租赁、金融商品转让、金融经纪业和其他金融业务 2. 保险	5①

续表

税　　目	征 收 范 围	税率（%）
四、邮电通信业	1. 邮政：包括传递函件和包件、邮汇、报刊发行、邮务物品销售、邮政储蓄等 2. 电信：包括电报、电传、电话、电话机安装、电信物品销售等 3. 快递	3
五、文化体育业	1. 文化：包括表演、播映、展览、培训、讲座、图书（资料）借阅、经营游览场所等 2. 体育：包括举办体育比赛和为体育活动提供场所	3
六、娱乐业	1. 歌厅，舞厅，卡拉 OK 歌舞厅（含夜总会、练歌房、恋歌房），音乐茶座（含酒吧），高尔夫球，游艺（如射击、狩猎、跑马、游戏机、蹦极、卡丁车、热气球、动力伞、射箭、飞镖等），网吧 2. 台球、保龄球	20 5
七、服务业	代理业，旅店业，饮食业，旅游业，仓储业，租赁业，广告业，沐浴，理发，洗染，照相，美术，裱画，誊写，打字，镌刻，计算，测试，试验，化验，录音，录像，复印，晒图，设计，制图，测绘，勘探（不包括航空、钻井、打井、爆破勘探），打包，咨询等	5
八、转让无形资产	转让土地使用权、专利权、非专利技术、商标权、著作权、商誉、电影拷贝播映权	5
九、销售不动产	销售建筑物和其他土地附着物	5

注：①农村信用合作社的营业税可以按照 3% 的税率征收。

营业税税目、税率的调整，由国务院决定。

如果纳税人兼有不同营业税税目的应税收入，应当分别核算不同税目的营业额、转让额和销售额（以下均简称为营业额）。如果纳税人不分别核算其不同税目的营业额，税务机关在征收营业税的时候适用税率从高。

5. 营业税的应纳税额怎样计算？

纳税人提供应税劳务、转让无形资产和销售不动产，应当以其营业额为计税依据，按照适用税率计算应纳营业税税额。

应纳税额计算公式：

应纳税额 = 营业额 × 适用税率

例1：某饭店本月营业收入为300万元，营业税适用税率为5%，该饭店本月应纳营业税税额的计算方法为：

应纳税额 = 300 万元 × 5%

　　　　 = 15 万元

例2：某歌舞厅本月营业收入为60万元，营业税适用税率为20%，该歌舞厅本月应纳营业税税额的计算方法为：

应纳税额 = 60 万元 × 20%

　　　　 = 12 万元

6. 怎样确定营业额？

在一般情况下，营业额为纳税人提供应税劳务、转让无形资产、销售不动产向对方收取的全部价款与价外费用（包括手续费、基金、集资费、代收款项、代垫款项和纳税人因对方违约而从对方取得的赔偿金等）。

营业额以人民币计算。纳税人以外汇结算营业额的，一般应当先按照取得外汇收入当天或者当月1日的汇价折算成人民币，然后计算缴纳营业税。

原则上，金融企业以外汇结算营业额的，按照其收到外汇当天或者当季季末的汇价折算；保险企业以外汇结算营业额的，按照其收到外汇当天或者当月月末的汇价折算。经过省级税务机关批准，也可以按照财务制度规定的其他汇价折算。

不论以什么时候的汇价折算，纳税人都应当事先确定，而且确定以后1年之内不能变更。

如果纳税人提供应税劳务、转让无形资产和销售不动产价格明显偏低，又没有正当的理由，税务机关可以按照纳税人当月提供的同类劳务或者销售的同类不动产的平均价格，或者纳税人近期提供的同类劳务或者销售同类不动产的平均价格，或者成本加一定利润组成的计税价格，核定其营业额，据以征收营业税。组成计税价格计算公式为：

组成计税价格 = 营业成本或者工程成本 ×（1 + 成本利润率）÷（1 - 适用税率）

上述公式中的"成本利润率",由省级地方税务局确定。例如,北京市地方税务局规定:娱乐业、转让无形资产、销售不动产3个税目范围内的业务的成本利润率为20%,其他税目范围内的业务的成本利润率为5%。

纳税人提供应税劳务、转让无形资产和销售不动产,发生退款,该项退款已经征收过营业税的,可以退还已经征收的营业税税款,也可以从纳税人以后的营业额中减除。

7. 在哪些情况下计算营业额时可以扣除某些费用?

在下列情况下,纳税人在计算营业额的时候可以扣除一定的费用:

一、运输企业自我国境内运输旅客、货物出境,在我国境外改由其他运输企业承运旅客、货物的,以全程运费扣除付给该承运企业的运费以后的余额为计税营业额。

运输企业从事联运业务,以收入扣除支付给其他承运者的运费、装卸费等费用以后的余额为计税营业额。

经地方税务机关批准使用运输企业发票,按照交通运输业税目征收营业税的单位,将本单位承担的运输业务分给其他运输企业承担,并由本单位统一收取价款的,以本单位收取的全部价款扣除支付给其他运输企业的运费以后的余额为计税营业额。

二、旅游企业组织旅游团到我国境外旅游,在我国境外改由其他旅游企业接团的,以全程旅游费扣除付给该接团企业的旅游费以后的余额为计税营业额。

旅游企业组织旅游团在我国境内旅游的,以本企业向游客收取的全部旅游费扣除代游客向其他单位支付的房费、餐费、交通费、门票费和向其他接团旅游企业支付的旅游费以后的余额为计税营业额。

三、建筑业的总承包人将工程分包、转包给他人的,以工程的全部承包额扣除付给分包人、转包人的价款以后的余额为计税营业额。

四、金融企业经营转贷外汇业务,可以按照规定以贷款利息扣除借款利息以后的余额为计税营业额。

五、银行、非银行金融机构的外汇、有价证券和非货物期货买卖业务，以卖出价扣除买入价以后的余额为计税营业额。

金融企业买卖股票、债券的买入价，按照财务会计制度的规定，以股票、债券的购入价格扣除股票、债券持有期间取得的红利收入以后的余额确定。

金融企业买卖股票、债券、外汇和其他金融商品，可以在本会计年度末将不同纳税期出现的正差和负差按照年度汇总的方式计算缴纳营业税。如果汇总计算应纳的营业税税额少于本年度已经缴纳的营业税税额，可以向税务机关申请办理退税，但是不得将本年度汇总以后为负差的部分结转下一个年度。

六、我国境内的保险人将其承保的以境内标的物为保险标的的保险业务向境外再保险人办理分保的，以其全部保费收入扣除分保保费以后的余额为计税营业额；境外再保险人应当就其取得的分保保费缴纳营业税，税款由境内保险人扣缴。

七、单位、个人举行演出，以全部票价收入或者包场收入扣除付给有关单位、经纪人的费用以后的余额为计税营业额。

八、经中国人民银行等国家有关主管部门批准经营融资租赁业务的单位从事融资租赁业务的，以其向承租者收取的全部价款和价外费用（包括残值）扣除出租方承担的出租货物的实际成本（包括货物的购入价、关税、增值税、消费税、运杂费、安装费、保险费和贷款利息等）以后的余额为计税营业额。

九、代理业以纳税人从事代理业务向委托方实际收取的报酬为计税营业额。

从事广告代理业务的，以其全部收入扣除支付给其他广告公司或者广告发布者的广告发布费以后的余额为计税营业额。

十、金融企业从事受托收款业务（如代收电话费、水费、电费、燃气费、学杂费、保险费和税款等），以其受托收取的全部款项扣除支付给委托方的款项以后的余额为计税营业额。

规定的证券交易所、期货交易所代收的有关监管费和证券公司、期货经纪公司代收的有关费用可以从其计税营业额中扣除。

十一、劳务公司接受用工单位的委托，为其安排劳动力，用工单位将其应当支付给劳动力的工资和为劳动力缴纳的社会保险费、住房公积金统一交给劳务公司代为发放、办理的，以劳务公司从用工单位收取的全部款项扣除代收转付给劳动力的工资和为劳动力缴纳的社会保险费、住房公积金以后的余额为计税营业额。

十二、建筑安装工程的计税营业额不包括设备的价值，具体设备的名单分别由国家税务总局和各省、自治区、直辖市地方税务局确定。

十三、邮政电信单位与其他单位合作，为用户提供邮政电信服务和其他服务，并由邮政电信单位统一收取价款的，以邮政电信单位收取的全部价款扣除支付给合作方的价款以后的余额为计税营业额。

十四、从事物业管理的单位，以其与物业管理有关的全部收入扣除代业主支付的水、电、燃气费用，代承租者支付的水、电、燃气费用和房租以后的余额为计税营业额。

十五、单位、个人销售其购置的不动产（购买住房不足5年出售者除外）和转让其受让的土地使用权，以其全部销售收入、转让收入扣除不动产购置原价、土地使用权受让原价以后的余额为计税营业额。

单位、个人销售抵债所得的不动产、转让抵债所得的土地使用权，以全部销售收入、转让收入扣除不动产、土地使用权抵债时作价以后的余额为计税营业额。

十六、物流企业将承揽的运输、仓储等业务分包给其他单位并由物流企业统一收取价款的，以物流企业取得的全部收入扣除其他项目支出以后的余额为计税营业额。

十七、勘察设计单位将承担的勘察设计劳务分包、转包给其他单位、个人，并由其统一收取价款的，以其取得的勘察设计总包收入扣除支付给其他勘察设计单位、个人的勘察设计费以后的余额为计税营业额。

十八、财政部规定的其他情形。

营业额扣除项目支付款项发生在我国境内的，该扣除项目支付款项凭证必须是发票或者其他合法有效凭证；支付给境外的，该扣除项目支付款项凭证必须是外汇付汇凭证、外方公司的签收单据或者出具的公证证明。

此外，金融企业已经征收过营业税的应收未收利息，在财务会计制度规定的核算期限以内没有收回或者贷款本金到期以后没有收回的，可以从以后的营业额中扣除。逾期收回的已经冲减营业额的应收未收利息，应当计入当期的营业额。

保险企业已经征收过营业税的应收未收保费，在财务会计制度规定的核算期限以内没有收回的，可以从营业额中扣除。逾期收回的已经冲减营业额的应收未收保费，应当计入当期的营业额。

保险企业开展无赔偿奖励业务的，以向投保人实际收取的保费为计税营业额。

8. 营业税的主要免税、减税规定有哪些？

营业税的免税、减税项目由国务院规定。

一、可以免征营业税的主要项目如下：

（一）托儿所、幼儿园、养老院和残疾人福利机构提供的育养服务，婚姻介绍，殡葬服务。

（二）残疾人员个人为社会提供的劳务。

（三）非营利性医疗机构、疾病控制机构和妇幼保健机构等机构按照国家规定的价格取得的医疗、卫生服务收入。营利性医疗机构取得的收入直接用于改善医疗条件的，从其取得执业登记之日起3年以内，取得的医疗服务收入也可以免征营业税。

（四）从事学历教育的学校提供的教育劳务，学生勤工俭学提供的劳务。

（五）农业机耕、排灌、病虫害防治、植物保护、农牧业保险和相关的技术培训业务，家禽、牲畜、水生动物的配种和疾病防治。

（六）纪念馆、博物馆、文化馆、美术馆、展览馆、书画院、图书馆和文物保护单位举办文化活动的门票收入（指第一道门票销售收入）；宗教场所举办文化、宗教活动的门票收入。

（七）保险公司开展的一年期以上、到期返还本利的普通人寿保险、养老年金保险，一年期以上健康保险，个人投资分红保险，经过财政部、国家税务总局批准免税的其他普通人寿保险、养老年金保险和健康保险业务的保费收入。

（八）个人转让著作权取得的收入。

（九）单位、个人从事技术开发、技术转让业务和相关的技术咨询、技术服务业务取得的收入，外国企业、外国人从我国境外向我国境内转让技术取得的收入。

（十）将土地使用权转让给农业生产者用于农业生产的。

（十一）经中央和省级财政部门批准，纳入财政预算管理或者财政专户管理的行政事业性收费和基金。

（十二）专项国债转贷和国家助学贷款利息。

（十三）国家邮政局及其所属邮政单位提供邮政普遍服务和特殊服务业务（包括函件、包裹、汇票、机要通信、党报和党刊发行）取得的收入。享受免税的党报和党刊发行收入按照邮政企业报刊发行收入的 70% 计算。

（十四）个人购买 5 年以上的普通住房，个人自建自用的住房，销售的时候可以免征营业税；廉租住房经营管理单位按照政府规定的价格向规定的对象出租廉租住房的收入，按照政府规定的价格出租公有住房和其他廉租住房的收入，可以免征营业税；企业、事业单位、国家机关按照房改成本价、标准价出售住房的收入，军队空余房产租赁收入，可以暂免征收营业税。

（十五）在我国境内经过国家社团主管部门批准成立的非营利性的社会团体（如协会、学会、联合会、研究会和基金会等），按照财政部门或者民政部门规定的标准收取的会费，可以免征营业税。各党派、工会、共青团和妇联等组织收取的党费、会费、团费等，可以比照上述规定，免征营业税。

（十六）符合规定条件的中小企业信用担保机构可以免征营业税 3 年；免税期满以后仍然符合规定条件的，可以继续申请减免营业税。

（十七）从 2006 年到 2008 年，商贸企业、服务型企业（不包括广告业、房屋中介、典当、桑拿、按摩和氧吧），劳动就业服务企业中的加工型企业和街道社区具有加工性质的小型企业实体，当年新招用持《再就业优惠证》人员的；持《再就业优惠证》的人员从事个体经营的（不包括建筑业、娱乐业、销售不动产、转让土地使用权、广告业、房屋中介、桑拿、按摩、网吧和氧吧），3年以内可以按照规定定额免征或者减征营业税。

个体工商户从事社区居民服务业取得的营业收入，可以定期免征营业税。

（十八）从2006年到2008年，电影发行单位向放映单位收取的发行收入；科技馆，自然博物馆，对公众开放的天文馆（站、台）和气象台（站）、地震台（站），高等学校和科学研究机构对公众开放的科普基地的门票收入；县以上党政部门和科协开展的科普活动的门票收入；科普单位进口自用科普影视作品向境外单位支付的播映权转让费，可以免征营业税。

此外，中国人民银行对金融机构的贷款业务，金融机构之间相互占用、拆借资金取得的利息收入，单位、个人将资金存入金融机构取得的利息收入，中国境内的保险机构为出口货物提供的保险，经批准的金融、保险企业办理的出口信用保险，保险公司取得的追偿款，非金融机构、个人买卖外汇、有价证券、证券投资基金单位和非货物期货，以发行证券投资基金方式募集资金，福利彩票机构发行销售福利彩票取得的收入，房地产主管部门及其指定机构、公积金管理中心、开发企业和物业管理单位代收的住房专项维修基金，单位、个人处置垃圾取得的垃圾处置费等，不征收营业税。

二、可以减征营业税的主要项目如下：

（一）安置残疾人就业的单位，由税务机关按照单位实际安置残疾人的人数限额减征营业税。

（二）农村信用社的营业税可以按照3%的税率征收。

（三）公路经营企业取得的高速公路车辆通行费收入，可以减按3%的税率征收营业税。

（四）个人出租住房取得的租金收入，可以减按1.5%的税率征收营业税。

此外，对民航机场管理建设费征收的营业税可以先征后返，用于机场建设。

如果纳税人兼营免征、减征营业税的项目，应当单独核算免税、减税项目的营业额。如果纳税人不单独核算其免税、减税项目的营业额，税务机关将不予办理免税、减税。

9. 营业税的纳税义务发生时间是怎样规定的？

营业税的纳税义务发生时间，为纳税人收讫营业收入款额或者取得索取营业收入款项凭据的当天。

纳税人在提供应税劳务，转让专利权、非专利技术、商标权、著作权和商誉的时候，向对方收取的预收性质的价款（包括预收款、预付款、预存费用和预收定金等），其营业税纳税义务发生时间以按照财务会计制度的规定，该价款被确认为收入的时间为准。

纳税人转让土地使用权、销售不动产，采用预收款方式的，其营业税纳税义务发生时间为收到预收款的当天。

纳税人将不动产无偿赠与他人的，其营业税纳税义务发生时间为不动产转移的当天。

营业税的扣缴义务发生时间，为扣缴义务人代纳税人收讫营业收入款项或者取得索取营业收入款项凭据的当天。

10. 营业税的纳税期限是怎样规定的？

营业税的纳税期限，通常由税务机关根据纳税人应纳营业税税额的大小，分别核定为 5 天、10 天、15 天和 1 个月。银行、财务公司、信托投资公司和信用社的纳税期限为 1 个季度，其他金融机构的纳税期限为 1 个月。

纳税人不能按照固定期限纳税的，可以按次计算纳税。

纳税人以 1 个月为一期缴纳营业税的，应当从期满之日起 10 天以内申报纳税；以 5 天、10 天和 15 天为一期纳税的，应当从期满之日起 5 天以内预缴税款，于次月 1 日起 10 天以内申报纳税，并结清上月应纳的税款。金融业应当从纳税期满之日起 10 天以内申报纳税。

扣缴义务人的解缴营业税税款期限，比照上述规定执行。

11. 营业税的纳税地点是怎样规定的？

纳税人提供应税劳务，一般应当向应税劳务发生地的税务机关申报缴纳营业税。

纳税人从事运输业务，应当向其机构所在地的税务机关申报缴纳营业税。其中，个体工商户应当在税务登记证发放地或者居住地申报纳税。中央铁路运输企业由铁道部集中在北京纳税。

纳税人提供的应税劳务发生在外县（市），应当向劳务发生地的税务机关申报缴纳营业税而没有申报纳税的，由其机构所在地或者居住地的税务机关补征税款。

纳税人转让土地使用权，应当向土地所在地的税务机关申报缴纳营业税。纳税人转让其他无形资产，应当向其机构所在地的税务机关申报缴纳营业税。

纳税人销售不动产，应当向不动产所在地的税务机关申报缴纳营业税。

纳税人出租土地使用权、不动产，应当向出租土地、不动产所在地的税务机关申报缴纳营业税；出租物品、设备等动产，应当向动产出租单位机构所在地或者动产出租个人居住地的税务机关申报缴纳营业税。

下列纳税人应当向其机构所在地的税务机关申报缴纳营业税：在我国境内的电信单位从事电信业务的，在我国境内的单位提供设计、工程监理、调试和咨询等服务的，在我国境内的单位通过网络为其他单位、个人提供培训、信息和远程调试、监测等服务的。

纳税人在本省（自治区、直辖市）范围以内发生应税行为，其营业税纳税地点需要调整的，由省级地方税务局确定。

纳税人承包的工程跨省（自治区、直辖市）的，应当向其机构所在地的税务机关申报缴纳营业税。

中国人民银行、中国工商银行、中国农业银行、中国银行、中国建设银行、国家开发银行等若干规定的银行总行业务的营业税纳税地点为总行所在地，上述规定的各银行总行的下属机构、其他银行和非银行金融机构应当向核算单位所在地税务机关申报缴纳营业税。

扣缴义务人应当向其机构所在地的税务机关申报缴纳其扣缴的营业税税款。建筑安装工程的总承包人扣缴分包、转包非跨省工程的营业税税款，应当向分包、转包工程劳务发生地的税务机关解缴。

六、关税

1. 什么是关税？

关税是对进出国境或者关境的货物、物品征收的、目前各国普遍征收的一种税收。它既是国家调节进出口贸易、保护国内产业的一种手段，也是财政收入的一项来源。

国境是一个主权国家的领土范围，关境是同一关税法规完全实施的地域。在一般情况下，两者的大小是相同的，货物出入国境即出入关境，应当依法征收关税。只是在特定的情况下，两者才可能有差异。例如，当一国境内设有免征关税的自由贸易区的时候，关境就会小于国境。当若干国家组成关税联盟，成员国之间取消关税，对外实行共同的关税的时候，对于各成员国来说，关境就会大于国境。

按照进出口货物的流向，关税可以分进口关税、出口关税和过境税3种类型。

进口关税是对本国境外进口货物征收的关税，它是关税的主体。因为，为了鼓励出口，目前许多国家（特别是发达国家）不征收出口关税，或者只征收很少量的出口关税。

出口关税是对出口到本国境外的货物征收的关税。目前只有少数国家（主要是发展中国家）对出口货物征收关税，其目的一是取得一定数量的财政收入，二是限制某些产品和自然资源出口，三是体现一定的政治、经济、外贸政策。

过境税是对出入本国国境、运往第三国的外国货物征收的关税。历史上曾有不少国家征收过此税。由于过境货物对本国经济没有影响，还可以使本国从交通运输、仓储保管等诸多方面受益，所以，随着国际贸易的发展，目前绝大多数国家已经不再征收此税。

新中国的关税制度始于建国初期，现行的《中华人民共和国进出口关税条例》是国务院于 2003 年 11 月 23 日公布，从 2004 年 1 月 1 日起施行的。

关税由海关总署负责征收管理，所得收入归中央政府所有，是中央政府财政收入的主要来源之一。2006 年，关税收入为 1 141.8 亿元，占当年我国税收总额的 3.2%。

2. 关税的纳税人有哪些？

关税的纳税人包括进口中国准许进口的货物的收货人、出口中国准许出口的货物的发货人和中国准许进境物品的所有人，他们分别应当依法缴纳进口关税和出口关税。

从中国境外采购进口的原产于中国境内的货物，也应当缴纳进口关税。

进出口货物，除了另有规定的以外，可以由进出口货物收发货人自行办理报关纳税手续，也可以由进出口货物收发货人委托海关准予注册登记的报关企业办理报关纳税手续。

进境物品的所有人可以自行办理报关纳税手续，也可以委托他人办理报关纳税手续。

3. 关税的税率有哪些种类？

关税的税率分为进口税率、出口税率两个部分：

一、进口关税设置最惠国税率、协定税率、特惠税率、普通税率和关税配额税率等多种税率。对于进口货物在一定期限以内可以实行暂定税率。

（一）原产于共同适用最惠国待遇条款的世界贸易组织成员的进口货物，原产于与中国签订含有相互给予最惠国待遇条款的双边贸易协定的国家（地区）的进口货物，原产于中国境内的进口货物，适用最惠国税率。

（二）原产于与中国签订含有关税优惠条款的区域性贸易协定

的国家（地区）的进口货物，适用协定税率。

（三）原产于与中国签订含有特殊关税优惠条款的贸易协定的国家（地区）的进口货物，适用特惠税率。

如果某种进口货物同时适用于特惠税率、协定税率和最惠国税率中一种以上的税率形式，税率从低执行。

（四）原产于上述国家和地区以外的国家（地区）的进口货物，原产地不明的进口货物，适用普通税率。

（五）适用最惠国税率的进口货物有暂定税率的，应当适用暂定税率；适用协定税率、特惠税率的进口货物有暂定税率的，应当从低适用税率；适用普通税率的进口货物，不适用暂定税率。

在执行国家有关进口关税减征政策的时候，应当先在最惠国税率的基础上计算有关税目的减征税率，然后根据进口货物的原产地和各种税率形式的适用范围，将这一税率与同一税目的特惠税率、协定税率和暂定税率比较，税率从低执行。

（六）按照国家规定实行关税配额管理的进口货物，在关税配额以内的，适用关税配额税率；在关税配额以外的，其税率的适用按照上述最惠国税率、协定税率、特惠税率、普通税率和暂定税率的规定执行。

二、出口关税设置出口税率。对于出口货物在一定期限以内也可以实行暂定税率。

适用出口税率的出口货物有暂定税率的，应当适用暂定税率。

此外，按照有关法律、行政法规的规定对进口货物采取反倾销、反补贴和保障措施的，其税率的适用按照国务院发布的《中华人民共和国反倾销条例》、《中华人民共和国反补贴条例》和《中华人民共和国保障措施条例》的有关规定执行。

任何国家（地区）违反与中国签订或者共同参加的贸易协定和相关协定，对中国在贸易方面采取禁止、限制、加征关税和其他影响正常贸易的措施的，对原产于该国家（地区）的进口货物可以征收报复性关税，适用报复性关税税率。征收报复性关税的货物、适用国别、税率、期限和征收办法，由国务院关税税则委员会决定并公布。

国务院制定《中华人民共和国进出口税则》和《中华人民共和国进境物品进口税税率表》，规定关税的税目、税则号列和税率，作为进出口关税条例的组成部分。

国务院设立关税税则委员会，负责进出口税则和进境物品进口税税率表的税目、税则号列和税率的调整和解释，报国务院批准以后执行；决定实行暂定税率的货物、税率和期限；决定关税配额税率；决定征收反倾销税、反补贴税、保障措施关税、报复性关税和实施其他关税措施；决定特殊情况下税率的适用，以及履行国务院规定的其他职责。

4. 关税的税号和税率水平如何？

近年来，为了适应对外贸易经济合作的发展，我国的进口关税税率水平逐步降低，算术平均税率已经从 1992 年的 43.2% 降至 1994 年的 35.9%、1996 年的 23.0%、1997 年的 17.0%，以后继续逐步降低，从 2007 年 1 月 1 日起降至 9.8%。

2008 年，我国进口税则规定的进口货物的税号有 7 758 个，其中绝大部分采用比例税率（最惠国税率从 0 至 65% 不等，普通税率从 0 至 270% 不等）；少量采用定额税率（如冻鸡、啤酒、原油等）和复合税率（如录像机、数码相机等）。

目前我国的进口关税税率主要使用最惠国税率，并通过差别税率体现国家的经济、外贸政策。以 2008 年为例，柑橘的最惠国税率为 12%，普通税率为 100%；小麦的最惠国税率为 65%，普通税率分别为 130% 和 180%；果汁的最惠国税率从 7.5 至 30% 不等，普通税率均为 90%；威士忌酒的最惠国税率为 10%，普通税率为 180%；卷烟的最惠国税率为 25%，普通税率为 180%；铁、铜、铝、铅、锌、铬、铀矿砂及其精矿的最惠国税率和普通税率均为 0；车用汽油和航空汽油的最惠国税率为 5%，普通税率为 14%；硫酸铵、过磷酸钙的最惠国税率为 4%，普通税率均为 11%；香水的最惠国税率为 10%，普通税率为 150%；书籍、报纸、期刊的最惠国税率和普通税率均为 0；男式毛制西服套装的最惠国税率为 25%，普通税率为 130%；金、银首饰的最惠国税率为 20%，普通税率为

130%；塔式起重机的最惠国税率为 10%，普通税率最高为 30%；播种机的最惠国税率为 4%，普通税率最高为 30%；微型电子计算机的最惠国税率为 0，普通税率为 70%；彩色电视机的最惠国税率为 30%，普通税率为 130%；小轿车的最惠国税率为 25%，其中排气量不超过 2 500 毫升者普通税率为 230%，排气量超过 2 500 毫升者普通税率为 270%；钢琴的最惠国税率为 17.5%，普通税率为 70%；玩具的最惠国税率为 0，普通税率为 80%。此外，原产于香港、澳门两个特别行政区的产品，全部适用零税率。

我国 2008 年出口税则规定的出口货物（主要为限制出口的不可再生的资源类产品和国内紧缺的原材料）的税号共有 88 个，税率从 20% 至 50% 不等，共有 5 个差别税率。例如，锡矿砂及其精矿的税率为 50%，苯、铬铁的税率为 40%，未精炼铜、未锻轧铝合金的税率为 30%，硅铁的税率为 25%，钨矿砂及其精矿、鳗鱼苗、山羊板皮的税率为 20%。

我国 2008 年对 620 个税号的进口货物实行暂定税率，税率从 0 至 40% 不等，如乙烯和炼焦煤的税率为 0，飞机自动驾驶系统和肥料的税率为 1%，液晶显示板和聚乙烯的税率为 3%，风力发电设备和功率大于 150 马力的拖拉机的税率为 5%，额定功率小于 100 千瓦的轿车用柴油发动机和 X 光片的税率为 10%，瓷砖和地板打蜡机的税率为 15%，电熨斗的税率为 17%，再造烟草的税率为 40%；也有极少数税号采用定额税率，或者定额税率与比例税率并用。对 334 个税号的出口货物实行暂定税率，税率从 0 至 35% 不等，如苯、精炼铜丝的税率为 0，原油、铁丝的税率为 5%，鳗鱼苗、铜矿砂及其精矿的税率为 10%，铝矿砂及其精矿、木片的税率为 15%，锡矿砂及其精矿、钨铁的税率为 20%，生铁、煤制焦炭的税率为 25%，尿素按照季节分别实行 25% 至 35% 的税率。

5. 关税的应纳税额怎样计算？

海关应当按照规定以从价征收、从量征收和国家规定的其他方式对进出口货物征收关税，根据进出口货物的税则号列、完税价格、原产地、适用税率和汇率计算应纳税额。

关税的基本计税方法是，以进出口货物的价格、数量为计税依据，按照适用税率、税额标准计算应纳税额。

应纳税额计算公式：

一、应纳税额＝应税进出口货物完税价格×适用税率

二、应纳税额＝应税进出口货物数量×适用税额标准

采用复合计税方法计算应纳关税税额的，将以上两个公式结合起来使用即可。

应纳税额计算公式：

应纳税额＝应税进出口货物完税价格×适用税率＋应税进出口货物数量×适用税额标准

例1：某企业进口塔式起重机10台，每台关税完税价格折合人民币200万元，关税最惠国税率为10%，普通税率为30%，该企业应纳关税税额的计算方法为：

（1）按照最惠国税率计算：

应纳税额＝10台×200万元/台×10%

＝200万元

（2）按照普通税率计算：

应纳税额＝10台×200万元/台×30%

＝600万元

例2：某企业进口冻的鸡翼（不包括翼尖）1万公斤，关税最惠国税额标准为每公斤0.8元，普通税额标准为每公斤8.1元，该企业应纳关税税额的计算方法为：

（1）按照最惠国税额标准计算：

应纳税额＝1万公斤×0.8元/公斤

＝0.8万元

（2）按照普通税额标准计算：

应纳税额＝1万公斤×8.1元/公斤

＝8.1万元

进出口货物的价格和有关费用以人民币以外的货币计价的，海关按照应税货物适用税率之日适用的计征汇率折算为人民币计算完税价格。完税价格采用四舍五入法计算至分。

海关每月适用的计征汇率为上一个月的第三个星期三（第三个星期三为法定节假日的，顺延采用第四个星期三）中国银行的外汇折算价。

6. 关税税率的适用是怎样规定的？

海关应当按照关税条例有关适用最惠国税率、协定税率、特惠税率、普通税率、出口税率、关税配额税率和暂定税率，实施反倾销措施、反补贴措施、保障措施和征收报复性关税等适用税率的规定，确定进出口货物适用的税率。

一、进出口货物，应当适用海关接受该货物申报进口或者出口之日实施的税率。

（一）进口货物到达以前，经海关核准先行申报的，应当适用装载该货物的运输工具申报进境之日实施的税率。

（二）进口转关运输货物，应当适用指运地海关接受该货物申报进口之日实施的税率；货物运抵指运地以前，经海关核准先行申报的，应当适用装载该货物的运输工具抵达指运地之日实施的税率。

（三）出口转关运输货物，应当适用启运地海关接受该货物申报出口之日实施的税率。

（四）经海关批准，实行集中申报的进出口货物，应当适用每次货物进出口时海关接受该货物申报之日实施的税率。

（五）由于超过规定期限没有申报而由海关依法变卖的进口货物，其税款计征应当适用装载该货物的运输工具申报进境之日实施的税率。

（六）由于纳税人违反规定需要追征税款的进出口货物，应当适用违反规定的行为发生之日实施的税率；违反规定的行为发生之日不能确定的，适用海关发现该行为之日实施的税率。

二、已经申报进境并放行的保税货物、减免税货物、租赁货物和已经申报进出境并放行的暂时进出境货物，有下列情形之一需缴纳税款的，应当适用海关接受纳税人再次填写报关单申报办理纳税和有关手续之日实施的税率：

（一）保税货物经批准不复运出境的；

（二）保税仓储货物转入国内市场销售的；

（三）减免税货物经批准转让、移作他用的；

（四）可以暂不缴纳税款的暂时进出境货物，经批准不复运出境或者进境的；

（五）租赁进口货物，分期缴纳税款的。

补征、退还进出口货物税款，应当按照上述规定确定适用的税率。

7. 进口货物的关税完税价格是怎样规定的？

进口货物的完税价格由海关以符合规定条件的成交价格、该货物运抵中国境内输入地点起卸以前的运输及其相关费用、保险费为基础审查确定。

进口货物的成交价格，指卖方向中国境内销售该货物时买方为进口该货物向卖方实付、应付的，并按照规定调整以后的价款总额，包括直接支付的价款和间接支付的价款。

进口货物的成交价格应当符合下列条件：

一、对买方处置、使用该货物不予限制，但是法律、行政法规规定实施的限制、对货物转售地域的限制和对货物价格无实质性影响的限制除外；

二、该货物的成交价格没有因搭售和其他因素的影响而无法确定；

三、卖方不得从买方直接或者间接获得因该货物进口以后转售、处置、使用而产生的任何收益，或者虽有收益但是能够按照规定调整；

四、买卖双方没有特殊关系，或者虽然有特殊关系但是没有对成交价格产生影响。

进口货物的下列费用应当计入完税价格：

一、由买方负担的购货佣金以外的佣金和经纪费；

二、由买方负担的在审查确定完税价格时与该货物视为一体的容器的费用；

三、由买方负担的包装材料费用和包装劳务费用；

四、与该货物的生产和向中国境内销售有关的，由买方以免费或者以低于成本的方式提供并可以按照适当比例分摊的料件、工具、模具、消耗材料和类似货物的价款，在境外开发、设计等相关服务的费用；

五、作为该货物向中国境内销售的条件，买方必须支付的、与该货物有关的特许权使用费；

六、卖方直接或者间接从买方获得的该货物进口以后转售、处置和使用的收益。

进口时在货物的价款中列明的下列税收、费用，不计入该货物的完税价格：

一、厂房、机械和设备等货物进口以后建设、安装、装配、维修和技术服务的费用；

二、进口货物运抵境内输入地点起卸以后的运输及其相关费用、保险费；

三、进口关税和国内税收。

进口货物的成交价格不符合上述规定条件的，或者成交价格不能确定的，海关经了解有关情况，并与纳税人进行价格磋商以后，依次以下列价格估定该货物的完税价格：

一、与该货物同时或者大约同时向中国境内销售的相同货物的成交价格；

二、与该货物同时或者大约同时向中国境内销售的类似货物的成交价格；

三、与该货物进口的同时或者大约同时，将该进口货物、相同或者类似进口货物在第一级销售环节销售给无特殊关系买方最大销售总量的单位价格，但是应当扣除同等级或者同种类货物在中国境内第一级销售环节销售时通常的利润、一般费用和通常支付的佣金，进口货物运抵境内输入地点起卸以后的运输及其相关费用、保险费，进口关税和国内税收；

四、按照下列各项总和计算的价格：生产该货物所使用的料件成本和加工费用，向中国境内销售同等级或者同种类货物通常的利润和一般费用，该货物运抵境内输入地点起卸以前的运输及其相关费用、保险费；

五、以合理方法估定的价格。

纳税人向海关提供有关资料以后，可以提出申请，颠倒上述第三项和第四项的适用次序。

以租赁方式进口的货物，以海关审查确定的该货物的租金作为完税价格。

纳税人要求一次性缴纳税款的，可以选择按照规定估定完税价格，或者按照海关审查确定的租金总额作为完税价格。

运往境外加工的货物，出境时已经向海关报明并在海关规定的期限以内复运进境的，应当以境外加工费、料件费、复运进境的运输及其相关费用和保险费审查确定完税价格。

运往境外修理的机械器具、运输工具和其他货物，出境时已经向海关报明并在海关规定的期限以内复运进境的，应当以境外修理费和料件费审查确定完税价格。

对于同时符合以下条件的进口货物，以买卖双方约定的定价公式所确定的结算价格为基础审查确定完税价格：

一、在货物运抵中国境内以前买卖双方已经书面约定定价公式；

二、结算价格取决于买卖双方均无法控制的客观条件和因素；

三、从货物申报进口之日起6个月以内能够根据定价公式确定结算价格；

四、结算价格符合海关制定的审价办法的有关规定。

8. 出口货物的关税完税价格是怎样规定的？

出口货物的完税价格由海关以该货物的成交价格、该货物运至中国境内输出地点装载以前的运输及其相关费用、保险费为基础审查确定。

出口货物的成交价格，指该货物出口时卖方为出口该货物应当向买方直接收取和间接收取的价款总额。

出口关税不计入完税价格。

出口货物的成交价格不能确定的，海关经了解有关情况，并与纳税人进行价格磋商以后，依次以下列价格估定该货物的完税价格：

一、与该货物同时或者大约同时向同一国家（地区）出口的相同货物的成交价格；

二、与该货物同时或者大约同时向同一国家（地区）出口的类似货物的成交价格；

三、按照下列各项总和计算的价格：境内生产相同或者类似货物的料件成本、加工费用，通常的利润和一般费用，境内发生的运输及其相关费用、保险费；

四、以合理方法估定的价格。

无论是出口货物还是进口货物，按照规定计入和不计入完税价格的成本、费用、税收，都应当以客观、可量化的数据为依据。

9. 无代价抵偿货物是否征收关税？

进口无代价抵偿货物，不征收进口关税；出口无代价抵偿货物，不征收出口关税。

上述无代价抵偿货物，指进出口货物在海关放行以后，由于残损、短少、品质不良和规格不符原因，由进出口货物的发货人、承运人和保险公司免费补偿、更换的与原货物相同或者与合同规定相符的货物。

纳税人应当在原进出口合同规定的索赔期以内，且不超过原货物进出口之日起 3 年，向海关申报办理无代价抵偿货物的进出口手续，并提交原进出口货物报关单、原进出口货物关税缴款书或者《征免税证明》、买卖双方签订的索赔协议等单证。海关认为需要时，纳税人还应当提交具有资质的商品检验机构出具的原进出口货物残损、短少、品质不良和规格不符的检验证明书或者其他有关证明文件。

纳税人申报进出口的无代价抵偿货物，与退运出境、进境的原货物不完全相同或者与合同规定不完全相符的，应当向海关说明原因。海关经审核认为纳税人所述理由正当，且其税则号列没有改变的，应当按照审定进出口货物完税价格的有关规定和原进出口货物适用的计征汇率、税率，审核确定其完税价格，计算应征关税。应征关税税额高于原进出口货物已征关税税额的，应当补征差额部分。应征关税税额低于原进出口货物已征关税税额，且原进出口货物的发货人、承运人和保险公司同时补偿货款的，海关应当退还补偿货款部分的相应关税税额；没有补偿货款的，关税的差额部分不予退还。

纳税人申报进出口的免费补偿、更换的货物，其税则号列与原货物的税则号列不一致的，不适用无代价抵偿货物的有关规定，海关应当按照一般进出口货物的有关规定征收关税。

纳税人申报进出口无代价抵偿货物，被更换的原进口货物不退运出境且不放弃交由海关处理的，被更换的原出口货物不退运进境的，海关应当按照接受无代价抵偿货物申报进出口之日适用的税率、计征汇率和有关规定，对原进出口货物重新估价，并征收关税。

被更换的原进口货物退运出境时，不征收出口关税；更换的原出口货物退运进境时，不征收进口关税。

10. 租赁进口货物怎样缴纳关税？

纳税人进口租赁货物，除了另有规定的以外，应当向其所在地海关办理申报进口和申报纳税手续。申报时，纳税人应当向海关提交租赁合同和其他有关文件。海关认为必要时，纳税人应当提供关税担保。

租赁进口货物从进境之日起至租赁结束办结海关手续之日止，应当接受海关监管。

一次性支付租金的，纳税人应当在申报租赁货物进口的时候办理纳税手续，缴纳关税。分期支付租金的，纳税人应当在申报租赁货物进口的时候按照第一期应当支付的租金办理纳税手续，缴纳相应的关税；其后分期支付租金的时候，纳税人向海关申报办理纳税手续应当不迟于每次支付租金以后的第15天。纳税人没有在规定的期限以内申报纳税的，海关按照纳税人每次支付租金以后第15

天该货物适用的税率、计征汇率征收相应的关税，并加收滞纳金（比例为 0.5‰，下同）。

纳税人应当从租赁进口货物租期届满之日起 30 天以内向海关申请办结监管手续，将租赁进口货物复运出境。需要留购、续租租赁进口货物的，纳税人向海关申报办理相关手续应当不迟于租赁进口货物租期届满以后的第 30 天。租赁进口货物租赁期未满终止租赁的，其租期届满之日为租赁终止日。

海关对于留购的租赁进口货物，按照审定进口货物完税价格的有关规定和海关接受申报办理留购的相关手续之日该货物适用的计征汇率、税率，审核确定其完税价格，计征关税。

续租租赁进口货物的，纳税人应当向海关提交续租合同，并按照规定办理申报纳税手续。

纳税人没有在规定的期限以内向海关申报办理留购租赁进口货物的相关手续的，海关除了按照审定进口货物完税价格的有关规定和租期届满以后第 30 天该货物适用的计征汇率、税率，审核确定其完税价格，计征关税以外，还应当加收滞纳金。

纳税人没有在规定的期限以内向海关申报办理续租租赁进口货物的相关手续的，海关除了按照规定征收续租租赁进口货物应当缴纳的关税以外，还应当加收滞纳金。

11. 暂时进出境货物怎样缴纳关税？

经过海关批准暂时进境、出境的下列货物，在进境、出境的时候，纳税人向海关缴纳相当于应纳关税的保证金或者提供其他担保的，可以暂不缴纳关税，并应当从进境或者出境之日起 6 个月以内复运出境或者复运进境；经纳税人申请，海关可以根据海关总署的规定延长复运出境或者复运进境的期限：

一、在展览会、交易会、会议和类似活动中展示、使用的货物；

二、在文化、体育交流活动中使用的表演、比赛用品；

三、在新闻报道和摄制电影、电视节目时使用的仪器、设备和用品；

四、在科研、教学和医疗活动中使用的仪器、设备和用品；

五、在上述活动中使用的交通工具和特种车辆；

六、货样；

七、在安装、调试和检测设备时使用的仪器、工具；

八、盛装货物的容器；

九、其他用于非商业目的的货物。

上述暂时进出境货物在规定期限届满以后不再复运出境或者复运进境的，纳税人应当在规定期限届满以前向海关申报办理进出口和纳税手续，海关按照有关规定征收关税。

其他暂时进出境货物，海关按照审定进出口货物完税价格的有关规定和海关接受该货物申报进出境之日适用的计征汇率、税率，审核确定其完税价格，按月征收关税，或者在规定期限以内货物复运出境或者复运进境的时候征收关税。

计征关税的期限为 60 个月。不足 1 个月但是超过 15 天的，按照 1 个月计征；不超过 15 天的免予计征。计征关税的期限从货物放行之日起计算。

按月征收关税的计算公式：

每月关税税额 = 关税总额 ÷ 60

上述暂时进出境货物在规定期限届满以后不再复运出境或者复运进境的，纳税人应当在规定期限届满以前向海关申报办理进出口和纳税手续，缴纳剩余部分的关税。

暂时进出境货物没有在规定期限以内复运出境或者复运进境，且纳税人没有在规定期限届满以前向海关申报办理进出口和纳税手续的，海关除了按照规定征收应当征收的税款以外，还应当加收滞纳金。

12. 进出境修理货物和出境加工货物怎样缴纳关税？

纳税人在办理进境修理货物进口申报手续的时候，应当向海关提交该货物的维修合同或者含有保修条款的原出口合同，并向海关提供进口关税担保，或者由海关按照保税货物管理。进境修理货物应当在海关规定的期限以内复运出境。

　　进境修理货物需要进口原材料、零部件的，纳税人在办理原材料、零部件进口申报手续的时候，应当向海关提交进境修理货物的维修合同或者含有保修条款的原出口合同、进境修理货物的进口报关单（与进境修理货物同时申报进口的除外），并向海关提供进口关税担保，或者由海关按照保税货物管理。进口原材料、零部件只限用于进境修理货物的修理，修理剩余的原材料、零部件应当随进境修理货物一同复运出境。

　　纳税人在办理进境修理货物和剩余进境原材料、零部件复运出境出口申报手续的时候，应当向海关提交该货物和进境原材料、零部件的原进口报关单和维修合同或者含有保修条款的原出口合同等单证。海关凭此办理解除修理货物和原材料、零部件进境时纳税人提供关税担保的相关手续；由海关按照保税货物管理的，按照有关保税货物的管理规定办理。

　　因正当理由不能在海关规定的期限以内将进境修理货物复运出境的，纳税人应当在规定期限届满以前向海关说明情况，申请延期复运出境。

　　进境修理货物没有在海关允许的期限以内复运出境的，海关对其按照一般进出口货物的征税管理规定管理，将该货物进境时纳税人提供的关税担保转为关税。

　　纳税人在办理出境修理货物出口申报手续的时候，应当向海关提交该货物的维修合同或者含有保修条款的原进口合同。出境修理货物应当在海关规定的期限以内复运进境。

　　纳税人在办理出境修理货物复运进境进口申报手续的时候，应当向海关提交该货物的原出口报关单和维修合同或者含有保修条款的原进口合同、维修发票等单证。

　　海关按照审定进口货物完税价格的有关规定和海关接受该货物申报复运进境之日适用的计征汇率、税率，审核确定其完税价格，计征关税。

　　因正当理由不能在海关规定期限以内将出境修理货物复运进境的，纳税人应当在规定期限届满以前向海关说明情况，申请延期复运进境。

出境修理货物超过海关允许的期限复运进境的，海关对其按照一般进口货物征收关税。

纳税人在办理出境加工货物出口申报手续的时候，应当向海关提交该货物的委托加工合同；出境加工货物属于征收出口关税的商品的，纳税人应当向海关提供出口关税担保。出境加工货物应当在海关规定的期限以内复运进境。

纳税人在办理出境加工货物复运进境进口申报手续的时候，应当向海关提交该货物的原出口报关单和委托加工合同、加工发票等单证。

海关按照审定进口货物完税价格的有关规定和海关接受该货物申报复运进境之日适用的计征汇率、税率，审核确定其完税价格，计征关税，同时办理解除该货物出境时纳税人提供关税担保的相关手续。

因正当理由不能在海关规定的期限以内将出境加工货物复运进境的，纳税人应当在规定期限届满以前向海关说明情况，申请延期复运进境。

出境加工货物没有在海关允许的期限以内复运进境的，海关对其按照一般进出口货物的征税管理规定管理，将该货物出境时纳税人提供的关税担保转为关税；出境加工货物复运进境的时候，海关按照一般进口货物征收关税。

13. 退运货物是否征收关税?

因品质、规格原因，出口货物从出口放行之日起 1 年以内原状退货复运进境的，纳税人在办理进口申报手续的时候，应当按照规定提交有关单证和证明文件。经海关确认以后，对复运进境的原出口货物不予征收进口关税。

因品质、规格原因，进口货物从进口放行之日起 1 年以内原状退货复运出境的，纳税人在办理出口申报手续的时候，应当按照规定提交有关单证和证明文件。经海关确认以后，对复运出境的原进口货物不予征收出口关税。

14. 关税的主要免税、减税规定有哪些？

下列进出口货物可以免征关税：

一、关税税额在人民币 50 元以下的一票货物；

二、无商业价值的广告品和货样；

三、外国政府、国际组织无偿赠送的物资；

四、在海关放行以前遭受损坏、损失的货物；

五、进出境运输工具装载的途中必需的燃料、物料和饮食用品。

对于上述在海关放行以前遭受损坏、损失的货物，纳税人应当在申报时或者从海关放行货物之日起 15 天以内书面向海关说明情况，并提供相关的证明材料。海关认为需要时，可以要求纳税人提供具有资质的商品检验机构出具的货物受损程度的检验证明书。海关可以根据货物的实际受损程度减征、免征关税。

法律规定的其他免征、减征关税的货物（如中国缔结、参加的国际条约规定的减征、免征关税的货物、物品），海关可以根据规定予以免征、减征。

免征、减征关税的上述进口货物可以同时免征、减征进口环节的增值税和消费税。

特定地区、特定企业和有特定用途的进出口货物免征、减征关税，临时免征、减征关税，按照国务院的有关规定执行。上述免征、减征关税进口的货物只能用于特定地区、特定企业和特定用途，没有经过海关核准并补缴关税，不得移作他用。

下列企业（项目）进口的规定的自用设备和按照合同随同设备进口的配套技术、配件和备件，可以免征关税：

一、国家鼓励、支持发展的外商投资项目和国内投资项目在投资总额内进口的；

二、企业为生产中国科学技术部制定的《国家高新技术产品目录》中所列的产品而进口的；

三、软件企业进口的；

四、已经设立的鼓励类和限制乙类外商投资企业、外商投资研究开发中心、先进技术型和产品出口型外商投资企业的技术改造，在批准的生产、经营范围以内，利用投资总额以外的自有资金进口的；

五、外商投资设立的研究开发中心在投资总额以内进口的；

六、符合中西部省、自治区、直辖市利用外资优势产业和优势项目目录的项目，在投资总额以内进口的（在投资总额以外利用自有资金进口者也可以享受一定的税收优惠）。

利用外国政府和国际金融组织贷款项目进口的设备；企业为引进中国科学技术部制定的《国家高新技术产品目录》中所列的先进技术按照合同规定向境外支付的软件费；集成电路生产企业引进集成电路技术和成套生产设备，单项进口集成电路专用设备和仪器，符合国家规定的；符合国家规定的集成电路生产企业进口自用的原材料、消耗品；符合国家规定的进口科研、教学用品，残疾人专用物品，扶贫、慈善性捐赠物资，可以免征关税。

边境居民通过互市贸易进口的生活用品，每人每日价值在人民币3 000元以下的部分，可以免征关税（同时可以免征进口环节的增值税和消费税）。

15. 关税的退税怎样办理？

有下列情形之一的，纳税人从缴纳关税之日起1年以内可以申请退税，并应当以书面形式向海关说明理由，提供原进口或者出口报关单、税款缴款书、发票等凭证和相关资料：

一、已经征收进口关税的货物，由于品质、规格原因，原状退货复运出境的；

二、已经征收出口关税的货物，由于品质、规格原因，原状退货复运进境，并且已经重新缴纳由于出口而退还的国内环节有关税收的；

三、已经征收出口关税的货物，因故没有装运出口，申报退关的。

散装进出口货物发生短装并已经征税放行的，如果该货物的发货人、承运人和保险公司已经对短装部分退还或者赔偿相应货款，纳税人可以从缴纳税款之日起 1 年以内向海关申请退还进口或者出口短装部分的相应税款，并提供原进口或者出口报关单、税款缴款书、发票等凭证和相关资料。

进出口货物由于残损、品质不良和规格不符原因，或者发生其他货物短少的情形，由进出口货物的发货人、承运人和保险公司赔偿相应货款的，纳税人可以从缴纳税款之日起 1 年以内向海关申请退还赔偿货款部分的相应税款，并提供原进口或者出口报关单、税款缴款书、发票等凭证和相关资料。

海关收到纳税人的退税申请以后应当审核。纳税人提交的申请材料齐全且符合规定形式的，海关应当予以受理，并以海关收到申请材料之日作为受理之日；纳税人提交的申请材料不全或者不符合规定形式的，海关应当在收到申请材料之日起 5 个工作日以内一次告知纳税人需要补正的全部内容，并以海关收到全部补正申请材料之日为海关受理退税申请之日。海关认为需要时，可以要求纳税人提供具有资质的商品检验机构出具的原进口或者出口货物品质不良、规格不符、残损和短少的检验证明书或者其他有关证明文件。

海关应当从受理退税申请之日起 30 天以内查实并通知纳税人办理退税手续或者作出不予退税的决定。纳税人应当从收到海关准予退税的通知之日起 3 个月以内办理有关退税手续，已经征收的滞纳金不予退还。

16. 关税的纳税期限是怎样规定的?

进口货物的纳税人应当从运输工具申报进境之日起 14 天以内；出口货物的纳税人除了海关特准的以外，应当在货物运抵海关监管区以后、装货的 24 小时以前，向货物的进出境地海关申报。经过海关核准，在进口货物到达以前，纳税人可以先行申报。

海关通常应当在货物实际进境，并完成海关现场接单审核工作以后及时填发税款缴款书。需要通过对货物查验确定商品归类、完税价格、原产地的，应当在查验核实以后填发或者更改税款缴款书。

纳税人应当从海关填发税款缴款书之日起 15 天以内向指定的

银行缴纳税款。

进出境物品关税的纳税人应当在物品放行以前缴纳税款。

17. 什么是反倾销税?

反倾销税是进口国为了抵制出口国的倾销,保护本国国内产业,对被认定出口倾销并对本国国内相关产业构成损害的进口产品征收的一种临时性特别税。

所谓倾销,指在正常贸易过程中,进口产品以低于其正常价值的出口价格进入进口国市场。

根据国务院发布的反倾销条例,国内产业或者代表国内产业的自然人、法人或者有关组织可以依法向商务部提出反倾销调查的申请。

商务部应当从收到申请人提交的申请书和有关证据之日起60天以内,对申请是否由国内产业或者代表国内产业提出、申请书的内容和所附具的证据等进行审查,并决定立案调查或者不立案调查。

在特殊情形下,商务部没有收到反倾销调查的书面申请,但是有充分证据认为存在倾销和损害以及二者之间有因果关系的,可以决定立案调查。

商务部根据调查结果,就倾销、损害和二者之间的因果关系是否成立作出初裁决定,并予以公告。

初裁决定确定倾销、损害和二者之间的因果关系成立的,商务部应当对倾销及其幅度、损害及其程度继续调查,并根据调查结果作出终裁决定,予以公告。

初裁决定确定倾销成立,并由此对于国内产业造成损害的,可以采取包括征收临时反倾销税在内的临时反倾销措施。

临时反倾销税税额应当不超过初裁决定确定的倾销幅度。

征收临时反倾销税,由商务部提出建议,国务院关税税则委员会根据该部的建议作出决定,由该部予以公告。海关从公告规定实施之日起执行。

临时反倾销措施实施的期限,从临时反倾销措施决定公告规定实施之日起不超过 4 个月；在特殊情形下可以延长至 9 个月。

从反倾销立案调查决定公告之日起 60 天以内，不得采取临时反倾销措施。

在反倾销调查期间，倾销进口产品的出口经营者可以向商务部作出改变价格或者停止以倾销价格出口的价格承诺。

商务部认为出口经营者作出的价格承诺能够接受并符合公共利益的，可以决定中止或者终止反倾销调查，不采取临时反倾销措施或者征收反倾销税。

出口经营者违反其价格承诺的，商务部可以立即决定恢复反倾销调查；根据可获得的最佳信息，可以决定采取临时反倾销措施，并可以对实施临时反倾销措施以前 90 天之内进口的产品追溯征收反倾销税，但是违反价格承诺以前进口的产品除外。

终裁决定确定倾销成立，并由此对国内产业造成损害的，可以征收反倾销税。

征收反倾销税，由商务部提出建议，国务院关税税则委员会根据该部的建议作出征税决定，由该部公告，海关从公告规定实施之日起执行。

反倾销税适用于终裁决定公告之日以后进口的产品，另有规定的除外。

反倾销税的纳税人为倾销进口产品的进口经营者。反倾销税应当根据不同出口经营者的倾销幅度分别确定。

对于没有包括在审查范围以内的出口经营者的倾销进口产品，需要征收反倾销税的，应当按照合理的方式确定对其适用的反倾销税。

反倾销税税额不超过终裁决定确定的倾销幅度。

应纳税额计算公式：

应纳税额＝应税进口货物完税价格×适用税率

终裁决定确定存在实质损害，并在此以前已经采取临时反倾销措施的，反倾销税可以对已经实施临时反倾销措施的期间追溯征收。

终裁决定确定存在实质损害威胁，在先前不采取临时反倾销措施将会导致后来作出实质损害裁定的情况下已经采取临时反倾销措施的，反倾销税可以对已经实施临时反倾销措施的期间追溯征收。

终裁决定确定的反倾销税，高于已经支付或者应当支付的临时反倾销税或者为担保目的而估计的金额的，差额部分不予收取；低于已经支付或者应当支付的临时反倾销税或者为担保目的而估计的金额的，差额部分应当根据具体情况予以退还，或者重新计算税额。

下列两种情况并存的，可以对于实施临时反倾销措施之日前90天以内进口的产品追溯征收反倾销税，但是立案调查以前进口的产品除外：

一、倾销进口产品有对于国内产业造成损害的倾销历史，或者该产品的进口经营者知道或者应当知道出口经营者实施倾销并且倾销对于国内产业将造成损害的；

二、倾销进口产品在短期内大量进口，并且可能会严重破坏将实施的反倾销税的补救效果的。

终裁决定确定不征收反倾销税的，或者终裁决定没有确定追溯征收反倾销税的，已经征收的临时反倾销税应当予以退还。

倾销进口产品的进口经营者有证据证明已经缴纳的反倾销税税额超过倾销幅度的，可以向商务部提出退税申请。商务部经审查、核实并提出建议，国务院关税税则委员会根据该部的建议可以作出退税决定，由海关执行。

进口产品被征收反倾销税以后，在调查期间没有向中国出口该产品的新出口经营者，能够证明其与被征收反倾销税的出口经营者无关联的，可以向商务部申请单独确定其倾销幅度。商务部应当迅速审查，并作出终裁决定。在审查期间，不得对该产品征收反倾销税。

反倾销税的征收期限不超过5年。但是，经复审确定终止征收反倾销税有可能导致倾销和损害的继续或者再度发生的，反倾销税的征收期限可以适当延长。

反倾销税生效以后，商务部可以在有正当理由的情况下决定对继续征收反倾销税的必要性进行复审；也可以在经过一段合理时间，应利害关系方的请求，并对利害关系方提供的相应证据进行审查以后，决定对继续征收反倾销税的必要性进行复审。

根据复审结果，由商务部提出保留、修改或者取消反倾销税的建议，国务院关税税则委员会根据该部的建议作出决定，由该部公告。

复审期限从决定复审开始之日起不超过 12 个月。在复审期间，复审程序不妨碍反倾销措施的实施。

任何国家（地区）对我国的出口产品采取歧视性反倾销措施，我国都可以根据实际情况对该国家（地区）采取相应的措施。

18. 什么是反补贴税？

反补贴税是进口国为了抵制出口国的补贴，保护本国国内产业，对被认定出口补贴并对本国国内相关产业构成损害的进口产品征收的一种临时性特别税。

所谓补贴，指出口国（地区）政府或者公共机构提供的并为接受者带来利益的财政资助、收入和价格支持。

根据国务院发布的反补贴条例，国内产业或者代表国内产业的自然人、法人或者有关组织可以依法向商务部提出反补贴调查的申请。

商务部一般应当从收到申请人提交的申请书和有关证据之日起 60 天以内，对申请是否由国内产业或者代表国内产业提出、申请书的内容和所附具的证据等进行审查，并决定立案调查或者不立案调查。

在特殊情形下，商务部没有收到反补贴调查的书面申请，但是有充分证据认为存在补贴和损害以及二者之间有因果关系的，可以决定立案调查。

商务部根据调查结果，就补贴、损害和二者之间的因果关系是否成立作出初裁决定，并予以公告。

初裁决定确定补贴、损害和二者之间的因果关系成立的，商务部应当对补贴及其金额、损害及其程度继续调查，并根据调查结果作出终裁决定，予以公告。

初裁决定确定补贴成立，并由此对于国内产业造成损害的，可以采取临时反补贴措施。

临时反补贴措施采取以现金保证金或者保函作为担保的征收临时反补贴税的形式。

采取临时反补贴措施，由商务部提出建议，国务院关税税则委员会根据该部的建议作出决定，由该部公告。海关从公告规定实施之日起执行。

临时反补贴措施实施的期限，从临时反补贴措施决定公告规定实施之日起不超过 4 个月。

从反补贴立案调查决定公告之日起 60 天以内，不得采取临时反补贴措施。

在反补贴调查期间，出口国（地区）政府提出取消、限制补贴和其他有关措施的承诺，或者出口经营者提出修改价格的承诺的，商务部应当充分考虑。

商务部认为承诺能够接受并符合公共利益的，可以决定中止或者终止反补贴调查，不采取临时反补贴措施或者征收反补贴税。

对于违反承诺的，商务部可以立即决定恢复反补贴调查；根据可获得的最佳信息，可以决定采取临时反补贴措施，并可以对实施临时反补贴措施以前 90 天之内进口的产品追溯征收反补贴税，但是违反承诺以前进口的产品除外。

终裁决定确定补贴成立，并由此对于国内产业造成损害的，可以征收反补贴税。征收反补贴税应当符合公共利益。

征收反补贴税，由商务部提出建议，国务院关税税则委员会根据该部的建议作出征税决定，由该部公告，海关从公告规定实施之日起执行。

反补贴税适用于终裁决定公告之日以后进口的产品，另有规定的除外。

反补贴税的纳税人为补贴进口产品的进口经营者。反补贴税应当根据不同出口经营者的补贴金额分别确定。

对实际上没有被调查的出口经营者的补贴进口产品，需要征收反补贴税的，应当迅速审查，按照合理的方式确定对其适用的反补贴税。

反补贴税税额不得超过终裁决定确定的补贴金额。

应纳税额计算公式：

应纳税额 = 应税进口货物完税价格 × 适用税率

终裁决定确定存在实质损害，并在此以前已经采取临时反补贴措施的，反补贴税可以对已经实施临时反补贴措施的期间追溯征收。

终裁决定确定存在实质损害威胁，在先前不采取临时反补贴措施将会导致后来作出实质损害裁定的情况下已经采取临时反补贴措施的，反补贴税可以对已经实施临时反补贴措施的期间追溯征收。

终裁决定确定的反补贴税，高于现金保证金或者保函所担保的金额的，差额部分不予收取；低于现金保证金或者保函所担保的金额的，差额部分应当予以退还。

下列 3 种情形并存的，必要时可以对于实施临时反补贴措施之日前 90 天以内进口的产品追溯征收反补贴税：

一、补贴进口产品在较短的时间内大量增加；

二、此种增加对国内产业造成难以补救的损害；

三、此种产品得益于补贴。

终裁决定确定不征收反补贴税的，或者终裁决定没有确定追溯征收反补贴税的，对实施临时反补贴措施期间已经收取的现金保证金应当予以退还，保函应当予以解除。

反补贴税的征收期限不超过 5 年。但是，经复审确定终止征收反补贴税有可能导致补贴和损害的继续或者再度发生的，反补贴税的征收期限可以适当延长。

反补贴税生效以后，商务部可以在有正当理由的情况下决定对继续征收反补贴税的必要性进行复审；也可以在经过一段合理时间，应利害关系方的请求并对利害关系方提供的相应证据进行审查以后，决定对继续征收反补贴税的必要性进行复审。

根据复审结果，由商务部提出保留、修改或者取消反补贴税的建议，国务院关税税则委员会根据该部的建议作出决定，由该部公告。

复审期限从决定复审开始之日起不超过 12 个月，复审期间复审程序不妨碍反补贴措施的实施。

任何国家（地区）对我国的出口产品采取歧视性反补贴措施，我国都可以根据实际情况对该国家（地区）采取相应的措施。

19. 什么是保障措施关税?

在公平贸易条件下，由于关税减让等承诺的存在，可能导致某种产品对某一世界贸易组织成员方的进口增加，从而对该成员方生产同类产品、直接竞争产品的国内产业造成严重损害或者严重损害威胁。在这种情况下，该成员方可以对于这种产品的进口采取数量限制和提高关税等措施，以便国内有关产业进行调整，适应竞争，这类措施就是保障措施，以提高关税的形式实施的保障措施就是保障措施关税。

根据国务院发布的保障措施条例，进口产品数量增加，并对生产同类产品或者直接竞争产品的国内产业造成严重损害或者严重损害威胁（以下除特别指明外，统称损害）的，可以进行调查，采取保障措施。

与国内产业有关的自然人、法人或者其他组织（以下统称申请人），可以按照保障措施条例的规定，向商务部提出采取保障措施的书面申请。商务部应当及时审查申请人的申请，决定立案调查或者不立案调查。

商务部没有收到采取保障措施的书面申请，但是有充分证据认为国内产业由于进口产品数量增加而受到损害的，也可以决定立案调查。

商务部根据调查结果，可以作出初裁决定，也可以直接作出终裁决定，并予以公告。

有明确证据表明进口产品数量增加，在不采取临时保障措施将对国内产业造成难以补救的损害的紧急情况下可以作出初裁决定，并采取临时保障措施。临时保障措施采取提高关税的形式。

采取临时保障措施，由商务部提出建议，国务院关税税则委员会根据该部的建议作出决定，由该部公告。海关从公告规定实施之日起执行。

临时保障措施的实施期限，从临时保障措施决定公告规定实施之日起，不超过 200 天。

终裁决定确定进口产品数量增加，并由此对国内产业造成损害的，可以采取提高关税、数量限制等形式的保障措施。实施保障措施应当符合公共利益。

保障措施采取提高关税形式的，由商务部提出建议，国务院关税税则委员会根据该部的建议作出决定，由该部公告。海关从公告规定实施之日起执行。

终裁决定确定不采取保障措施的，已经征收的临时关税应当退还。

保障措施的实施期限不超过 4 年。符合下列条件的，保障措施的实施期限可以适当延长：

一、按照保障措施条例规定的程序确定保障措施对于防止或者补救严重损害仍然有必要；

二、有证据表明相关国内产业正在调整；

三、已经履行有关对外通知、磋商的义务；

四、延长以后的措施不严于延长以前的措施。

一项保障措施的实施期限及其延长期限，最长不超过 10 年。

保障措施实施期限超过 1 年的，应当在实施期间按照固定时间间隔逐步放宽。

保障措施实施期限超过 3 年的，商务部应当在实施期间对该项措施进行中期复审，复审的内容包括保障措施对于国内产业的影响、国内产业的调整情况等。

保障措施属于提高关税的，商务部应当根据复审结果和保障措施条例的规定提出保留、取消或者加快放宽提高关税措施的建议，国务院关税税则委员会根据该部的建议作出决定，由该部公告。

对同一进口产品再次采取保障措施的，与前次采取保障措施的时间间隔应当不短于前次采取保障措施的实施期限，并且至少为 2 年。符合下列条件的，对同一产品实施的期限不超过 180 天的保障措施不受上述限制：

一、从对该进口产品实施保障措施之日起，已经超过 1 年；

二、从实施该保障措施之日起 5 年以内，没有对同一产品实施两次以上保障措施。

任何国家（地区）对我国的出口产品采取歧视性保障措施，我国都可以根据实际情况对该国家（地区）采取相应的措施。

七、房产税

1. 什么是房产税？

我国的房产税是对房产征收的一种税收。目前世界上有许多国家对房产征税，并以此作为地方政府的一项重要财源。

新中国对房产征税始于建国初期。1986 年 9 月 15 日，国务院发布《中华人民共和国房产税暂行条例》，从同年 10 月 1 日起施行，该条例的实施细则由各省、自治区、直辖市人民政府自行制定。

房产税由地方税务局负责征收管理，所得收入归地方政府所有，是地方政府税收收入的重要来源之一。2006 年，房产税收入为 421.5 亿元，约占当年我国税收总额的 1.2%。

2. 房产税的纳税人有哪些？

房产税在城市、县城、建制镇和工矿区征收。国有企业、集体企业、私营企业、股份制企业、其他企业、事业单位、社会团体、国家机关、部队、其他单位、个体工商户和其他个人（不包括外商投资企业、外国企业和外国人）都应当依法缴纳此税。纳税人包括房屋产权的所有人和房产经营管理单位、承典人、代管人、使用人。房屋产权属于全民所有的，由经营管理单位纳税；房屋产权出典的，由承典人纳税；房屋产权的所有权人、承典人不在房产所在地的，房屋产权没有确定和房产租典纠纷没有解决的，由房产的代管人或者使用人纳税。

3. 房产税的计税依据和税率是怎样规定的?

房产税的计税依据分为两种:

一、以房产原值一次减除 10% 至 30% 以后的余值为计税依据。具体的减除比例,由各省、自治区和直辖市人民政府根据当地的实际情况规定。例如,北京市和四川省规定的减除比例均为 30% 。

房产原值指纳税人按照会计制度的规定,在账簿"固定资产"科目中记载的房屋原价,包括房屋造价和与房屋不可分割的各种附属设备或者一般不单独计价的配套设施(如通风、照明、煤气、暖气、卫生等设备,各种管线,电梯、升降机、过道、晒台等)的价格。

为了维持和增加房屋的使用功能或者使房屋满足设计要求,凡以房屋为载体,不可随意移动的附属设备和配套设施,如给排水、采暖、消防、中央空调、电气和智能化楼宇设备等,无论在会计核算中是否单独记账与核算,都应当计入房产原值。

对于更换房屋附属设备和配套设施的,在将其价值计入房产原值的时候,可以扣减原来相应设备和设施的价值。附属设备和配套设施中容易损坏、需要经常更换的零配件,更新以后不再计入房产原值。

纳税人没有按照规定记载房屋原价的,在计算征收房产税的时候,应当按照规定调整房产原值。

房产原值不合理的,应当重新评估。

没有房产原值作为依据的,由房产所在地税务机关参考同类房产核定。

二、房产出租的,以房产租金收入为计税依据。

与计税依据相应,房产税的税率也分为两种:

一、按照房产余值计算应纳税额的,适用税率为 1.2% 。

二、按照房产租金收入计算应纳税额的,适用税率为 12% 。

4. 房产税的应纳税额怎样计算?

房产税应纳税额的计算公式是:

应纳税额 = 计税依据 × 适用税率

例1：某企业的经营用房原值为2 000万元，允许减除20%以后计税，房产税适用税率为1.2%，该企业应纳房产税税额的计算方法为：

应纳税额 =（2 000 万元－2 000 万元×20%）×1.2%
      =19.2 万元

例2：公民王某出租自有房屋供他人经商，年租金收入30 000元，房产税适用税率为12%，王某此项收入应纳房产税税额的计算方法为：

应纳税额 =30 000 元×12%
      =3 600 元

5. 地下建筑怎样缴纳房产税？

具备房屋功能的地下建筑，也应当缴纳房产税。

一、工业用途的地下建筑，以建筑物原值的50%至60%作为应税房产原值；商业和其他用途的地下建筑，以建筑物原值的70%至80%作为应税房产原值。

应纳税额 = 应税房产原值×（1－10%至30%）×1.2%。

建筑物原值折算为应税房产原值的具体比例，由各省、自治区、直辖市、计划单列市财政机关和地方税务机关在上述规定的幅度以内自行确定。

二、与地上房屋相连的地下建筑，如房屋的地下室、地下停车场和商场的地下部分等，应当将地下建筑与地上房屋视为一个整体，按照地上房屋缴纳房产税。

三、出租的地下建筑，应当按照出租地上房屋缴纳房产税。

6. 房产税的主要免税、减税规定有哪些？

下列房产可以免征房产税：

一、国家机关、社会团体和部队自用的房产（军队出租的空余房产可以暂免征收房产税）。

二、由国家财政部门拨付事业经费的单位自用的房产。

从2004年至2008年，在文化体制改革试点中，由财政部门拨付事业经费的文化单位转制为企业，其自用的房产可以免征房产税。由于自然灾害等不可抗力或者承担国家指定任务而造成亏损的文化单位，经过批准，可以免征经营用房产的房产税。

三、企业所办的学校、托儿所和幼儿园自用的房产。

四、非营利性医疗机构、疾病控制机构和妇幼保健机构等机构自用的房产。

营利性医疗机构取得的收入直接用于改善医疗条件的，从其取得执业登记之日起3年以内，自用的房产也可以免征房产税。

五、非营利性科研机构自用的房产。

六、符合规定的科学研究机构转为企业和进入企业，可以从转制注册之日起，7年以内免征科研开发自用房产的房产税。

七、宗教寺庙、公园和名胜古迹自用的房产。

八、个人所有非营业用的房产。

九、经过有关部门鉴定停止使用的毁损房屋和危险房屋。

十、政府部门、企业、事业单位、社会团体和个人投资兴办的福利性、非营利性老年服务机构自用的房产。

十一、公益性未成年人校外活动场所自用的房产。

十二、铁道部所属的铁路运输企业自用的房产。

十三、在基建工地建造的为工地服务的各种临时性房屋，在施工期间可以免征房产税。

十四、房屋大修停用半年以上的，在大修期间可以免征房产税。

十五、廉租住房经营管理单位按照政府规定价格向规定对象出租廉租住房的收入，可以免征房产税；按照政府规定价格出租的公有住房和其他廉租住房的收入，可以暂免征收房产税；企业、事业单位、社会团体和其他组织按照市场价格向个人出租用于居住的住房的收入，个人出租住房的收入，可以减按4%的税率征收房产税。

十六、经过财政部批准可以免征房产税的其他房产。

除了上述规定以外，纳税人缴纳房产税确有困难的，可以由所在省（自治区、直辖市）人民政府确定，定期减税、免税。

纳税单位与免税单位共同使用的房屋，应当按照各自使用的部分划分，分别缴纳或者免纳房产税。

免税单位出租的房产和非本单位业务用的生产、经营用房产，应当缴纳房产税。

此外，房地产开发企业建造的商品房，在出售以前不征收房产税（已经使用和出租、出借者除外）。

7. 房产税的纳税期限和纳税地点是怎样规定的？

房产税按年征收，分期缴纳。具体纳税期限由各省、自治区和直辖市人民政府根据当地的实际情况确定。目前各地一般规定每个季度缴纳一次或者半年缴纳一次，每次征期规定为 15 天或者 1 个月。例如，北京市规定，纳税人全年应当缴纳的房产税分为两次缴纳，纳税期限分别为 4 月 1 日至 4 月 15 日和 10 月 1 日至 10 月 15 日。

纳税人自建的房屋，应当从建成之次月起缴纳房产税。

纳税人委托施工企业建设的房屋，应当从办理验收手续之次月起缴纳房产税；纳税人在办理验收手续以前已经使用或者出租、出借的新建房屋，应当按照规定缴纳房产税。

购置新建商品房，应当从房屋交付使用之次月起缴纳房产税；购置存量房屋，应当从办理房屋权属转移、变更登记手续，房地产权属登记机关签发房屋权属证书之次月起纳税；出租、出借房产，应当从交付出租、出借房产之次月起纳税；房地产开发企业自用、出租、出借本企业建造的商品房，应当从房屋使用或者交付之次月起纳税。

房产税由纳税人向房产所在地的税务机关缴纳。房产不在一地的纳税人，应当按照房产坐落的地点，分别向房产所在地的税务机关纳税。

八、城市房地产税

1. 什么是城市房地产税？

我国的城市房地产税是对城市房地产征收的一种税收。1951年 8 月 8 日，中央人民政府政务院公布《城市房地产税暂行条例》；

即日起施行。50 多年来，该条例的内容在执行中已经作了很大的调整。

城市房地产税由地方税务局负责征收管理，所得收入归地方政府所有。2006 年，城市房地产税收入仅为 93.3 亿元，约占当年我国税收总额的 0.3% 。

2. 城市房地产税的纳税人有哪些？

现在，城市房地产税仅适用于外商投资企业，外国企业，香港、澳门、台湾同胞和华侨投资兴办的企业，外国人，香港、澳门、台湾同胞和华侨等，而且仅对房产征税，具体征收地区由各省、自治区和直辖市人民政府根据当地的实际情况自行确定。

城市房地产税由产权所有人缴纳。房屋产权出典的，由承典人纳税；房屋产权所有人、承典人不在当地，房屋产权没有确定，房产租典纠纷没有解决的，由房产的代管人或者使用人代为纳税。

3. 城市房地产税的计税依据和税率是怎样规定的？

城市房地产税的计税依据分为两种：一种以房产价值为计税依据；另一种以出租房屋的租金收入为计税依据。

与计税依据相应，城市房地产税的税率也分为两种：按照房产价值计算应纳税额的，适用税率为 1.2% ；按照房租收入计算应纳税额的，适用税率为 18% 。

4. 城市房地产税的应纳税额怎样计算？

城市房地产税的应纳税额计算公式是：

应纳税额 = 计税依据 × 适用税率

例 1：某中外合资经营的饭店房产价值 9 000 万元，城市房地产税适用税率为 1.2% ，该饭店全年应纳城市房地产税税额的计算方法为：

应纳税额 = 9 000 万元 × 1.2%

　　　　 = 108 万元

例 2：某外商出租 1 座楼房，全年取得租金收入 2 000 万元，城市房地产税适用税率为18%，该外商此项收入应纳城市房地产税税额的计算方法为：

$$应纳税额 = 2\ 000\ 万元 \times 18\%$$
$$= 360\ 万元$$

<u>5. 城市房地产税的主要免税、减税规定有哪些？</u>

城市房地产税的主要免税、减税规定如下：

一、新建的房屋，可以从落成的月份起免征城市房地产税3年。

二、翻修房屋超过新建费用50%的，可以从竣工的月份起免征城市房地产税2年。

上述两项规定不适用于外商投资企业，香港、澳门、台湾同胞和华侨投资兴办的企业。

三、外国人，香港、澳门、台湾同胞和华侨购置的非营业用房产，可以暂免征收城市房地产税。

四、华侨、侨眷用侨汇购买、建造的房屋，可以从发给产权证之日起免征城市房地产税5年。

五、按照政府规定价格出租的廉租住房取得的收入，可以暂免征收城市房地产税；企业和其他组织按照市场价格向个人出租的用于居住的住房、个人出租住房取得的收入，可以减按4%的税率征收城市房地产税。

六、其他有特殊情况的房产，经过省级以上人民政府批准，可以减征、免征城市房地产税。例如，北京市规定，对在北京市拥有房产的外商投资企业，外国企业，外国人，香港、澳门、台湾同胞和华侨应当缴纳的城市房地产税予以减征30%的照顾。

<u>6. 城市房地产税的纳税期限和纳税地点是怎样规定的？</u>

城市房地产税由当地税务机关按年计征，由纳税人按照季度或者半年分期缴纳。具体纳税期限由当地税务机关根据实际情况确定。例如，北京市规定，纳税人全年应当缴纳的城市房地产税分为两次缴纳，纳税期限分别为4月1日至4月15日和10月1日至10月15日。

九、城镇土地使用税

1. 什么是城镇土地使用税?

我国的城镇土地使用税是为了促进合理使用城镇土地,适当调节城镇土地级差收入,对使用的城镇土地征收的一种税收。1988年9月27日,国务院发布《中华人民共和国城镇土地使用税暂行条例》,从同年11月1日起施行。2006年12月31日,国务院对该条例作了修改,同日公布,从2007年1月1日起施行。该暂行条例的实施办法由各省、自治区、直辖市人民政府自行制定。

城镇土地使用税由地方税务局负责征收管理,所得收入归地方政府所有。2006年,城镇土地使用税收入仅为176.8亿元,占当年我国税收总额的0.5%。

2. 城镇土地使用税的纳税人有哪些?

城镇土地使用税的纳税人包括在城市、县城、建制镇和工矿区范围以内使用土地的国有企业、集体企业、私营企业、股份制企业、外商投资企业、外国企业、其他企业、事业单位、社会团体、国家机关、部队、其他单位、个体工商户和其他个人。

城市的征税范围包括市区和郊区。

县城的征税范围为县人民政府所在地的城镇。

建制镇的征税范围由各省、自治区和直辖市地方税务局提出方案,报经当地省级人民政府批准以后执行,并报国家税务总局备案。

工矿区为工商业比较发达,人口比较集中,符合建制镇标准,但是尚未设镇的大中型工矿企业所在地。

应税土地包括规定的征税范围以内属于国家所有和集体所有的土地。

城镇土地使用税一般由土地使用权拥有者缴纳。拥有土地使用权的纳税人不在土地所在地的,由代管人或者实际使用人纳税。土地使用权没有确定或者权属纠纷没有解决的,由实际使用人纳税。

土地使用权共有的，由共有各方按照其实际使用土地的面积分别纳税。

3. 城镇土地使用税的税额标准是怎样规定的？

城镇土地使用税根据不同地区和各地经济发展状况实行等级幅度税额标准，税额标准表如下：

城镇土地使用税税额标准表

地 区	税 额 标 准
一、大城市	每平方米每年 1. 50 元至 30. 00 元
二、中等城市	每平方米每年 1. 20 元至 24. 00 元
三、小城市	每平方米每年 0. 90 元至 18. 00 元
四、县城、建制镇、工矿区	每平方米每年 0. 60 元至 12. 00 元

大城市、中等城市和小城市以公安部门登记在册的非农业正式户口人数为依据，按照国务院规定的标准划分：市区和郊区非农业人口总计超过 50 万的，为大城市；市区和郊区非农业人口总计超过 20 万不超过 50 万的，为中等城市；市区和郊区非农业人口总计不超过 20 万的，为小城市。

各省、自治区和直辖市人民政府可以在上列税额标准表规定的幅度以内，根据市政建设状况、经济繁荣程度等条件，确定所辖地区城镇土地使用税的税额标准幅度。例如，北京市将本市的土地划分为 6 个等级，1 级土地至 6 级土地的税额标准为每平方米每年 30 元、24 元、18 元、12 元、3 元和 1.5 元。贵州省规定：贵阳市土地的税额标准为每平方米每年 3 元至 30 元；遵义市和六盘水市土地的税额标准为每平方米每年 2.4 元至 24 元；安顺等 6 个城市土地的税额标准为每平方米每年 1.8 元至 18 元；其他县（市、区），建制镇，工矿区土地的税额标准为每平方米每年 1.2 元至 12 元。

县（市）级人民政府可以根据实际情况将本地区的土地划分为若干等级，在省级人民政府确定的城镇土地使用税税额标准幅度以内，制定相应的适用税额标准，报经省级人民政府批准以后执行。

经过省级人民政府批准，经济落后地区城镇土地使用税的税额标准可以适当降低，但是降低额不得超过法定最低税额标准的30%；经济发达地区城镇土地使用税的税额标准可以适当提高，但是必须报经财政部批准。

4. 城镇土地使用税的应纳税额怎样计算？

城镇土地使用税以纳税人实际占用的土地面积为计税依据，按照适用税额标准计算应纳税额。

纳税人实际占用的土地面积，指由省级人民政府确定的单位组织测定的土地面积。尚未组织测量，但是纳税人持有政府部门核发的土地使用证书的，以证书确定的土地面积为准。没有核发土地使用证书的，纳税人应当据实申报使用土地面积。

应纳税额计算公式：

应纳税额＝纳税人实际占用的土地面积×适用税额标准

例：某企业实际占用的土地面积为 2 万平方米，当地政府规定的城镇土地使用税适用税额标准为每平方米 20 元，该企业全年应纳城镇土地使用税税额的计算方法为：

应纳税额＝2 万平方米×20 元/平方米

　　　　＝40 万元

5. 城镇土地使用税的主要免税、减税规定有哪些？

下列土地可以免征城镇土地使用税：

一、国家机关、社会团体和部队自用的土地。

二、由国家财政部门拨付事业经费的单位自用的土地。

从 2004 年至 2008 年，在文化体制改革试点中，由财政部门拨付事业经费的文化单位转制为企业，其自用的土地可以免征城镇土地使用税。由于自然灾害等不可抗力或者承担国家指定任务而造成亏损的文化单位，经过批准，可以免征经营用土地的城镇土地使用税。

三、非营利性医疗机构、疾病控制机构和妇幼保健机构等机构自用的土地。

营利性医疗机构取得的收入直接用于改善医疗条件的，从其取得执业登记之日起 3 年以内，自用的土地也可以免征城镇土地使用税。

四、非营利性科研机构自用的土地。

五、符合规定的科学研究机构转为企业和进入企业，可以从转制注册之日起，7 年以内免征科研开发自用土地的城镇土地使用税。

六、宗教寺庙、公园和名胜古迹自用的土地（不包括其中附设的各类营业单位使用的土地，如在公园里设立的餐馆、茶社等）。

七、市政街道、广场和绿化地带等公共用地。

八、直接用于农业、林业、牧业和渔业的生产用地（不包括农副产品加工场地和生活、办公用地），水利设施及其护管用地。

九、经批准开山填海整治的土地和改造的废弃土地，从使用的月份起，可以免征城镇土地使用税 5 年至 10 年。

十、国家规定免征城镇土地使用税的能源、交通用地（主要涉及煤炭、石油、天然气、电力、铁路、民航、港口等类企业）和其他用地。

十一、政府部门、企业、事业单位、社会团体和个人投资兴办的福利性、非营利性老年服务机构自用的土地。

十二、企业办的学校、托儿所和幼儿园自用的土地。

十三、公益性未成年人校外活动场所自用的土地。

十四、个人出租住房用地，廉租住房、经济适用住房建设用地，廉租住房经营管理单位按照政府规定的价格向规定的对象出租的廉租住房用地。

开发商在经济适用住房、商品住房项目中配套建造廉租住房，在商品住房项目中配套建造经济适用住房，能够提供相关材料的，可以按照廉租住房、经济适用住房建筑面积占总建筑面积的比例，免征开发商应当缴纳的城镇土地使用税。

此外，个人所有的住房和院落用地，免税单位职工家属的宿舍用地，民政部门举办的安置残疾人员占一定比例的福利工厂用地，集体、个人举办的各类学校、医院、托儿所和幼儿园用地，由各省、自治区和直辖市地方税务局根据当地的实际情况决定是否征收城镇土地使用税。

下列土地可以暂免征收城镇土地使用税：

一、各类危险品仓库、厂房所需的防火、防爆和防毒等安全防范用地，经过省级地方税务局批准的；

二、企业范围内的荒山、林地和湖泊等占地，没有利用的；

三、企业搬迁以后，原有场地不使用的。

免税单位无偿使用纳税单位的土地（如公安机关、海关使用火车站、飞机场和港口等单位的土地），可以免征城镇土地使用税；纳税单位无偿使用免税单位的土地，应当征收城镇土地使用税。

纳税人缴纳城镇土地使用税确有困难，需要免税、减税的，报当地地方税务局审核，由所在省（自治区、直辖市、计划单列市）地方税务局审批。国家限制发展的行业、占地不合理的企业，一般不予免税、减税；国家不鼓励发展和因非客观原因发生纳税困难的，原则上也不予免税、减税。

6. 城镇土地使用税的纳税期限和纳税地点是怎样规定的？

城镇土地使用税按年计算，分期缴纳。具体纳税期限由各省、自治区和直辖市人民政府根据当地的实际情况确定。目前各地一般规定为每个季度缴纳一次或者半年缴纳一次，每次征期 15 天或者 1 个月。例如，北京市规定，纳税人全年应当缴纳的城镇土地使用税分为两次缴纳，纳税期限分别为 4 月 1 日至 4 月 15 日和 10 月 1 日至 10 月 15 日。

新征用的耕地，应当从批准征用之日起期满 1 年的时候开始缴纳城镇土地使用税；新征用的非耕地，应当从批准征用次月起纳税。

购置新建商品房，应当从房屋交付使用之次月起缴纳城镇土地使用税；购置存量房，应当从办理房屋权属转移、变更登记手续，房地产权属登记机关签发房屋权属证书之次月起纳税；出租、出借房产，应当从交付出租、出借房产之次月起纳税；房地产开发企业自用、出租和出借本企业建造的商品房，应当从房屋使用或者交付之次月起纳税。

以出让、转让方式有偿取得土地使用权的,应当由受让方从合同约定交付土地时间的次月起缴纳城镇土地使用税;合同没有约定交付土地时间的,应当由受让方从合同签订的次月起纳税。

城镇土地使用税一般应当向土地所在地的税务机关缴纳。纳税人使用的土地属于不同省(自治区、直辖市)管辖范围的,应当分别向土地所在地的税务机关纳税。在同一省(自治区、直辖市)管辖范围以内,纳税人跨地区使用的土地,由当地省级地方税务局确定纳税地点。

十、耕地占用税

1. 什么是耕地占用税?

我国的耕地占用税是为了加强土地管理,合理利用土地资源,保护农用耕地,对占用的耕地征收的一种税收。1987 年 4 月 1 日,国务院发布《中华人民共和国耕地占用税暂行条例》,即日起施行。2007 年 12 月 1 日,国务院对该条例作了修改,同日公布,从 2008 年 1 月 1 日起施行。2008 年 2 月 26 日,财政部、国家税务总局公布《中华人民共和国耕地占用税暂行条例实施细则》,即日起实施。

耕地占用税由地方税务局负责征收管理,所得收入归地方政府所有。2006 年,耕地占用税收入仅为 172.1 亿元,占当年中国税收总额的 0.5%。

2. 耕地占用税的纳税人、征税范围是怎样规定的?

耕地占用税的纳税人包括在我国境内占用耕地建房和从事其他非农业建设的国有企业、集体企业、私营企业、股份制企业、外商投资企业、外国企业、其他企业、事业单位、社会团体、国家机关、部队、其他单位、个体工商户和其他个人。

上述耕地,指用于种植农作物的土地;建房,指建设建筑物、构筑物。

在认定耕地占用税纳税人的时候,经申请批准占用耕地的,纳税人为农用地转用审批文件中标明的建设用地人；上述文件中没有标明建设用地人的，纳税人为用地申请人。没有批准占用耕地的，纳税人为实际用地人。

占用园地建房和从事其他非农业建设的，视同占用耕地征收耕地占用税。

占用以下农用地建房和从事其他非农业建设的，比照耕地占用税暂行条例的规定征收耕地占用税：

一、林地，包括有林地、灌木林地、疏林地、未成林地、迹地、苗圃等，不包括居民点内部的绿化林木用地，铁路、公路征地范围内的林木用地，河流、沟渠的护堤林用地。

二、牧草地，包括天然牧草地、人工牧草地。

三、农田水利用地，包括农田排灌沟渠和相应附属设施用地。

四、养殖水面，包括人工开挖和天然形成的用于水产养殖的河流、湖泊、水库、坑塘水面和相应附属设施用地。

五、渔业水域滩涂，包括专门用于种植、养殖水生动植物的海水潮浸地带和滩地。

建设直接为农业生产服务的生产设施占用上述农用土地的，农田水利占用耕地的，不征收耕地占用税。

上述直接为农业生产服务的生产设施，指直接为农业生产服务而建设的建筑物、构筑物，包括储存农用机具和种子、苗木、木材等农业产品的仓储设施，培育、生产种子、种苗的设施，畜禽养殖设施，木材集材道、运材道，农业科研、试验、示范基地，野生动植物保护、护林、森林病虫害防治、森林防火、木材检疫的设施，专为农业生产服务的灌溉排水、供水、供电、供热、供气、通信基础设施，农业生产者从事农业生产必需的食宿和管理设施，其他直接为农业生产服务的生产设施。

单位、个人因建设项目施工、地质勘查等需要，在一般不超过2年期间临时使用耕地，并且没有修建永久性建筑物的，也应当按照规定缴纳耕地占用税。纳税人在批准临时占用耕地的期限以内恢复所占用耕地原状的，可以全额退还已经缴纳的耕地占用税。

因污染、取土、采矿塌陷等损毁耕地的，比照上述临时占用耕地的情况，由造成损毁的单位、个人缴纳耕地占用税。

3. 耕地占用税的计税依据、税额标准是怎样规定的？

耕地占用税的计税依据为纳税人实际占用的耕地面积，核定的时候以农用地转用审批文件为主要依据，必要的时候应当实地勘测。纳税人实际占地面积大于批准占地面积的，按照实际占地面积计税；实际占地面积小于批准占地面积的，按照批准占地面积计税。

耕地占用税根据不同地区的人均耕地面积和经济发展情况实行有地区差别的幅度税额标准，税额标准表如下：

耕地占用税税额标准表

地区（以县级行政区域为单位）	税 额 标 准
一、人均耕地不超过 1 亩的地区	每平方米 10 元至 50 元
二、人均耕地超过 1 亩至 2 亩的地区	每平方米 8 元至 40 元
三、人均耕地超过 2 亩至 3 亩的地区	每平方米 6 元至 30 元
四、人均耕地超过 3 亩的地区	每平方米 5 元至 25 元

财政部、国家税务总局根据各地人均耕地面积和经济发展情况分别确定各省、自治区和直辖市的平均税额标准如下：上海市 45 元，北京市 40 元，天津市 35 元，江苏、浙江、福建、广东 4 省 30 元，辽宁、湖北、湖南 3 省 25 元，河北、安徽、江西、山东、河南、重庆、四川 7 省、市 22.5 元，广西、海南、贵州、云南、陕西 5 省、自治区 20 元，山西、吉林、黑龙江 3 省 17.5 元，内蒙古、西藏、甘肃、青海、宁夏、新疆 6 省、自治区 12.5 元。

各地根据耕地占用税暂行条例和财政部、国家税务总局确定的平均税额标准，经省级人民政府批准，确定县级行政区占用耕地的适用税额标准，并报财政部、国家税务总局备案。

各地的适用税额标准，由各省、自治区和直辖市人民政府根据本地区的情况，在上述税额标准表所列的税额标准幅度以内核定，但是不得低于财政部、国家税务总局规定的本地区的平均税额标准。

经济特区、经济技术开发区和经济发达且人均耕地特别少的地区，适用税额标准可以适当提高，但是提高的部分最高不得超过所在省（自治区、直辖市）人民政府规定的当地适用税额标准的50%。

占用基本农田的，适用税额标准应当在各省、自治区和直辖市人民政府规定的当地适用税额标准，或者经济特区、经济技术开发区和经济发达且人均耕地特别少的地区规定的当地适用税额标准的基础上提高50%。

占用林地、牧草地、农田水利用地、养殖水面、渔业水域滩涂等其他农用地建房和从事非农业建设的，适用税额标准可以适当低于当地占用耕地的适用税额标准，具体适用税额标准按照各省、自治区和直辖市人民政府的规定执行。

4. 耕地占用税的应纳税额怎样计算？

耕地占用税以纳税人实际占用的耕地面积为计税依据，按照适用税额标准计算应纳税额，一次性缴纳。

应纳税额计算公式：

应纳税额 = 纳税人实际占用的耕地面积 × 适用税额标准

例：某企业占用耕地1万平方米建设厂房，当地政府规定的耕地占用税适用税额标准为每平方米30元，该企业应纳耕地占用税税额的计算方法为：

应纳税额 = 1万平方米 × 30元/平方米

　　　　 = 30万元

5. 耕地占用税的主要免税、减税规定有哪些？

耕地占用税的主要免税、减税规定如下：

一、以下项目占用耕地，可以免征耕地占用税：

（一）军事设施，包括地上、地下的军事指挥、作战工程；军用机场、港口、码头；营区、训练场、试验场；军用洞库、仓库；军用通信、侦察、导航、观测台站和测量、导航、助航标志；军用公路、铁路专用线，军用通信、输电线路，军用输油、输水管道；

其他直接用于军事用途的设施。

（二）学校，包括县级以上人民政府教育行政部门批准成立的大学、中学、小学、学历性职业教育学校和特殊教育学校。校内经营性场所和教职工住房占用耕地的，不能免征耕地占用税。

（三）幼儿园，包括在县级以上人民政府教育行政部门登记或者备案的幼儿园用于幼儿保育、教育的场所。

（四）养老院，包括经批准设立的养老院为老年人提供生活照顾的场所。

（五）医院，包括县级以上人民政府卫生行政部门批准设立的医院用于提供医护服务的场所及其配套设施。医院内职工住房占用耕地的，不能免征耕地占用税。

二、以下项目占用耕地，可以减按每平方米 2 元的税额标准征收耕地占用税：

（一）铁路线路，包括铁路路基、桥梁、涵洞、隧道及其按照规定两侧留地。专用铁路和铁路专用线占用耕地的，应当按照当地的适用税额标准缴纳耕地占用税。

（二）公路线路，包括经批准建设的国道、省道、县道、乡道和属于农村公路的村道的主体工程以及两侧边沟、截水沟。专用公路和城区机动车道占用耕地的，应当按照当地的适用税额标准缴纳耕地占用税。

（三）飞机场跑道、停机坪，包括经批准建设的民用机场专门用于民用航空器起降、滑行和停放的场所。

（四）港口，包括经批准建设的港口供船舶进出、停靠和旅客上下、货物装卸的场所。

（五）航道，包括在江、河、湖泊、港湾等水域供船舶安全航行的通道。

根据实际需要，财政部、国家税务总局商国务院有关部门并报国务院批准以后，可以对上述情形免征、减征耕地占用税。

按照上述规定免征、减征耕地占用税以后，纳税人改变原占地用途，不再属于规定的免征、减征耕地占用税情形的，应当从改变占地用途之日起 30 天以内，按照改变占地用途的实际占地面积和当地的适用税额标准补缴耕地占用税。

三、农村居民经批准在户口所在地按照规定标准占用耕地，建设自用住宅，可以按照当地的适用税额标准减半征收耕地占用税。

农村居民经批准搬迁，原宅基地恢复耕种，凡新建住宅占用耕地不超过原宅基地面积的，不征收耕地占用税；超过原宅基地面积的，对超过部分按照当地的适用税额标准减半征收耕地占用税。

四、农村烈士家属、残疾军人、鳏寡孤独和革命老根据地、少数民族聚居区、边远贫困山区生活困难的农村居民，在规定用地标准以内新建住宅缴纳耕地占用税确有困难的，经所在地乡（镇）人民政府审核，报经县级人民政府批准以后，可以免征、减征耕地占用税。

上述农村烈士家属，包括农村烈士的父母、配偶和子女；革命老根据地、少数民族聚居地区和边远贫困山区生活困难的农村居民，其标准按照各省、自治区和直辖市人民政府的有关规定执行。

申报免征、减征耕地占用税的纳税人，应当在用地申请获得批准以后 30 天之内，向与批准其占用耕地的土地管理机关同级的地方税务机关提出免税、减税申报。由国务院或者国土资源部批准占用耕地的，由省级地方税务局办理免税、减税手续。

占用耕地 1 000 亩以上的耕地占用税的减免，地方税务机关应当在办理免税、减税手续完毕之日起 30 天以内报国家税务总局备案。占用耕地不足 1 000 亩的耕地占用税的减免，备案办法由省级地方税务局制定。

6. 耕地占用税的纳税期限、纳税地点是怎样规定的？

耕地占用税的纳税义务发生时间，经批准占用耕地的，为纳税人收到土地管理部门办理占用农用地手续通知的当天；未经批准占用耕地的，为纳税人实际占用耕地的当天。

纳税人占用耕地，应当在被占用耕地所在地申报缴纳耕地占用税。

土地管理部门在通知有关单位、个人办理占用耕地手续的时候，应当同时通知被占用耕地所在地的同级地方税务机关。获准占用耕地的单位、个人，应当在收到土地管理部门发出的上述通知之日起 30 天以内，向税务机关缴纳耕地占用税。土地管理部门凭税务机关开具的耕地占用税完税凭证或者免税凭证和其他有关文件发放建设用地批准书。

十一、契税

1. 什么是契税？

我国的契税是对被转移的土地、房屋权属征收的一种税收。

新中国征收契税始于建国初期。1997 年 7 月 7 日，国务院发布《中华人民共和国契税暂行条例》，从同年 10 月 1 日起施行。同年 10 月 28 日，财政部发布《中华人民共和国契税暂行条例细则》，与契税暂行条例同时施行。

契税由地方财政、税务机关负责征收管理，所得收入归地方政府所有，是地方政府税收收入的重要来源之一。2006 年，契税收入为 862.4 亿元，占当年我国税收总额的 2.4%。

2. 契税的纳税人有哪些？

契税的纳税人包括在我国境内转移土地、房屋权属时承受被转移土地、房屋权属的国有企业、集体企业、私营企业、外商投资企业、外国企业、其他企业、事业单位、社会团体、国家机关、部队、其他单位、个体工商户和其他个人。

上述转移土地、房屋权属，包括下列行为：

一、国有土地使用权出让；

二、土地使用权转让（包括出售、赠与和交换，不包括农村集体土地承包经营权的转移）；

三、房屋买卖、赠与和交换。

以下列方式转移土地、房屋权属的，视同土地使用权转让、房屋买卖和房屋赠与，也应当征收契税：

一、以土地、房屋权属作价投资、入股；

二、以土地、房屋权属抵偿债务；

三、以获奖的方式承受土地、房屋权属；

四、以预购方式、预付集资建房款的方式承受土地、房屋权属。

上述承受，是指以受让、购买、受赠和交换等方式取得土地、房屋权属的行为。

土地使用权交换、房屋交换、土地使用权与房屋交换，交换价格相等的，免征契税；交换价格不等的，由多交付货币、实物、无形资产和其他经济利益的一方缴纳契税。

3. 契税的计税依据是怎样规定的？

契税的计税依据主要分为3种情况：

一、国有土地使用权出让、土地使用权出售和房屋买卖，为成交价格（指土地、房屋权属转移合同确定的价格，包括承受者应当缴付的货币、实物、无形资产和其他经济利益）。

（一）出让国有土地使用权的，其契税的计税依据为承受人为取得该土地使用权而支付的全部经济利益。

1. 以协议方式出让国有土地使用权的，其契税的计税依据为成交价格，其中包括土地出让金、土地补偿费、安置补助费、地上附着物和青苗补偿费、拆迁补偿费、市政建设配套费等承受者应当支付的货币、实物、无形资产和其他经济利益。

没有成交价格或者成交价格明显偏低的，征收机关可以依次按照下列两种价格确定：一是评估价格，即由政府批准设立的房地产评估机构根据相同地段、同类房地产综合评定，并经当地税务机关确认的价格；二是土地基准地价，即由县以上人民政府公示的土地基准地价。

2. 以竞价方式出让国有土地使用权的，其契税的计税依据一般应当确定为竞价的成交价格，其中包括土地出让金、市政建设配套费和各种补偿费用。

（二）先以划拨方式取得国有土地使用权，后经批准改为以出让方式取得该土地使用权的，计税依据为应当补缴的土地出让金和其他出让费用。

土地使用者将土地使用权和所附建筑物、构筑物转让他人的，以转让的总价款为计税依据。

二、土地使用权赠与、房屋赠与，由征收机关参照土地使用权出售、房屋买卖的市场价格核定。

三、土地使用权交换、房屋交换，为所交换的土地使用权、房屋的价格的差额。

除了以协议方式出让国有土地使用权以外，上述成交价格明显低于市场价格并且无正当理由的，或者所交换土地使用权、房屋的价格的差额明显不合理并且无正当理由的，由征收机关参照市场价格核定。

此外，以划拨方式取得土地使用权的，在经过批准转让房地产的时候，应当由房地产转让者补缴契税，计税依据为房地产转让者补缴的土地使用权出让费或者土地收益。

4. 契税的税率是多少？应纳税额怎样计算？

契税实行 3% 至 5% 的幅度比例税率。各省、自治区和直辖市的具体适用税率，由当地省级人民政府根据本地区的实际情况，在上述规定的幅度以内确定，并报财政部和国家税务总局备案。目前，北京、天津、内蒙古、上海、浙江、福建、山东、广东、广西、海南、重庆、贵州、云南、陕西、甘肃、青海、宁夏、新疆 18 个省、自治区和直辖市均实行 3% 的税率；山西、江苏、安徽、江西、河南、湖北、湖南、四川 8 个省均实行 4% 的税率；河北、辽宁 2 个省对于个人购买普通住房实行 3% 的税率，对于其他项目实行 4% 的税率；吉林、黑龙江 2 个省对于个人购买住房实行 3% 的税率，对于其他项目实行 5% 的税率。西藏自治区目前没有开征此税。

应纳税额计算公式：

应纳税额 = 计税依据 × 适用税率

应纳税额以人民币计算。转移土地、房屋权属以人民币以外的货币结算的，应当先按照纳税义务发生之日的汇价折算成人民币，然后计算缴纳契税。

例1：某企业购买一块土地的使用权，成交价格为 2 000 万元，当地规定的契税适用税率为 3%，该企业应纳契税税额的计算方法为：

应纳税额 = 2 000 万元 × 3%

= 60 万元

例 2：公民何某与吴某交换房屋，何某向吴某支付价差 4 万元，当地规定的契税适用税率为 5%，何某应纳契税税额的计算方法为：

应纳税额 = 40 000 元 × 5%

= 2 000 元

5. 契税的主要免税、减税规定有哪些？

契税的主要免税、减税规定如下：

一、事业单位、社会团体国家机关和部队承受土地、房屋，用于办公、教学、医疗、科研和军事设施的；企业事业组织、社会团体、其他社会组织和公民个人经过有关主管部门批准，利用非国家财政性教育经费面向社会举办的教育机构，承受土地、房屋用于教学的，可以免征契税。

二、城镇职工经过县级以上人民政府批准，在国家规定的标准面积以内第一次购买公有住房的，可以免征契税。公有制单位为了解决职工住房以集资建房方式建造的普通住房和由单位购买的普通商品住房，经过当地县以上政府房改部门批准，按照国家房改政策出售给本单位职工的，如果属于职工第一次购买住房，可以比照上述规定免税。

三、已购公有住房经补缴土地出让金和其他出让费用成为完全产权住房的，可以免征土地权属转移的契税。

四、个人因拆迁重新购置住房的，购房成交价格中相当于拆迁补偿款的部分，可以免征契税。

五、由于不可抗力灭失住房而重新购买住房的，可以酌情减征、免征契税。

六、承受荒山、荒沟、荒丘和荒滩土地使用权，用于农业、林业、牧业和渔业生产的，可以免征契税。

七、按照我国有关法律和我国政府缔结、参加的国际条约、协定的规定应当免税的各国驻华使馆、领事馆，联合国驻华机构，外交代表、领事官员和其他人员，在我国境内承受土地、房屋权属的，经过外交部确认，可以免征契税。

八、土地、房屋被县级以上人民政府征用、占用以后，重新承受土地、房屋权属的，是否可以免征、减征契税，由各省、自治区和直辖市人民政府确定。

九、企业改制重组（包括公司制改造、股权重组、合并、分立、出售、关闭和破产等），可以按照规定免征、减征契税。

十、个人购买经济适用住房，可以减半征收契税；购买自用普通住宅，暂时可以减半征收契税。

十一、廉租住房经营管理单位购买住房作为廉租住房，经济适用住房经营管理单位回购经济适用住房继续作为经济适用住房房源的，可以免征契税。

十二、财政部规定的其他免征、减征契税的项目。

6. 契税的纳税期限和纳税地点是怎样规定的？

契税的纳税义务发生时间，为纳税人签订土地、房屋权属转移合同的当天，或者纳税人取得其他具有土地、房屋权属转移合同性质的凭证（如契约、协议、合约、单据和确认书等）的当天。

纳税人应当从纳税义务发生之日起 10 天以内，向土地、房屋所在地的契税征收机关办理纳税申报，并在该机关核定的期限以内缴纳税款。交易双方已经签订房屋买卖合同而最终未能成交的，办理期房退房手续以后可以退还已经缴纳的契税。

纳税人应当持契税完税或者免税、减税凭证和其他规定的文件、材料，依法向土地管理部门、房产管理部门办理有关土地、房屋权属变更登记手续。

符合免征、减征契税规定的纳税人，应当从签订土地、房屋权属转移合同之日起 10 天以内，向土地、房屋所在地的契税征收机关报送有关资料，申请办理免征、减征契税的手续。计税金额在 1 亿元以上的，由省级征收机关办理免税、减税手续。

契税的计税金额在 1 亿元以上的免税、减免，征收机关应当在办理免税、减税手续完毕之日起 30 天以内报国家税务总局备案。计税金额不足 1 亿元的契税的减免，备案办法由省级征收机关制定。

经过批准免征、减征契税的纳税人，改变有关土地、房屋的用途，不再属于规定的免税、减税范围的，应当补缴已经免征、减征的契税税款，其纳税义务发生时间为改变有关土地、房屋权属的当天。

十二、土地增值税

1. 什么是土地增值税？

我国的土地增值税是为了规范房地产市场交易秩序，适当调节土地增值收益，对转让房地产的增值额征收的一种税收。1993 年 12 月 13 日，国务院发布《中华人民共和国土地增值税暂行条例》，从 1994 年 1 月 1 日起施行。1995 年 1 月 27 日，财政部发布《中华人民共和国土地增值税暂行条例实施细则》，即日起施行。

土地增值税由地方税务局负责征收管理，所得收入归地方政府所有。2006 年，土地增值税收入仅为 231.5 亿元，占当年我国税收总额的 0.7%。

2. 土地增值税的纳税人有哪些？

土地增值税的纳税人包括以出售和其他方式有偿转让国有土地使用权、地上建筑物（包括地上、地下的各种附属设施）及其附着物（以下简称转让房地产）并取得收入的国有企业、集体企业、私营企业、外商投资企业、外国企业、股份制企业、其他企业、事业单位、社会团体、国家机关、其他单位、个体工商户和其他个人。

3. 土地增值税的计税依据是怎样规定的？

土地增值税以纳税人转让房地产取得的增值额为计税依据。

增值额为纳税人转让房地产取得的收入减除规定扣除项目金额以后的余额。

上述纳税人取得的收入包括转让房地产的全部价款和有关经济收益，形式上包括货币收入、实物收入和其他收入。

房地产开发企业将开发产品用于职工福利、奖励、对外投资、分配给股东者投资人、抵偿债务和换取其他单位、个人的非货币性资产等，发生所有权转移时应当视同销售房地产，其收入按照下列方法和顺序确认：

一、按照本企业在同一地区、同一年度销售的同类房地产的平均价格确定；

二、由税务机关参照当地当年、同类房地产的市场价格或者评估价值确定。

上述规定扣除项目包括：

一、纳税人为取得土地使用权所支付的地价款和按照国家统一规定交纳的有关费用。

二、开发土地和新建房及配套设施的成本，包括纳税人房地产开发项目实际发生的土地征用和拆迁补偿费、前期工程费、建筑安装工程费、房屋装修费、基础设施费、公共配套设施费和开发间接费用。

三、开发土地和新建房及配套设施的费用，包括与房地产开发项目有关的销售费用、管理费用和财务费用。此项费用扣除有一定的比例限制，具体比例由各省、自治区和直辖市人民政府根据当地的实际情况规定。

四、经过当地税务机关确认的旧房和建筑物的评估价格（指在转让已使用的房屋和建筑物的时候，由政府批准设立的房地产评估机构评定的重置成本价乘以成新度折旧率以后的价格）。

五、与转让房地产有关的税金，包括纳税人在转让房地产的时候缴纳的营业税、城市维护建设税和印花税，纳税人转让房地产的时候交纳的教育费附加可以视同税金扣除。

六、从事房地产开发的纳税人可以按照上述第一、二项金额之和加计 20% 的扣除额。

土地增值税以纳税人房地产成本核算的最基本的核算项目或者核算对象为单位计算。纳税人成片受让土地使用权以后分期分批开发、转让房地产的，其扣除项目金额可以按照转让土地使用权的面积占总面积的比例计算分摊，或者按照建筑面积计算分摊，或者按照税务机关确认的其他方式计算分摊。

如果纳税人转让房地产的成交价格低于房地产评估价格，并且没有正当的理由，或者隐瞒、虚报房地产成交价格，或者提供的扣除项目金额不真实，税务机关将按照房地产评估价格（指经过当地税务机关确认的、由政府批准设立的房地产评估机构根据相同地段、同类房地产综合评定的价格）计算征收土地增值税。

如果纳税人转让旧房和建筑物，不能取得评估价格，但是能够提供购房发票，经过当地税务机关确认，其为取得土地使用权所支付的金额和购房及配套设施的成本、费用的扣除，可以按照发票所载金额，从购买年度起至转让年度止，每年加计5%。纳税人购房的时候缴纳的契税可以扣除，但是不作为加计5%的基数。

如果纳税人转让旧房和建筑物，既不能取得评估价格，又不能提供购房发票，税务机关可以依法核定征税。

4. 土地增值税的税率是怎样规定的？

土地增值税实行4级超率累进税率，税率表如下：

土地增值税税率表

级数	计 税 依 据	税率（%）
一	增值额不超过扣除项目金额50%的部分	30
二	增值额超过扣除项目金额50%至100%的部分	40
三	增值额超过扣除项目金额100%至200%的部分	50
四	增值额超过扣除项目金额200%的部分	60

5. 土地增值税的应纳税额怎样计算？

在计算土地增值税应纳税额的时候，应当先用纳税人取得的房地产转让收入减除有关各项扣除项目金额，计算得出增值额。再按照增值额超过扣除项目金额的比例，分别确定增值额中各个部分的适用税率，依此计算各部分增值额的应纳土地增值税税额。各部分增值额应纳土地增值税税额之和，即为纳税人应纳的全部土地增值税税额。

应纳税额计算公式：

应纳税额＝∑（增值额×适用税率）

例：某企业出售楼房 1 栋，售价 6 000 万元，可以扣除的各项成本、费用和有关税金等共 3 000 万元，该企业应纳土地增值税税额的计算方法为：

增值额 ＝ 6 000 万元－3 000 万元

＝ 3 000 万元

应纳税额 ＝ 1 500 万元 ×30% ＋ 1 500 万元 ×40%

＝ 1 050 万元

另有一种简便计算方法，公式如下：

一、增值额不超过扣除项目金额 50% 的：

应纳税额 ＝ 增值额 ×30%

二、增值额超过扣除项目金额 50%，不超过 100% 的：

应纳税额 ＝ 增值额 ×40% －扣除项目金额 ×5%

三、增值额超过扣除项目金额 100%，不超过 200% 的：

应纳税额 ＝ 增值额 ×50% －扣除项目金额 ×15%

四、增值额超过扣除项目金额 200% 的：

应纳税额 ＝ 增值额 ×60% －扣除项目金额 ×35%

仍然以上述出售楼房的企业为例：

应纳税额 ＝ 3 000 万元 ×40% －3 000 万元 ×5%

＝ 1 050 万元

房地产开发企业有下列情形之一的，税务机关可以参照与其开发规模和收入水平相近的当地企业的土地增值税税负情况，按照不低于预征率的征收率核定征收土地增值税：

一、按照法律、行政法规的规定应当设置账簿但是没有设置账簿的；

二、擅自销毁账簿，拒不提供纳税资料的；

三、虽然设置账簿，但是账目混乱或者成本资料、收入凭证、费用凭证残缺不全，难以确定转让收入或者扣除项目金额的；

四、符合土地增值税清算条件，没有按照规定的期限办理清算手续，经税务机关责令限期清算，逾期仍然不清算的；

五、申报的计税依据明显偏低，又无正当理由的。

土地增值税税额以人民币为计算单位。纳税人转让房地产取得的收入为人民币以外的货币的，应当先按照取得收入当天或者当月1日的汇价折算成人民币，然后计算缴纳土地增值税。

6. 土地增值税的主要免税、减税规定有哪些?

下列项目经过纳税人申请，税务机关审批，可以免征土地增值税:

一、建造普通标准住宅（在各省、自治区和直辖市人民政府根据国务院办公厅的有关规定制定的标准范围以内从严掌握）出售，企业、事业单位、社会团体和其他组织转让旧房作为廉租住房、经济适用住房房源，增值额未超过各项规定扣除项目金额20%的。

二、由于城市实施规划、国家建设需要依法征用、收回的房地产。

三、由于城市实施规划、国家建设需要而搬迁，由纳税人自行转让的房地产。

四、个人之间互换自有居住用房地产的。

五、个人由于工作调动或者改善居住条件而转让原自用住房，在原住房居住满5年的，可以免征土地增值税;居住满3年不满5年的，可以减半征税。

下列项目可以暂免征收土地增值税:

一、以房地产进行投资、联营，投资、联营一方以房地产作价入股或者作为联营条件，将房地产转让到所投资、联营的企业中的，但是所投资、联营的企业从事房地产开发的和房地产开发企业以其建造的商品房进行投资、联营的除外;

二、合作建房，一方出土地，一方出资金，建成后按照比例分房自用的;

三、企业兼并，被兼并企业将房地产转让到兼并企业中的;

四、居民个人转让自有普通住宅。

7. 土地增值税的纳税期限和纳税地点是怎样规定的?

土地增值税的纳税人应当从房地产合同签订之日起7天以内向

房地产所在地的税务机关进行纳税申报，并提交房屋及建筑物产权、土地使用权证书，土地转让、房产买卖合同，房地产评估报告和其他有关资料，然后按照税务机关核定的税额和规定的期限缴纳土地增值税。

如果纳税人经常发生房地产转让，难以在每次转让以后申报缴纳土地增值税，可以按月或者按转让房地产所在省（自治区、直辖市和计划单列市）地方税务局规定的期限申报纳税。纳税人选择定期申报方式的，应当向转让房地产所在地的地方税务机关备案。定期申报方式确定以后，1年以内不得变更。

纳税人在项目全部竣工结算以前转让房地产取得的收入，由于各种原因无法据实计算土地增值税的，可以按照所在省（自治区、直辖市）地方税务局的规定预征税款，待项目全部竣工、办理结算以后清算，多退少补。具体办法由各省、自治区和直辖市地方税务局根据当地的情况制定。

土地增值税以国家有关部门审批的房地产开发项目为单位进行清算，对于分期开发的项目，以分期项目为单位清算。

开发项目中同时包括普通住宅和非普通住宅的，应分别计算增值额。

符合下列情形之一的，纳税人应当进行土地增值税的清算：

一、房地产开发项目全部竣工、完成销售的；

二、整体转让未竣工决算房地产开发项目的；

三、直接转让土地使用权的。

符合下列情形之一的，税务机关可以要求纳税人进行土地增值税清算：

一、已经竣工验收的房地产开发项目，已经转让的房地产建筑面积占整个项目可售建筑面积的比例在85%以上；或者该比例虽然没有超过85%，但是剩余的可售建筑面积已经出租或者自用的。

二、取得销售（预售）许可证期满3年仍然没有销售完毕的。

三、纳税人申请注销税务登记但是没有办理土地增值税清算手续的。

四、省级地方税务局规定的其他情况。

　　如果纳税人没有按照规定缴纳土地增值税或者办理免税、减税手续，土地管理部门和房产管理部门不能办理有关权属变更手续（如土地使用权登记和过户手续，发放《国有土地使用证》等）。

十三、资源税

1. 什么是资源税？

　　我国的资源税是为了保护和促进自然资源的合理开发与利用，适当调节自然资源级差收入，对自然资源征收的一种税收。

　　我国征收资源税始于 1984 年。1993 年 12 月 25 日，国务院发布《中华人民共和国资源税暂行条例》，从 1994 年 1 月 1 日起施行。1994 年 12 月 30 日，财政部发布《中华人民共和国资源税暂行条例实施细则》，与资源税暂行条例同时施行。

　　资源税分别由国家税务局和地方税务局负责征收管理，所得收入由中央政府与地方政府共享。2006 年，资源税收入仅为 207.0 亿元，占当年我国税收总额的 0.6%。

2. 资源税的纳税人有哪些？

　　资源税的纳税人包括在我国境内开采应税矿产品和生产盐的国有企业、集体企业、私营企业、股份制企业、外商投资企业、外国企业、其他企业、事业单位、社会团体、国家机关、部队、其他单位、个体工商户和其他个人。

　　独立矿山、联合企业和其他收购未税矿产品的单位、符合规定条件的个体工商户为资源税的扣缴义务人。

　　开采海洋石油资源的中国企业和外国企业，合作开采陆上石油资源的中国企业和外国企业，目前按照规定缴纳矿区使用费，暂不缴纳资源税。

　　目前，我国的资源税收入主要来自从事原油、煤炭、铁矿石、石灰石等矿产资源开采和生产盐的国有企业、集体企业、私营企业、股份制企业和个体经营者。

3. 资源税的税目有多少个? 税额标准是多少?

资源税的税目一共设有 7 个, 分产品类别从量定额计征, 都实行等级幅度税额标准:

一、原油。开采的天然原油征税, 人造石油不征税。税额标准为每吨 8 元至 30 元。

二、天然气。专门开采的天然气和与原油同时开采的天然气征税, 煤矿生产的天然气暂不征税。税额标准为每千立方米 2 元至 15 元。

三、煤炭。原煤征税, 洗煤、选煤和其他煤炭制品不征税。税额标准为每吨 0.3 元至 8 元。

四、其他非金属矿原矿。包括宝石、宝石级金刚石、玉石、膨润土、石墨、石英砂、萤石、重晶石、毒重石、蛭石、长石、沸石、滑石、白云石、硅灰石、凹凸棒石粘土、高岭土、耐火粘土、云母、大理石、花岗石、石灰石、菱镁矿、天然碱、石膏、硅线石、工业用金刚石、石棉、硫铁矿、自然硫和磷铁矿等。税额标准为每吨或者每立方米 0.5 元至 20 元。

五、黑色金属矿原矿。包括铁矿石、锰矿石和铬矿石。税额标准为每吨 2 元至 30 元。

六、有色金属矿原矿。包括铜矿石、铅锌矿石、铝土矿石、钨矿石、锡矿石、锑矿石、钼矿石、镍矿石和黄金矿石等。税额标准为每吨 0.4 元至 30 元。

七、盐。包括固体盐和液体盐。

(一) 固体盐, 包括海盐原盐、湖盐原盐和井矿盐。税额标准为每吨 10 元至 60 元。

(二) 液体盐 (卤水)。税额标准为每吨 2 元至 10 元。

资源税税目、税额幅度的调整, 由国务院决定。

4. 资源税纳税人具体适用的税额标准怎样确定?

资源税纳税人具体适用的税额标准, 由财政部商国务院有关部门, 根据纳税人所开采、生产应税产品的资源状况, 在税法规定的税额标准幅度以内确定, 并由财政部根据资源和开采条件等因素的变化情况定期适当调整。详见财政部制定的《资源税税目税额明细表》及其补充规定。

资源税税目、税额标准明细表

税 目	征收范围（等级）	税额标准	课税数量单位
一、原油	中国石油天然气股份有限公司大庆油田有限责任公司、新疆油田分公司、吐哈油田分公司、塔里木油田分公司、塔里木河南勘探公司、青海油田分公司，中国石油化工股份有限公司西北分公司	30.00 元	吨
	中国石油天然气股份有限公司华北油田分公司、长庆油田分公司，延长油矿管理局	28.00 元	吨
	中国石油天然气股份有限公司冀东油田分公司、大港油田分公司，中国石油化工股份有限公司江汉油田分公司、中原油田分公司，中国石化中原油气高新股份有限公司	24.00 元	吨
	中国石化胜利油田有限公司，中国石油天然气股份有限公司辽河油田分公司、吉林油田分公司，中国石油化工股份有限公司华东分公司、江苏油田分公司、河南油田分公司，吉林省境内的其他石油生产企业，山东省境内的胜利石油管理局所属石油生产企业	22.00 元	吨
	中国石油天然气股份有限公司西南油气田分公司、玉门油田分公司	18.00 元	吨
	其他石油开采企业	16.00 元	吨
	各企业的稠油、高凝油	14.00 元	吨
二、天然气	中国石油天然气股份有限公司西南油气田分公司	15.00 元	千立方米
	中国石油天然气股份有限公司大庆油田有限责任公司	14.00 元	千立方米
	中国石化胜利油田有限公司、中国石油天然气股份有限公司辽河油田分公司、山东省境内的胜利石油管理理局所属石油生产企业	13.00 元	千立方米

续表

税　　目	征收范围（等级）	税额标准	课税数量单位
二、天然气	中国石油天然气股份有限公司长庆油田分公司	12.00 元	千立方米
	中国石油天然气股份有限公司华北油田分公司、大港油田分公司、冀东油田分公司、新疆油田分公司、吐哈油田分公司、塔里木油田分公司、吉林油田分公司，中国石油化工股份有限公司中原油田分公司、河南油田分公司，中国石化中原油气高新股份有限公司，吉林省境内的其他天然气生产企业	9.00 元	千立方米
	其他天然气开采企业	7.00 元	千立方米
三、煤炭	北京市①	0.60 元	吨
	河北省	3.00 元	吨
	山西省	3.20 元	吨
	内蒙古自治区	3.20 元	吨
	辽宁省	2.80 元	吨
	吉林省	2.50 元	吨
	黑龙江省	2.30 元	吨
	江苏省	2.50 元	吨
	浙江省	0.50 元	吨
	安徽省	2.00 元	吨
	福建省	2.50 元	吨
	江西省	2.50 元	吨
	山东省	3.60 元	吨
	河南省②	4.00 元	吨
	湖北省	3.00 元	吨
	湖南省	2.50 元	吨
	广东省	3.60 元	吨
	广西壮族自治区	3.00 元	吨
	重庆市	2.50 元	吨
	四川省	2.50 元	吨
	贵州省	2.50 元	吨
	云南省③	2.50 元	吨
	陕西省	3.20 元	吨
	甘肃省	3.00 元	吨
	青海省	2.30 元	吨
	宁夏回族自治区	2.30 元	吨
	新疆维吾尔自治区④	0.50 元	吨
	焦煤	8.00 元	吨

续表

税　　目	征收范围（等级）	税额标准	课税数量单位
四、其他非金属矿原矿			
（一）宝石、宝石级金刚石		10.00 元	克拉
（二）玉石、膨润土		5.00 元	吨
（三）石墨、石英砂、萤石、重晶石、毒重石、蛭石、长石、沸石、滑石、白云石、硅灰石、凹凸棒石粘土、高岭土（瓷土）、耐火粘土、云母		3.00 元	吨
（四）大理石、花岗石		3.00 元至10.00 元	立方米
（五）石灰石		0.50 元至3.00 元	
（六）菱镁矿、天然碱、石膏、硅线石		2.00 元	吨
（七）工业用金刚石		2.00 元	克拉
（八）石棉	一等	2.00 元	吨
	二等	1.70 元	吨
	三等	1.40 元	吨
	四等	1.10 元	吨
	五等	0.80 元	吨
	六等	0.50 元	吨
（九）硫铁矿、自然碱、磷铁矿		1.00 元	吨
（十）未列举名称的其他非金属矿原矿		0.50 元至3.00 元	吨或立方米
五、黑色金属原矿			

税　　目	征收范围（等级）		税额标准	课税数量单位
（一）铁矿石	入选露天矿（重点矿山）	一等	16.50元	吨
		二等	16.00元	吨
		三等	15.50元	吨
		四等	15.00元	吨
		五等	14.50元	吨
		六等	14.00元	吨
	入选地下矿（重点矿山）	二等	15.00元	吨
		三等	14.50元	吨
		四等	14.00元	吨
		五等	13.50元	吨
		六等	13.00元	吨
	入炉露天矿（重点矿山）	一等	25.00元	吨
		二等	24.00元	吨
		三等	23.00元	吨
		四等	22.00元	吨
	入炉地下矿（重点矿山）	二等	23.00元	吨
		三等	22.00元	吨
		四等	21.00元	吨
	入选露天矿（非重点矿山）	二等	16.00元	吨
		四等	15.00元	吨
		五等	14.50元	吨
		六等	14.00元	吨
	入选地下矿（非重点矿山）	三等	11.50元	吨
		四等	11.00元	吨
		五等	10.50元	吨
		六等	10.00元	吨
	入炉露天矿（非重点矿山）	二等	23.00元	吨
		三等	22.00元	吨
		四等	21.00元	吨
	入炉地下矿（非重点矿山）	三等	21.00元	吨
		四等	20.00元	吨
（二）锰矿石			6.00元	吨
（三）铬矿石			3.00元	吨
六、有色金属矿原矿				
（一）铜矿石		一等	7.00元	吨
		二等	6.50元	吨
		三等	6.00元	吨
		四等	5.50元	吨
		五等	5.00元	吨

续表

税　目	征收范围（等级）		税额标准	课税数量单位
（二）铅锌矿石		一等	20.00元	吨
		二等	18.00元	吨
		三等	16.00元	吨
		四等	13.00元	吨
		五等	10.00元	吨
（三）铝土矿石		三等	20.00元	吨
（四）钨矿石		三等	9.00元	吨
		四等	8.00元	吨
		五等	7.00元	吨
（五）锡矿石		一等	1.00元	吨
		二等	0.90元	吨
		三等	0.80元	吨
		四等	0.70元	吨
		五等	0.60元	吨
（六）锑矿石		一等	1.00元	吨
		二等	0.90元	吨
		三等	0.80元	吨
		四等	0.70元	吨
		五等	0.60元	吨
（七）钼矿石		一等	8.00元	吨
		二等	7.00元	吨
		三等	6.00元	吨
		四等	5.00元	吨
		五等	4.00元	吨
（八）镍矿石		二等	12.00元	吨
		三等	11.00元	吨
		四等	10.00元	吨
		五等	9.00元	吨
（九）黄金矿石				
1. 岩金矿石		一等	7.00元	吨
		二等	6.00元	吨
		三等	5.00元	吨
		四等	4.00元	吨
		五等	3.00元	吨
		六等	2.00元	吨
		七等	1.50元	吨
2. 砂金矿石		一等	2.00元	50立方米挖出量
		二等	1.80元	50立方米挖出量
		三等	1.60元	50立方米挖出量
		四等	1.40元	50立方米挖出量
		五等	1.20元	50立方米挖出量

税　　目	征收范围（等级）	税额标准	课税数量单位
（十）钒矿石		12.00 元	吨
（十一）其他有色金属矿原矿		0.40 元至 3.00 元	吨
七、盐⑤	北方海盐	25.00 元	吨
	南方海盐、井矿盐、湖盐	12.00 元	吨
	液体盐	3.00 元	吨

注：

①现北京矿务局的煤炭税额标准为每吨 0.50 元。

②现焦作矿务局和鹤壁矿务局的煤炭税额标准为每吨 3.00 元，义马矿务局的煤炭税额标准为每吨 2.50 元。

③现该省富源县的煤炭税额标准为每吨 3.00 元。

④现乌鲁木齐矿务局和哈密矿务局的煤炭税额标准为每吨 0.30 元，艾维尔沟煤矿的煤炭税额标准为每吨 0.40 元。

⑤现规定，北方海盐的税额标准暂减为每吨 15 元，南方海盐、井矿盐、湖盐的税额标准暂减为每吨 10.00 元，液体盐的税额标准暂减为每吨 2.00 元，通过提取天然地下卤水晒制的海盐和生产的井矿盐，税额标准暂为每吨 20 元、12 元。

上表中没有列举名称的其他非金属矿原矿和其他有色金属矿原矿，由所在省（自治区、直辖市）人民政府决定征收或者缓征资源税。例如，云南省对地下热水和矿泉水开征了资源税，四川省对汞矿、稀土矿等开征了资源税，浙江省对建筑用石开征了资源税。

应税矿产品等级的划分，按照财政部制定的《几个主要品种的矿山资源等级表》确定。该表中没有列举名称的纳税人适用的资源税税额标准，由所在省（自治区、直辖市）人民政府根据纳税人的资源状况，参照该表和《资源税税目税额明细表》中确定的邻近矿山的税额标准，在浮动 30% 的幅度以内核定。

5. 资源税的应纳税额怎样计算？

资源税以应税产品的课税数量为计税依据，按照适用税额标准计算应纳税额。

应纳税额计算公式：

应纳税额 = 应税产品课税数量 × 适用税额标准

资源税应税产品的课税数量规定如下：

一、纳税人开采或者生产应税产品销售的，以销售数量为课税数量。

二、纳税人开采或者生产应税产品自用的，以自用数量为课税数量。

例1：某煤矿本月销售煤炭300万吨，资源税适用税额标准为每吨2元，该煤矿本月应纳资源税税额的计算方法为：

应纳税额 = 300万吨 × 2元/吨

= 600万元

例2：某天然气田本月销售天然气3 000万立方米，资源税适用税额标准为每千立方米9元，该天然气田本月应纳资源税税额的计算方法为：

应纳税额 = 3 000万立方米 × 9元/千立方米

= 27万元

如果纳税人开采、生产适用不同资源税税目的应税产品，应当分别核算不同税目应税产品的课税数量。如果纳税人不分别核算或者不能准确地提供其不同税目应税产品的课税数量，税务机关在征收资源税的时候，适用税额标准从高。

纳税人不能准确提供应税产品销售数量、移送使用数量的，以其应税产品的产量或者按照税务机关确定的折算比换算成的数量为课税数量，据以征收资源税。

6. 资源税的主要免税、减税规定有哪些？

资源税的主要免税、减税规定如下：

一、开采原油过程中用于加热、修井的原油，可以免征资源税。

二、纳税人在开采、生产应税产品过程中由于意外事故、自然灾害等原因遭受重大损失的，可以由所在省（自治区、直辖市）人民政府酌情给予免征、减征资源税照顾。

三、冶金独立矿山、联合企业矿山生产的铁矿石可以减征40%的资源税。

四、国务院规定的其他免征、减征资源税的项目。

对于纳税人的免征、减征资源税项目，应当单独核算其课税数量。如果纳税人不单独核算或者不能准确地提供其免税、减税项目的课税数量，税务机关将不予办理免税、减税。

7. 资源税的纳税义务发生时间是怎样规定的？

纳税人销售应税产品的资源税纳税义务发生时间，根据其结算方式的不同分为以下几种情况：

一、采取分期收款结算方式的，为销售合同规定的收款日期的当天；

二、采取预收货款结算方式的，为发出应税产品的当天；

三、采取其他结算方式的，为收讫销售款或者取得索取销售款凭据的当天。

纳税人自产自用应税产品的资源税纳税义务发生时间，为移送使用应税产品的当天。

扣缴义务人代扣代缴资源税税款义务发生时间，为支付首笔货款或者首次开具应支付货款凭据的当天。

8. 资源税的纳税期限是怎样规定的？

资源税的纳税期限，由税务机关根据实际情况分别核定为1天、3天、5天、10天、15天和1个月。纳税人不能按照固定期限计算纳税的，可以按次计算纳税。

纳税人以1个月为一期缴纳资源税的，应当从期满之日起10天以内申报纳税；以1天、3天、5天、10天、15天为一期纳税的，应当从期满之日起5天以内预缴税款，于次月1日起10天以内申报纳税，并结清上月税款。

扣缴义务人解缴资源税税款的期限，比照上述规定执行。

9. 资源税的纳税地点是怎样规定的？

纳税人应纳的资源税，应当向应税产品的开采、生产所在地的税务机关缴纳。

纳税人在本省（自治区、直辖市）范围以内开采、生产应税产品，其资源税纳税地点需要调整的，由本省（自治区、直辖市）地方税务局根据实际情况决定。

跨省（自治区、直辖市）开采应税产品的单位，其下属生产单位与核算单位不在同一省（自治区、直辖市）的，应当在开采地缴纳资源税，应纳税款由独立核算、自负盈亏的单位按照开采地的实际销售量或者自用数量和适用的税额标准计算划拨。

扣缴义务人代扣代缴的资源税，应当向收购地的税务机关缴纳。

十四、车船税

1. 什么是车船税？

我国的车船税是对车辆和船舶征收的一种税收。对车辆和船舶征税也是各国地方政府通常的做法。

新中国对车船征税始于建国初期。2006 年 12 月 29 日，国务院公布《中华人民共和国车船税暂行条例》，从 2007 年 1 月 1 日起施行。2007 年 2 月 1 日，财政部、国家税务总局公布《中华人民共和国车船税暂行条例实施细则》，即日起施行。

车船税由地方税务局负责征收管理，所得收入归地方政府所有。

2. 车船税的纳税人有哪些？

车船税的纳税人为在中国境内的车辆和船舶的所有人或者管理人，包括国有企业、集体企业、私营企业、外商投资企业、外国企业、股份制企业、其他企业、事业单位、社会团体、国家机关、部队、其他单位、个体工商户和其他个人。

车辆、船舶的所有人或者管理人未缴纳车船税的，使用人应当代为缴纳车船税。

从事机动车交通事故责任强制保险业务的保险机构为机动车车船税的扣缴义务人，应当依法代收代缴车船税。

按照规定不需要投保机动车交通事故责任强制保险、但是属于车船税征税范围的车辆，由地方税务机关征收车船税。

上述车辆、船舶，是指依法应当在公安、交通、农业、渔业和军事等依法具有车辆、船舶管理职能的部门登记的车辆和船舶。

3. 车船税的税目和税额标准是怎样规定的？

在计征车船税的时候，载客汽车、摩托车的计税单位为辆，载货汽车、三轮车和低速货车的计税单位为自重吨位，船舶的计税单位为净吨位，税目、税额标准表如下：

车船税税目、税额标准表

税　　目	计税单位	税额标准	备　　注
一、载客汽车 1. 大型客车 2. 中型客车 3. 小型客车 4. 微型客车	辆	每辆每年 60 元至 660 元 每辆每年 480 元至 660 元 每辆每年 420 元至 660 元 每辆每年 360 元至 660 元 每辆每年 60 元至 480 元	包括电车 核定载客 20 人以上 核定载客 10 人至 19 人 核定载客 9 人以下 排气量 1 升以下
二、载货汽车	自重吨位	每吨每年 16 元至 120 元	包括半挂牵引车、挂车和客货两用汽车
三、三轮汽车和低速货车	自重吨位	每吨每年 24 元至 120 元	
四、摩托车	辆	每辆每年 36 元至 180 元	
五、专项作业车和轮式专用机械车	自重吨位	每吨每年 16 元至 120 元	
六、船舶 1. 净吨位 200 吨以下的 2. 净吨位 201 吨至 2 000 吨的 3. 净吨位 2 001 吨至 10 000 吨的 4. 净吨位 10 001 吨以上的	净吨位 净吨位 净吨位 净吨位	每吨每年 3 元 每吨每年 4 元 每吨每年 5 元 每吨每年 6 元	拖船、非机动驳船的税额标准按船舶税税标准的 50% 计算

车辆的具体适用税额标准由各省、自治区和直辖市人民政府在规定的税额标准幅度以内确定。专项作业车和轮式专用机械车的具体适用税额标准由各省、自治区和直辖市人民政府参照载货汽车的税额标准在规定的幅度以内确定。例如：北京市人民政府规定的大型客车、中型客车、小型客车和微型客车的税额标准分别为每辆每

年 600 元、540 元、480 元和 300 元，载货汽车、专项作业车和轮式专用机械车的税额标准为每吨（自重吨位）96 元，三轮汽车、低速货车的税额标准为每吨（自重吨位）60 元，摩托车的税额标准为每辆每年 120 元。新疆维吾尔自治区人民政府规定的大型客车、中型客车、小型客车和微型客车的税额标准分别为每辆每年 480 元、420 元、360 元和 240 元，载货汽车、三轮汽车、低速货车、专项作业车和轮式专用机械车的税额标准为每吨（自重吨位）60 元，摩托车的税额标准为每辆每年 60 元。

车船税涉及的核定载客人数、自重吨位、净吨位和马力等数据，以车辆、船舶管理部门核发的车船登记证书或者行驶证书相应项目所载的数据为准。纳税人没有按照规定到车辆、船舶管理部门办理登记手续的，上述数据以车辆、船舶出厂合格证明或者进口凭证相应项目所载的数据为准；不能提供车辆、船舶出厂合格证明或者进口凭证的，由税务机关根据车辆、船舶的状况并参照同类车辆、船舶核定。

车辆自重尾数不超过 0.5 吨的，按照 0.5 吨计算；超过 0.5 吨的，按照 1 吨计算。船舶净吨位尾数不超过 0.5 吨的不予计算，超过 0.5 吨的按照 1 吨计算。1 吨以下的小型车辆和船舶，一律按照 1 吨计算。

拖船在计征车船税的时候按照发动机功率折合净吨位，2 马力折合 1 吨。

4. 车船税的应纳税额怎样计算？

车船税以应纳税车辆的数量或者自重吨位和应纳税船舶净吨位为计税依据，按照规定的适用税额标准计算应纳税额。

应纳税额计算公式：

一、应纳税额＝应纳税车辆数量或者自重吨位×适用税额标准

二、应纳税额＝应纳税船舶净吨位×适用税额标准

例 1：某出租汽车公司拥有小型客车 50 辆、大型客车 10 辆，当地规定这两种汽车车船税的年税额标准分别为每辆 500 元和 600 元，该公司全年应纳车船税税额的计算方法为：

应纳税额＝50 辆×500 元/辆＋10 辆×600 元/辆

=31 000 元

例2：某航运公司拥有净吨位为 2 000 吨、9 000吨的轮船各 10 艘，这两种船车船税的年税额标准分别为每吨 4 元和 5 元，该公司全年应纳车船税税额的计算方法为：

应纳税额 = 2 000 吨 × 4 元/吨 × 10 + 9 000 吨 × 5 元/吨 × 10

=530 000 元

5. 哪些车辆、船舶可以免征车船税？

下列车辆、船舶可以免征车船税：

一、非机动车辆、船舶（不包括非机动驳船）；

二、符合规定的残疾人机动轮椅车、电动自行车；

三、拖拉机；

四、捕捞、养殖渔船；

五、军队、武装警察部队专用的车辆和船舶；

六、公安机关、国家安全机关、监狱、劳动教养管理机关、人民法院和人民检察院领取警用牌照的车辆和执行警务的专用船舶；

七、按照有关规定已经缴纳船舶吨税的船舶；

八、按照我国有关法律和我国缔结、参加的国际条约的规定应当免税的外国驻华使馆、领事馆和国际组织驻华机构及其有关人员的车辆和船舶。

此外，各省、自治区和直辖市人民政府可以根据当地实际情况，对城市、农村公共交通车辆和船舶给予定期减税、免税。例如，湖北省人民政府规定，农村客运车船、摩托车和符合规定条件的城市公共交通车船，可以暂免征收车船税。

6. 车船税的纳税期限和纳税地点是怎样规定的？

车船税的纳税义务发生时间，为车辆、船舶管理部门核发的车船登记证书、行驶证书所记载日期的当月。

纳税人没有按照规定到车辆、船舶管理部门办理应税车辆、船舶登记手续的，以车辆、船舶购置发票所载开具时间的当月作为车船税的纳税义务发生时间。没有办理车辆、船舶登记手续，且无法提供车辆、船舶购置发票的，由税务机关核定纳税义务发生时间。

购置的新车辆、船舶，购置当年的应纳车船税税额从纳税义务发生的当月起按月计算。计算公式为：

应纳税额＝全年应纳税额÷12×应纳税月份数

在一个纳税年度以内，已经完税的车辆、船舶被盗抢、报废、灭失的，纳税人可以凭有关管理机关出具的证明和完税证明，向纳税所在地的税务机关申请退还从车辆、船舶被盗抢、报废、灭失月份起至本纳税年度终了期间的税款。

已经办理退税的被盗抢车辆、船舶，失而复得的，纳税人应当从公安机关出具相关证明的当月起计算缴纳车船税。

车船税按年申报缴纳，具体申报纳税期限由各省、自治区和直辖市人民政府确定。

车船税的纳税地点，由各省、自治区和直辖市人民政府根据当地实际情况确定。

跨省、自治区、直辖市使用的车辆和船舶，纳税地点为车辆和船舶的登记地。

由扣缴义务人代收代缴机动车车船税的，纳税人应当在购买机动车交通事故责任强制保险的同时缴纳车船税，购置当年的应纳税款从购买上述保险的当月起至该年度终了按月计算。

境外机动车临时入境、机动车临时上道路行驶、机动车距规定的报废期限不足1年而购买短期机动车交通事故责任强制保险的，车船税从上述保险的有效期起始日的当月至截止日的当月按月计算。

从2008年7月1日起，扣缴义务人在代收代缴车船税的时候，应当根据纳税人提供的前次机动车交通事故责任强制保险单，查验纳税人以前年度缴纳车船税的情况。纳税人以前年度没有缴纳车船税的，扣缴义务人应当在代收代缴其本年度应纳车船税的同时代收代缴以前年度其未缴的车船税，并从前次机动车交通事故责任强制保险单到期日的次日起至购买本年度机动车交通事故责任强制保险的当日止，按日加收应纳车船税税款万分之五的滞纳金。

已经完税或者按照规定免征、减征车船税的车辆，纳税人在购买机动车交通事故责任强制保险的时候，应当向扣缴义务人提供税务机关出具的本年度车船税的完税凭证或者减税、免税证明。不能提供完税凭证或者减税、免税证明的，应当按照规定缴纳车船税。

扣缴义务人应当及时解缴代收代缴的车船税税款，并向税务机关申报。扣缴义务人解缴车船税税款的具体期限，由各省、自治区和直辖市地方税务机关依法确定。

十五、印花税

1. 什么是印花税？

印花税是对经济活动中书立、领受的凭证征收的，是国际上常见的一种税收。

新中国征收印花税始于建国初期。1988 年 8 月 6 日，国务院发布《中华人民共和国印花税暂行条例》，从同年 10 月 1 日起施行。同年 9 月 29 日，财政部发布《中华人民共和国印花税暂行条例实施细则》，与印花税暂行条例同时施行。

印花税分别由国家税务局和地方税务局负责征收管理，所得收入由中央政府与地方政府共享。2006 年，印花税收入为 376.6 亿元，占当年我国税收总额的 1.1%。

2. 印花税的纳税人有哪些？

印花税的纳税人包括在我国境内书立、领受规定的经济凭证的国有企业、集体企业、私营企业、外商投资企业、外国企业、股份制企业、其他企业、事业单位、社会团体、国家机关、部队、其他单位、个体工商户和其他个人。其中，各类合同以立合同人为纳税人，产权转移书据以立据人为纳税人，营业账簿以立账簿人为纳税人，权利、许可证照以领受人为纳税人。以电子形式签订的应税凭证也应当按照规定缴纳印花税。

3. 印花税的税目有多少个？税率（税额标准）是多少？

印花税的税目一共设有 14 个，根据应纳税凭证性质的不同，分别采用比例税率和固定税额标准，税目、税率（税额标准）表如下：

印花税税目、税率（税额标准）表

税　目	征收范围	税率（税额标准）	纳税人	说明
一、购销合同	包括供应、预购、采购、购销结合及协作、调剂、补偿、易货等合同	按购销金额0.3‰贴花	立合同人	
二、加工承揽合同	包括加工、定做、修缮、修理、印刷、广告、测绘、测试等合同	按加工或承揽收入0.5‰贴花	立合同人	
三、建设工程勘察设计合同	包括勘察、设计合同	按收取费用0.5‰贴花	立合同人	
四、建筑安装工程承包合同	包括建筑、安装工程承包合同	按承包金额0.3‰贴花	立合同人	
五、财产租赁合同	包括租赁房屋、船舶、飞机、机动车辆、机械、器具、设备等合同	按租赁金额1‰贴花；税额不足1元的，按1元贴花	立合同人	
六、货物运输合同	包括民用航空运输、铁路运输、海上运输、内河运输、公路运输和联运合同	按运输费用0.5‰贴花	立合同人	单据作为合同使用的，按合同贴花
七、仓储保管合同	包括仓储、保管合同	按仓储、保管费用1‰贴花	立合同人	仓单或栈单作为合同使用的，按合同贴花
八、借款合同	银行及其他金融组织和借款人（不包括银行同业拆借）所签订的借款合同	按借款金额0.05‰贴花	立合同人	单据作为合同使用的，按合同贴花
九、财产保险合同	包括财产、责任、保证、信用等保险合同	财产保险合同按保费收入1‰贴花，责任、保证和信用保险合同暂按定额5元贴花	立合同人	单据作为合同使用的，按合同贴花

续表

税　目	征收范围	税率（税额标准）	纳税人	说明
十、技术合同	包括技术开发、转让、咨询、服务等合同	按合同所载金额0.3‰贴花	立合同人	
十一、产权转移书据	包括财产所有权和版权、商标专用权、专利权、专有技术使用权等产权转移书据，土地使用权出让、转让合同和商品房销售合同	按书据所载金额0.5‰贴花	立据人	
十二、营业账簿	生产、经营用账册	记载资金的账簿，按实收资本和资本公积的合计金额0.5‰贴花其他账簿按件贴花，每件5元	立账簿人	
十三、权利、许可证照	包括政府部门发给的房屋产权证、工商营业执照、商标注册证、专利证、土地使用证	按件贴花，每件5元	领受人	
十四、股票转让	股份制企业向社会公开发行的股票，因买卖、继承、赠与所书立的股权转让书据	按成交价格3‰计征	交易双方	

4. 印花税的应纳税额怎样计算?

印花税以应纳税凭证所记载的金额、费用、收入额和凭证的件数为计税依据，按照适用税率或者适用税额标准计算应纳税额。

应纳税额计算公式：

一、应纳税额＝应纳税凭证记载的金额（费用、收入额）×适用税率

二、应纳税额＝应纳税凭证的件数×适用税额标准

例1：甲、乙两家企业签订一份购销合同，购销金额为1 000万

元，印花税适用税率为 0.3‰，两家企业分别应纳印花税税额的计算方法为：

应纳税额 = 10 000 000 元 × 0.3‰

　　　　 = 3 000 元

例 2：某企业除资金账簿外的其他生产、经营账簿和各种权利、许可证照共有 40 件，印花税适用税额标准为每件 5 元，这些账簿、证照应纳印花税总额的计算方法为：

应纳税额 = 40 件 × 5 元/件

　　　　 = 200 元

印花税应纳税凭证所载金额为人民币以外的货币的，应当先按照凭证书立当天的汇价折算成人民币，然后计算缴纳印花税。

印花税应纳税额不足 1 角的，免税。应纳税额在 1 角以上的，其尾数不满 5 分的不计，满 5 分的按照 1 角计算缴纳。

同一件应纳税凭证，由于载有两个以上经济事项而适用不同的印花税税目、税率，如果分别记载金额，应当分别计算应纳印花税税额，相加以后按照合计应纳税额纳税；如果没有分别记载金额，按照税率高的税目计算纳税。

已经缴纳印花税的凭证，修改以后所载金额增加的，其增加的部分应当补贴印花税票。

5. 对股票转让怎样征收印花税？

根据国务院的专门规定，股份制企业向社会公开发行的股票，因买卖、继承、赠与所书立的股权转让书据，均应当按照书据书立的时候证券市场当天实际成交价格计算的金额，由立据双方当事人分别按照 3‰的税率缴纳印花税。

例：郑某在证券交易所购买某上市公司发行的股票 5 000 股，每股售价 10 元，郑某应纳股票交易印花税税额的计算方法为：

应纳税额 = 5 000 股 × 10 元/股 × 3‰

　　　　 = 150 元

办理股权交割的单位应当代征代缴印花税。

6. 哪些凭证可以免征印花税?

下列凭证可以免征印花税:

一、已经缴纳印花税的凭证的副本、抄本,但是视同正本使用者除外;

二、财产所有人将财产赠给政府、扶养孤老伤残人员的社会福利单位、学校所立的书据;

三、国家指定的收购部门与村民委员会、农民个人书立的农副产品收购合同;

四、无息、贴息贷款合同;

五、外国政府、国际金融组织向我国政府、国家金融机构提供优惠贷款所书立的合同;

六、企业因改制而签订的产权转移书据;

七、个人出租、承租住房签订的租赁合同,廉租住房、经济适用住房经营管理单位与廉租住房、经济适用住房有关的凭证,廉租住房承租人、经济适用住房购买人与廉租住房、经济适用住房有关的凭证。

开发商在经济适用住房、商品住房项目中配套建造廉租住房,在商品住房项目中配套建造经济适用住房,能够提供相关材料的,可以按照廉租住房、经济适用住房建筑面积占总建筑面积的比例,免征开发商应当缴纳的印花税。

下列项目可以暂免征收印花税:

一、农林作物、牧业畜类保险合同;

二、书、报、刊发行单位之间,发行单位与订阅单位、个人之间书立的凭证;

三、投资者买卖证券投资基金单位;

四、经国务院和省级人民政府决定或者批准进行政企脱钩、对企业(集团)进行改组和改变管理体制、变更企业隶属关系、国有企业改制、盘活国有企业资产,发生的国有股权无偿划转行为。

7. 印花税的纳税方式是怎样规定的？

印花税一般实行由纳税人根据税法规定自行计算应纳税额，购买并一次贴足印花税（通常简称"贴花"）的缴纳方法。

应纳税凭证应当在合同签订、书据书立、账簿启用和证照领受的时候贴花。

一份凭证应纳税额超过 500 元的，纳税人应当向当地税务机关申请填写缴款书或者完税证，将其中一联粘贴在凭证上；或者由税务机关在凭证上加注完税标记代替贴花。

同类应纳税凭证需要频繁贴花的，纳税人可以根据实际情况自行决定是否采用按期汇总缴纳印花税的方式。汇总纳税的期限为 1 个月。采用按期汇总纳税方式的纳税人应当事先告之税务机关。纳税方式确定以后 1 年之内不得改变。

同一件应纳税凭证，由两方以上当事人（指对凭证有直接权利、义务关系的企业、单位和个人）签订并各执 1 份的，应当由各方就自己所执的 1 份凭证全额贴花。

当事人的代理人有代理缴纳印花税的义务。

印花税票应当粘贴在应纳税凭证上，并由纳税人在每枚税票的骑缝处盖戳注销或者画销。

十六、城市维护建设税

1. 什么是城市维护建设税？

我国的城市维护建设税是为了扩大和稳定城市维护建设资金的来源，加强城市的维护建设而征收的一种税收。1985 年 2 月 8 日，国务院发布《中华人民共和国城市维护建设税暂行条例》，从同年 1 月 1 日起施行。该条例的实施细则由各省、自治区、直辖市人民政府自行制定。

城市维护建设税分别由国家税务局和地方税务局负责征收管理，所得收入由中央政府与地方政府共享，是地方政府税收收入的重要来源之一。2006 年，城市维护建设税收入为 939.7 亿元，占当年我国税收总额的 2.6% 。

2. 城市维护建设税的纳税人有哪些？

城市维护建设税的纳税人包括缴纳增值税、消费税、营业税的国有企业、集体企业、私营企业、股份制企业、其他企业、事业单位、社会团体、国家机关、部队、其他单位、个体工商户和其他个人；增值税、消费税、营业税的扣缴义务人也是城市维护建设税的扣缴义务人。上述纳税人、扣缴义务人不包括外商投资企业、外国企业和外国人。

3. 城市维护建设税的税率是怎样规定的？

城市维护建设税按照纳税人所在地实行差别税率，税率表如下：

城市维护建设税税率表

地　　区	税率（%）
一、市区	7
二、县城、建制镇	5
三、其他地区	1

4. 城市维护建设税的应纳税额怎样计算？

城市维护建设税一般以纳税人实际缴纳的增值税、消费税、营业税税额为计税依据，按照规定的适用税率计算应纳税额，分别与上述 3 种税收同时缴纳。

应纳税额计算公式：

应纳税额 = 计税依据 × 适用税率

例：北京市海淀区某国有企业本月共缴纳增值税、营业税 200 万元，城市维护建设税适用税率为 7% ，该企业本月应纳城市维护建设税税额的计算方法为：

应纳税额 = 200 万元 × 7%

　　　　 = 14 万元

特殊规定：生产企业出口货物经税务机关批准免征、抵扣的增值税，也应当计征城市维护建设税。

5. 城市维护建设税的主要免税、减税规定有哪些？

城市维护建设税的主要免税、减税规定如下：

一、城市维护建设税随同增值税、消费税、营业税征收、减免。对由于免征、减征增值税、消费税和营业税而发生的退税，同时退还已经缴纳的城市维护建设税。

二、海关对进口货物征收增值税、消费税的时候，不征收城市维护建设税。

三、从 2006 年到 2008 年，商贸企业、服务型企业（不包括广告业、房屋中介、典当、桑拿、按摩和氧吧），劳动就业服务企业中的加工型企业和街道社区具有加工性质的小型企业实体，当年新招用持《再就业优惠证》人员的；持《再就业优惠证》人员从事个体经营的（不包括建筑业、娱乐业、销售不动产、转让土地使用权、广告业、房屋中介、桑拿、按摩、网吧和氧吧），3 年以内可以按照规定定额免征、减征城市维护建设税。

特殊规定：

一、对出口货物退还已经缴纳增值税、消费税的时候，已经缴纳的城市维护建设税不予退还。

二、对于增值税、消费税、营业税实行先征后返、先征后退、即征即退办法的，除了另有规定者以外，随增值税、消费税、营业税附征的城市维护建设税不予退（返）还。

十七、其他税费

1. 什么是烟叶税？

烟叶税是对烟叶征收的一种税收。2006 年 4 月 28 日，国务院公布《中华人民共和国烟叶税暂行条例》，即日起施行。2006 年，全国烟叶税收入仅为 41.4 亿元。

烟叶税由地方税务局负责征收管理，所得收入归地方政府所有。

烟叶税以在我国境内收购烟叶的单位为纳税人，以纳税人收购烟叶时的收购金额为计税依据，税率为20%（需要调整时由国务院决定）。

上述烟叶，包括晾晒烟叶和烤烟叶。上述单位，包括我国的烟草专卖法规定的有权收购烟叶的烟草公司和受其委托收购烟叶的单位。上述收购金额，包括纳税人支付给烟叶销售者的烟叶收购价款和价外补贴。按照简化手续、方便征收的原则，目前价外补贴统一暂按烟叶收购价款的10%计入收购金额。

应纳税额计算公式：

应纳税额 = 烟叶收购金额 × 20%

烟叶收购金额 = 烟叶收购价款 × （1 + 10%）

例：某卷烟厂向烟农收购一批烟叶，支付收购价款100万元和价外补贴12万元，该厂应纳烟叶税税额的计算方法为：

应纳税额 = 100万元 × （1 + 10%） × 20%

= 22万元

烟叶税的纳税义务发生时间为纳税人向烟叶销售者付讫收购烟叶款项或者开具收购烟叶凭据的当天。纳税人应当从纳税义务发生之日起30天以内，向烟叶收购地的县级地方税务局或者其所指定的税务分局、税务所申报缴纳烟叶税，具体纳税期限由受理纳税申报的税务机关核定。

2. 什么是船舶吨税？

我国的船舶吨税是对船舶征收的一种税收。根据中央人民政府政务院财政经济委员会的批准，海关总署于1952年9月29日公布《船舶吨税暂行办法》，即日起施行。经政务院财政经济委员会、国务院批准，对外贸易部先后于1954年和1974年对该办法的个别条款作了修正。现行税率表是从1994年3月15日起施行的。凡是缴纳船舶吨税的船舶，都可以免纳车船税。

船舶吨税由海关总署负责征收管理，所得收入归中央政府所有。2006年，全国船舶吨税收入仅为15.7亿元。

一、纳税人和计税依据

船舶吨税的纳税人包括下列船舶的使用人或其委托的外轮代理公司：

（一）在我国港口行驶的外国籍船舶；

（二）外商租用的中国籍船舶；

（三）中外合营企业使用的中国、外国籍船舶；

（四）我国租用的航行国外和兼营国内沿海贸易的外国籍船舶。

上述船舶中不包括采取单航程租等形式承运外国货物的中国船舶。

应当征税的船舶分为机动船舶和非机动船舶两个类别，以船舶注册净吨位为船舶吨税的计税依据，净吨位尾数不足0.5吨的不计，0.5吨以上的按照1吨计算。小型船舶净吨位不足1吨的，按照1吨计税。

二、税额标准和计税方法

船舶吨税实行从量定额征收，按照应纳税船舶的种类、净吨位和有关待遇规定适用税额标准，税额标准表如下：

船舶吨税税额标准表

船舶种类	净吨位	一般税额标准（元/吨）		优惠税额标准（元/吨）	
		90日	30日	90日	30日
一、机动船（包括轮船、汽船、拖船）	500吨以下	3.15	1.50	2.25	1.20
	501吨至1 500吨	4.65	2.25	3.30	1.65
	1 501吨至3 000吨	7.05	3.45	4.95	2.55
	3 001吨至10 000吨	8.10	3.90	5.85	3.00
	10 001吨以上	9.30	4.65	6.60	3.30
二、非机动船（包括各种人力驾驶船和驳船、帆船）	30吨以下	1.50	0.60	1.05	0.45
	31吨至150吨	1.65	0.90	1.35	0.60
	151吨以上	2.10	1.05	1.50	0.90

应纳税船舶的船籍国与我国签订有相互给予船舶税费最惠国待遇条约、协定的，适用优惠税额标准，否则适用一般税额标准。目

前，适用优惠税额标准的国家和地区共有 67 个，其中包括我国的香港和澳门地区。

应纳税额计算公式：

应纳税额 = 应纳税船舶净吨位 × 适用税额标准

例：某外商租用的中国货轮净吨位为 10 万吨，适用税额标准为 9.3 元，该货轮应纳船舶吨税税额的计算方法为：

应纳税额 = 10 万吨 × 9.3 元/吨

　　　　　 = 93 万元

由于船舶负责人不明有关规定而重复缴纳船舶吨税的，由于其他原因错征、漏征船舶吨税的，海关可以在 1 年以内凭有效证明文件办理船舶吨税的退税、补税。

三、申报纳税方法

凡驶入我国境内而未执有我国有效船舶吨税执照的应纳船舶吨税的船舶，应当由纳税人在船舶入境的时候向入境地海关办理缴纳船舶吨税的手续，填写申报表，并提供船舶国籍证明和船舶吨位证明，声明欲申领船舶吨税执照的有效期（分为 90 天和 30 天两种）。

海关根据纳税人的申报，审核其申报船舶吨位与其提供的船舶国籍证明和船舶吨位证明书相符以后，按照其申报执照的期限计征船舶吨税，并填发船舶吨税缴款书，交由纳税人缴纳税款。

纳税人应当从海关填发船舶吨税缴款书之日起 15 天以内（法定节假日除外）向指定银行缴清税款。逾期未缴纳的，按日征收 1‰的滞纳金。纳税人缴清船舶吨税以后，海关即填发船舶吨税执照，交纳税人收存。

船舶吨税执照的有效期从纳税船舶申报入境之日起计算。在有效期以内，该船舶可以在我国港口停靠和在港口间行驶。有效期满以后，如果该船舶仍然在我国港口停靠和在港口间行驶，则应当从到期之日次日起 5 天以内向海关申报续纳船舶吨税。新的船舶吨税执照有效期从原执照期满之日次日起算。

已经缴纳船舶吨税的船舶，有以下情形之一的，海关可以验凭所提交的港务机关出具的证明文件，按照实际日数将执照有效日期批注延长：船舶驶入我国港口避难、修理的，船舶由于防疫隔离不能上下客货的，船舶经我国中央政府、地方政府征用、租用的。

四、免税规定

下列船舶可以免缴船舶吨税：

（一）与我国建立外交关系、享有我国给予的外交豁免权的外国使馆、领事馆使用的船舶；

（二）来我国港口避难、修理、停驶、拆毁、添装船用燃料和物料，并不上下客货的船舶；

（三）专为上下客货和存货的泊定趸船、浮桥趸船和浮船；

（四）我国中央政府、地方政府征用、租用的船舶。

3. 什么是固定资产投资方向调节税？

我国的固定资产投资方向调节税是为了贯彻国家的产业政策，控制固定资产投资规模，引导投资方向，调整投资结构，加强重点建设，对固定资产投资征收的一种税收。

我国对固定资产投资征税始于 20 世纪 80 年代初期，起初为建筑税。1991 年 4 月 16 日，国务院发布《中华人民共和国固定资产投资方向调节税暂行条例》，从 1991 年 1 月 1 日起施行。

固定资产投资方向调节税的纳税人为在中国境内使用各种资金进行固定资产投资的国有企业、集体企业、私营企业、股份制企业、其他企业、事业单位、社会团体、国家机关、部队、其他单位、个体工商户和其他个人，不包括外商投资企业、外国企业和外国人。

固定资产投资方向调节税的税目分为基本建设项目和更新改造项目两个系列；税率是根据国家产业政策和投资项目的经济规模分别制定的，分为 5 档：0、5%、10%、15%、30%。投资项目按照单位工程分别确定适用税率。

固定资产投资方向调节税以固定资产投资项目实际完成的全部投资额为计税依据，按照规定的税率计算应纳税额。

应纳税额计算公式：

应纳税额 = 实际完成的投资额或者建筑工程实际完成的投资

额×适用税率

固定资产投资方向调节税按照固定资产投资项目的单位工程年度计划投资额预缴。年度终了后，按照年度实际完成投资额结算，多退少补。项目竣工以后，按照应税投资项目及其单位工程实际完成投资额清算。

为了鼓励投资，扩大内需，促进经济发展，根据国务院的决定，固定资产投资方向调节税已经从 2000 年起暂停征收。

4. 税务部门征收的非税财政收入项目有哪些?

根据国务院的规定，目前我国统一由税务部门组织征收的非税财政收入项目有教育费附加、矿区使用费和文化事业建设费3 项。

1986 年 4 月 28 日，国务院发布《征收教育费附加的暂行规定》，从同年 7 月 1 日起施行，并规定由税务机关负责征收（目前由国家税务局和地方税务局分别征收）。1990 年 6 月 7 日和 2005 年 8 月 20 日，国务院先后两次对该办法作了修改。

1989 年 1 月 1 日和 1990 年 1 月 15 日，经国务院批准，财政部先后发布《开采海洋石油资源缴纳矿区使用费的规定》和《中外合作开采陆上石油资源缴纳矿区使用费暂行规定》，分别从 1989 年 1 月 1 日和 1990 年 1 月 1 日起施行，并规定矿区使用费由税务机关负责征收管理（目前由国家税务局和地方税务局分别征收管理）。其中，第二项规定于 1995 年作了修订。

1996 年 9 月 5 日，国务院发布《国务院关于进一步完善文化经济政策的若干规定》。其中规定，从 1997 年 1 月 1 日起，在全国范围内开征文化事业建设费，并由地方税务机关负责征收。1997 年 7 月 7 日，经国务院批准，财政部、国家税务总局发布《文化事业建设费征收管理暂行办法》。

此外，根据国务院 1999 年 1 月 22 日发布的《社会保险费征缴暂行条例》，各省、自治区和直辖市人民政府可以规定由税务机关征收社会保险费（包括基本养老保险费、基本医疗保险费和失业保险费等项目）。

5. 什么是教育费附加？怎样计算缴纳？

教育费附加是我国政府为了发展教育事业而征集的一种专项资金。根据全国人民代表大会 1995 年通过的《中华人民共和国教育法》和国务院发布的《征收教育费附加的暂行规定》，教育费附加由税务机关征收，其收入纳入财政预算管理，作为教育专项资金，由教育行政部门统筹管理，主要用于实施义务教育。2006 年，全国税务机关共征收教育费附加 446.3 亿元。

教育费附加的缴纳者包括缴纳增值税、消费税、营业税的单位和个人。

教育费附加一般以纳税人实际缴纳的增值税、消费税、营业税税额为计征依据，附加率为 3%（从事卷烟生产者可以减半征收）。

除了国务院另有规定者以外，任何地区、部门都不能擅自提高或者降低教育费附加率。

应纳教育费附加的计算公式：

应纳教育费附加 = 计征依据 × 3%

例：某企业本月实际缴纳增值税 200 万元，该企业应纳教育费附加的计算方法为：

应纳教育费附加 = 200 万元 × 3%

　　　　　　　 = 6 万元

纳税人应当在缴纳增值税、消费税和营业税的同时缴纳教育费附加。

对于增值税、消费税和营业税实行先征后返、先征后退、即征即退办法的，除了另有规定者以外，随增值税、消费税和营业税附征的教育费附加不予退（返）还。

6. 什么是矿区使用费？怎样计算缴纳？

我国的矿区使用费是一种按照固定标准征收的矿产资源使用费。

矿区使用费的缴纳单位包括：在我国内海、领海、大陆架和其他属于我国管辖的海域以内依法开采海洋石油资源的中国企业、外国企业，在我国境内合作开采陆上石油资源的中国企业、外国企业。

矿区使用费以每个海洋、陆上油、气田日历年度原油、天然气的总产量为计征依据，以实物缴纳。企业原油、天然气产量超过规定的免征额的部分，按照超额累进费率计算应纳费额，原油的费率从 2% 至 12.5% 不等，天然气的费率从 1% 至 3% 不等。

矿区使用费按年计算，分次或者分期预缴，年度终了后结算清缴。

7. 什么是文化事业建设费？怎样计算缴纳？

文化事业建设费是我国政府为了引导和调控文化事业的发展而征集的一种专项资金。其收入纳入财政预算管理，分别由国家和各省、自治区、直辖市建立专项资金，用于文化事业建设。2006 年，全国地方税务机关共征收文化事业建设费 37.8 亿元。

文化事业建设费由缴纳娱乐业、广告业营业税的单位和个人缴纳，以纳税人应当缴纳娱乐业、广告业营业税的营业额为计征依据，费率为 3%。费率的调整由国务院决定。

应纳文化事业建设费的计算公式：

应纳文化事业建设费 = 应纳娱乐业、广告业营业税的营业额 ×3%

例：某广告公司本月广告业务收入 60 万元，该公司应纳文化事业建设费的计算方法为：

应纳文化事业建设费 =60 万元 ×3%

=1.8 万元

文化事业建设费由地方税务机关在征收娱乐业、广告业的营业税时一并征收，其收入纳入财政预算管理，分别由国家和各省、自治区、直辖市建立专项基金，用于文化事业建设。

8. 什么是社会保险费？怎样计算缴纳？

社会保险费是我国政府为了发展社会保险事业而征集的一种专项资金，包括基本养老保险费、基本医疗保险费、失业保险费和工伤保险费等项目。1999 年 1 月 22 日，国务院发布《社会保险费征缴暂行条例》，即日起施行。该条例中规定：社会保险费的征收机构由各省、自治区和直辖市人民政府规定，可以由税务机关征收，也可以由劳动保障行政部门按照规定设立的社会保险经办机构征收。目前，已经有十多个省、自治区和直辖市规定由地方税务局负责征收社会保险费。

一、征缴范围

（一）基本养老保险费的征缴范围是：国有企业、城镇集体企业、外商投资企业、城镇私营企业和其他城镇企业及其职工，实行企业化管理的事业单位及其职工，城镇个体工商户和灵活就业人员。

（二）基本医疗保险费的征缴范围是：国有企业、城镇集体企业、外商投资企业、城镇私营企业和其他城镇企业及其职工，国家机关及其工作人员，事业单位及其职工，民办非企业单位及其职工，社会团体及其专职人员。

（三）失业保险费的征缴范围是：国有企业、城镇集体企业、外商投资企业、城镇私营企业和其他城镇企业及其职工，事业单位及其职工。

各省、自治区和直辖市人民政府可以根据当地的实际情况，将城镇个体工商户纳入基本养老保险费、基本医疗保险费的征缴范围，将社会团体及其专职人员、民办非企业单位及其职工、有雇工的城镇个体工商户纳入失业保险费的征缴范围。

（四）工伤保险费的征缴范围是：企业和有雇工的个体工商户。职工个人不缴纳工伤保险费。

二、计费依据、费率和计算方法

（一）基本养老保险费：根据 1997 年 7 月 16 日国务院发布的《关于建立统一的企业职工基本养老保险制度的决定》，企业缴纳基本养老保险费的计费依据为本企业工资总额，费率一般不得超过 20%（包括划入个人账户的部分），各地实行的具体费率由各省、自治区和直辖市人民政府确定。少数地区由于情况特殊，企业缴纳的基本养老保险费的费率需要超过 20% 的，应当报劳动和社会保障部（现在改为人力资源和社会保障部，下同）、财政部审批。职工个人缴纳基本养老保险费的计费依据为本人缴费工资，费率最高为8%。个人工资总额超过当地社会平均工资3倍的部分，不计入计费基数；个人工资总额不足当地社会平均工资的60%的，按照当地社会平均工资的60%缴费。

根据2005年12月3日国务院发布的《关于完善企业职工基本养老保险制度的决定》，城镇个体工商户和灵活就业人员参加基本养老保险的计费依据为当地上年度在岗职工平均工资，费率为20%。

（二）基本医疗保险费：根据1998年12月14日国务院发布的《关于建立城镇职工基本医疗保险制度的决定》，用人单位缴纳基本医疗保险费的计费依据为本单位工资总额，费率为6%左右；职工个人缴纳基本医疗保险费的计费依据为本人工资，费率一般为2%。随着经济的发展，用人单位和职工个人缴费的费率可以相应调整。

（三）失业保险费：根据1999年1月22日国务院发布的《失业保险条例》，城镇企业、事业单位缴纳失业保险费的计费依据为本单位工资总额，费率为2%；职工个人缴纳失业保险费的计费依据为本人工资，费率为1%。经过国务院批准，各省、自治区和直辖市人民政府可以根据当地的具体情况适当调整本行政区域失业保险费的费率。

（四）工伤保险费：根据2003年4月27日国务院发布的《工伤保险条例》，以及劳动和社会保障部、财政部等部门的规定，工伤保险费的计费依据为用人单位的工资总额；各省、自治区和直辖市工伤保险费平均缴费率原则上应当控制在职工工资总额的1.0%左右，其中风险较小的行业、中等风险行业和风险较大的行业的基准费率应当分别控制在用人单位职工工资总额的0.5%左右、1.0%左右和2.0%左右。各统筹地区劳动保障部门会同财政、卫生和安全监管部门，按照以支定收、收支平衡的原则，根据工伤保险费使用、工伤发生率和职业病危害程度等情况提出分类行业基准费率的具体标准，报统筹地区人民政府批准以后实施。基准费率的具体标准可以定期调整。

　　用人单位属于风险较小的行业的，按照行业基准费率缴费，不实行费率浮动。用人单位属于中等风险行业和风险较大的行业的，实行费率浮动。用人单位的初次缴费费率按照行业基准费率确定，以后由统筹地区社会保险经办机构根据用人单位工伤保险费使用、工伤发生率和职业病危害程度等因素，1至3年浮动一次。在行业基准费率的基础上，可以上下各浮动两档：上浮第一档到本行业基准费率的120%，第二档到本行业基准费率的150%；下浮第一档到本行业基准费率的80%，第二档到本行业基准费率的50%。费率浮动的具体办法由各统筹地区劳动保障行政部门会同财政、卫生和安全监管部门制定。

　　（五）计算方法：

　　应纳社会保险费计算公式：

　　应纳社会保险费 = 计费依据 × 费率

　　三、征缴管理

　　应当缴纳社会保险费的单位必须向当地社会保险经办机构办理社会保险登记，参加社会保险。

　　基本养老保险费、基本医疗保险费、失业保险费和工伤保险费实行集中、统一征收、缴纳。

　　缴费单位应当按月向当地社会保险经办机构申报应当缴纳的社会保险费数额，经该机构核定以后，在规定的期限以内缴纳；缴费个人应当缴纳的社会保险费由其所在单位从其工资中代扣代缴。

　　缴费单位不按照规定申报应当缴纳的社会保险费数额的，由社会保险经办机构暂按该单位上月缴费数额的110%确定应缴数额；没有上月缴费数额的，由社会保险经办机构暂按该单位的经营状况、职工人数等有关情况确定应缴数额。缴费单位补办申报手续并按照核定数额缴纳社会保险费以后，由社会保险经办机构按照规定结算。

　　缴费单位、缴费个人应当及时、足额缴纳社会保险费。缴费单位没有按照规定缴纳和代扣代缴社会保险费的，由劳动保障行政部门或者税务机关责令限期缴纳；逾期仍然不缴纳的，除了补缴欠缴数额以外，从欠缴之日起，按日加收2‰的滞纳金。缴费单位逾期拒不缴纳社会保险费和滞纳金的，由劳动保障行政部门或者税务机关申请人民法院依法强制征缴。

社会保险费不得减征、免征。

社会保险费收入纳入社会保险基金，分别建立基本养老保险基金、基本医疗保险基金、失业保险基金和工伤保险基金，单独核算，专款专用，并且不计征任何税、费。

缴费单位应当每年向本单位职工公布本单位全年社会保险费缴纳情况，接受职工监督。社会保险经办机构应当定期向社会公告社会保险费征收情况，接受社会监督。

第三篇　税收征收管理

一、基本制度

1. 我国税收征收管理的基本法律依据是什么？

我国税收征收管理的基本法律依据是：1992 年 9 月 4 日第七届全国人民代表大会常务委员会第二十七次会议通过、1995 年 2 月 28 日第八届全国人民代表大会常务委员会第十二次会议修改、2001 年 4 月 28 日第九届全国人民代表大会常务委员会第二十一次会议修订、从 2001 年 5 月 1 日起施行的《中华人民共和国税收征收管理法》；2002 年 9 月 7 日国务院修改并公布、从 2002 年 10 月 15 日起施行的《中华人民共和国税收征收管理法实施细则》；1979 年 7 月 1 日第五届全国人民代表大会第二次会议通过、1997 年 3 月 14 日第八届全国人民代表大会第五次会议修订、后经全国人民代表大会常务委员会多次修正的《中华人民共和国刑法》等法律和行政法规。其宗旨是加强税收征收管理，规范税收征收和缴纳行为，保障国家税收收入，维护纳税人的合法权益，促进经济和社会发展。

税收的开征、停征、减税、免税、退税和补税，按照法律规定执行；法律授权国务院规定的，按照国务院制定的行政法规规定执行。税务机关有权拒绝执行与税收法律、行政法规相抵触的决定。

任何机关、单位和个人不得违反法律、行政法规的规定，擅自作出税收开征、停征、减税、免税、退税、补税和其他与税收法律、行政法规相抵触的决定。任何部门、单位和个人作出的与税收法律、行政法规相抵触的决定一律无效，税务机关不得执行，并应当向上级税务机关报告。

2. 我国法律对纳税人、扣缴义务人是怎样规定的？

我国法律对纳税人、扣缴义务人的基本规定是：

一、法律、行政法规规定负有纳税义务的单位、个人为纳税人。

二、法律、行政法规规定负有代扣代缴、代收代缴税款义务的单位、个人为扣缴义务人。

三、纳税人、扣缴义务人应当按照法律、行政法规的规定缴纳税款、代扣代缴税款、代收代缴税款，也可以委托税务代理人代为办理税务事宜。

四、纳税人应当按照税收法律、行政法规的规定履行纳税义务。纳税人签订的合同、协议等与税收法律、行政法规相抵触的，一律无效。

五、纳税人、扣缴义务人和其他有关单位应当按照国家的有关规定，如实向税务机关提供与纳税和代扣代缴、代收代缴税款有关的信息。

六、纳税人、扣缴义务人有权向税务机关了解国家税收法律、行政法规的规定和与纳税程序有关的情况。

七、纳税人、扣缴义务人有权要求税务机关为纳税人、扣缴义务人的情况（指商业秘密和个人隐私，不包括税收违法行为）保密，税务机关应当为纳税人、扣缴义务人的情况保密。

八、纳税人依法享有申请减税、免税和退税的权利。

九、纳税人、扣缴义务人对税务机关所作出的决定，享有陈述权、申辩权，依法享有申请行政复议、提起行政诉讼和请求国家赔偿等权利。

十、纳税人、扣缴义务人有权控告和检举税务机关、税务人员的违法违纪行为。

十一、任何单位、个人都有权检举违反税收法律、行政法规的行为。税务机关应当为检举人保密，并按照举报人的贡献大小给予相应的奖励。

十二、纳税人有权要求海关对其商业秘密予以保密，但是不得以商业秘密为理由拒绝向海关提供有关资料，海关应当依法为纳税人保密。海关对检举、协助查获违反进出口关税条例行为的单位、个人，应当按照规定给予奖励，并负责保密。

3. 我国法律对税务机关、税务人员是怎样规定的？

我国法律对税务机关、税务人员的基本规定是：

一、国务院税务主管部门主管全国税收征收管理工作，各地国家税务局和地方税务局应当按照国务院规定的税收征收管理范围分别进行征收管理。

一、地方各级人民政府应当依法加强对于本行政区域内税收征收管理工作的领导或者协调，支持税务机关依法执行职务，依照法定税率计算税额，依法征收税款。

三、各有关部门、单位应当支持、协助税务机关、海关依法执行职务，任何单位、个人不得阻挠。

四、税务机关应当广泛宣传税收法律、行政法规，普及知识，无偿地为纳税人提供纳税咨询服务。

五、税务机关应当加强队伍建设，提高税务人员的政治素质和业务素质。

税务机关、税务人员必须秉公执法，忠于职守，清正廉洁，礼貌待人，文明服务，尊重和保护纳税人、扣缴义务人的权利，依法接受监督。

税务人员不得索贿受贿，徇私舞弊，玩忽职守，不征、少征应征税款；不得滥用职权多征税款，刁难纳税人、扣缴义务人。

六、各级税务机关应当建立、健全内部制约和监督管理制度。

上级税务机关应当依法监督下级税务机关的执法活动。上级税务机关发现下级税务机关的税收违法行为，应当及时纠正；下级税务机关应当按照上级税务机关的决定及时改正。

下级税务机关发现上级税务机关的税收违法行为，应当向上级税务机关或者有关部门报告。

各级税务机关应当监督检查其工作人员执行法律、行政法规和廉洁自律准则的情况。

七、税务机关负责征收、管理、稽查和行政复议的人员的职责应当明确，并相互分离、相互制约。

八、税务人员征收税款和查处税收违法案件，与纳税人、扣缴义务人和税收违法案件有利害关系的，应当回避。

税务人员在核定应纳税额、调整税收定额、实施税务检查、实施税务行政处罚和办理税务行政复议的时候，与纳税人、扣缴义务人或者其法定代表人、直接责任人有下列关系之一的，应当回避：夫妻关系、直系血亲关系、三代以内旁系血亲关系、近姻亲关系和可能影响公正执法的其他利害关系。

九、海关及其工作人员应当依照法定职权、法定程序履行关税征管职责，维护国家利益，保护纳税人合法权益，依法接受监督。

4. 怎样办理设立税务登记？

企业，企业在外地设立的分支机构和从事生产、经营的场所，个体工商户和从事生产、经营的事业单位（以下统称从事生产、经营的纳税人），应当向生产、经营所在地税务机关申报办理税务登记。

一、从事生产、经营的纳税人领取工商营业执照（包括临时工商营业执照）的，应当从领取工商营业执照之日起30天以内申报办理税务登记，税务机关核发税务登记证及副本（纳税人领取临时工商营业执照的，税务机关核发临时税务登记证及副本）。

二、从事生产、经营的纳税人没有办理工商营业执照，经有关部门批准设立的，应当从有关部门批准设立之日起30天以内申报办理税务登记，税务机关核发税务登记证及副本。

三、从事生产、经营的纳税人没有办理工商营业执照，也没有经有关部门批准设立的，应当从纳税义务发生之日起30天以内申报办理税务登记，税务机关核发临时税务登记证及副本。

四、有独立的生产经营权、在财务上独立核算并定期向发包人、出租人上交承包费、租金的承包承租人，应当从承包承租合同签订之日起30天以内，向其承包承租业务发生地税务机关申报办理税务登记，税务机关核发临时税务登记证及副本，临时税务登记的期限为承包承租期。

五、从事生产、经营的纳税人外出经营，从其在同一县（市）实际经营、提供劳务之日起，在连续的12个月以内累计超过180天的，应当从期满之日起30天以内，向生产、经营所在地税务机关申报办理税务登记，税务机关核发临时税务登记证及副本。

六、境外企业在中国境内承包建筑、安装、装配、勘探工程和提供劳务的，应当从项目合同（协议）签订之日起30天以内，向项目所在地税务机关申报办理税务登记，税务机关核发临时税务登记证及副本，临时税务登记的期限为合同规定的承包期。

其他纳税人，除了国家机关、个人和无固定生产、经营场所的流动性农村小商贩以外，都应当从纳税义务发生之日起30天以内，向纳税义务发生地税务机关申报办理税务登记，税务机关核发税务登记证及副本。

纳税人在申报办理税务登记的时候，应当根据不同情况向税务机关提供工商营业执照或者其他核准执业证件，有关合同、章程和协议书，组织机构统一代码证书，法定代表人或者负责人、业主的居民身份证、护照或者其他合法证件。其他需要提供的有关证件、资料，由省级税务机关确定。

纳税人在申报办理税务登记的时候，应当填写税务登记表。税务登记表的主要内容包括：单位名称，法定代表人或者业主姓名及其居民身份证、护照或者其他合法证件的号码，住所、经营地点，登记类型，核算方式，生产、经营方式，生产、经营范围，注册资金（资本）、投资总额，生产、经营期限，财务负责人、联系电话，国家税务总局确定的其他有关事项。

纳税人提交的证件、资料齐全且税务登记表的填写内容符合规定的，税务机关应当及时发放税务登记证件。纳税人提交的证件、资料不齐全或者税务登记表的填写内容不符合规定的，税务机关应当当场通知其补正或者重新填报。纳税人提交的证件、资料明显有疑点的，税务机关应当实地调查，核实以后发放税务登记证件。

税务登记证件的主要内容包括：纳税人名称，税务登记代码，法定代表人或者负责人，生产、经营地址，登记类型，核算方式，生产、经营范围（主营、兼营），发证日期，证件有效期等。

已经办理税务登记的扣缴义务人应当从扣缴税款义务发生之日起 30 天以内，向税务登记地税务机关申报办理扣缴税款登记。税务机关在其税务登记证件上登记扣缴税款事项，税务机关不再发给扣缴税款登记证件。

办理临时税务登记的纳税人领取营业执照的，应当从领取营业执照之日起 30 天以内，向税务机关申报转办为正式税务登记。

临时税务登记证件到期的纳税人，经过税务机关审核以后，应当继续办理临时税务登记。

依法可以不办理税务登记的扣缴义务人，应当从扣缴税款义务发生之日起 30 天以内，向机构所在地税务机关申报办理扣缴税款登记。税务机关核发扣缴税款登记证件。

5. 怎样办理变更税务登记？

纳税人税务登记内容发生变化的，应当向原税务登记机关申报办理变更税务登记。

一、纳税人已经在工商行政管理机关办理变更登记的，应当从工商行政管理机关变更登记之日起 30 天以内，向原税务登记机关提供工商登记变更表和工商营业执照、纳税人变更登记内容的有关证明文件、税务机关发放的原税务登记证件和其他有关资料，申报办理变更税务登记。

二、纳税人按照规定不需要在工商行政管理机关办理变更登记，或者其变更登记的内容与工商登记内容无关的，应当从税务登记内容实际发生变化之日起 30 天以内，或者从有关机关批准、宣布变更之日起 30 天以内，持纳税人变更登记内容的有关证明文件、税务机关发放的原税务登记证件和其他有关资料，到原税务登记机关申报办理变更税务登记。

纳税人提交的有关变更登记的证件、资料齐全的，填写税务登记变更表，经税务机关审核符合规定的，税务机关应当受理；不符合规定的，税务机关应当通知其补正。

税务机关应当从受理之日起 30 天以内审核办理变更税务登记。

纳税人税务登记表和税务登记证中的内容都发生变更的，税务机关按照变更以后的内容重新核发税务登记证件；纳税人税务登记表的内容发生变更而税务登记证中的内容没有发生变更的，税务机关不重新核发税务登记证件。

6. 怎样办理停业、复业税务登记？

实行定期定额征收方式的个体工商户需要停业的，应当在停业以前向税务机关申报办理停业登记。纳税人的停业期限不得超过1年。

纳税人在申报办理停业登记的时候，应当填写停业申请登记表，说明停业理由、停业期限、停业以前的纳税情况和发票的领、用、存情况，并结清应纳税款、滞纳金和罚款。税务机关应当收存其税务登记证件及副本、发票领购簿、没有使用完的发票和其他税务证件。

纳税人在停业期间发生纳税义务的，应当按照规定依法申报纳税。

纳税人应当在恢复生产、经营以前向税务机关申报办理复业登记，填写《停、复业报告书》，领回并启用税务机关收存的税务登记证件、发票领购簿及其停业以前领购的发票。

纳税人停业期满以后不能及时恢复生产、经营的，应当在停业期满以前向税务机关提出延长停业登记申请，并填写《停、复业报告书》。

纳税人停业没有按照规定向税务机关申请停业登记的，应当视为没有停止生产、经营；纳税人停业期满没有按期复业，又不申请延长停业的，应当视为已经恢复生产、经营。

7. 怎样办理注销税务登记？

纳税人发生解散、破产、撤销和其他情形，依法终止纳税义务的，应当在向工商行政管理机关和其他机关办理注销登记以前，持有关证件、资料向原税务登记机关申报办理注销税务登记；按照规定不需要在工商行政管理机关和其他机关办理注册登记的，应当从有关机关批准、宣告终止之日起15天以内，持有关证件和资料向原税务登记机关申报办理注销税务登记。

纳税人被工商行政管理机关吊销营业执照、被其他机关撤销登记的，应当从吊销营业执照、被撤销登记之日起15天以内，向原税务登记机关申报办理注销税务登记。

纳税人由于住所、经营地点变动，涉及改变税务登记机关的，应当在向工商行政管理机关和其他机关申请办理变更、注销登记以前，或者住所、经营地点变动以前，持有关证件、资料，向原税务登记机关申报办理注销税务登记，并从注销税务登记之日起30天以内，向迁达地税务机关申报办理税务登记。

境外企业在中国境内承包建筑、安装、装配、勘探工程和提供劳务的，应当在项目完工、离开中国以前15天以内，持有关证件、资料，向原税务登记机关申报办理注销税务登记。

纳税人办理注销税务登记以前，应当向税务机关提交相关证明文件、资料，结清应纳税款、多退（免）税款、滞纳金和罚款，缴销发票、税务登记证件和其他税务证件，经税务机关核准以后，办理注销税务登记手续。

8. 怎样办理外出经营报验登记？

纳税人到外县（市）临时从事生产、经营活动的，应当在外出生产、经营以前，持税务登记证向税务机关申请开具《外出经营活动税收管理证明》（以下简称证明）。

税务机关按照一地一证的原则核发证明，一份证明的有效期限一般为30天，最长不得超过180天。

纳税人应当在证明注明地开始生产、经营以前向当地税务机关报验登记，并提交证明和税务登记证件副本。纳税人在证明注明地销售货物的，除了提交以上证明、证件以外，还应当填写《外出经营货物报验单》，申报查验货物。

纳税人外出经营活动结束，应当向经营地税务机关填报《外出经营活动情况申报表》，并结清税款，缴销发票。

纳税人应当在证明有效期届满以后10天以内，持证明回原税务登记地税务机关办理证明缴销手续。

9. 怎样处理非正常户？

已经办理税务登记的纳税人没有按照规定的期限申报纳税，在税务机关责令其限期改正以后，逾期不改正的，税务机关应当派员实地检查，查无下落并且无法强制其履行纳税义务的，由检查人员制作非正常户认定书，存入纳税人档案，税务机关暂停其税务登记证件、发票领购簿和发票的使用。

纳税人被列入非正常户超过 3 个月的，税务机关可以宣布其税务登记证件失效，其应纳税款的追征仍然按照税收征收管理法及其实施细则的规定执行。

10. 怎样管理税务登记证件？

税务机关应当加强税务登记证件的管理，采取实地调查和上门验证等方法，或者结合税务部门和工商部门之间，国家税务局（分局）和地方税务局（分局）之间的信息交换比对进行税务登记证件的管理，并根据纳税人的条件要求其亮证经营。

税务登记证式样改变，需统一换发税务登记证的，由国家税务总局确定。

纳税人、扣缴义务人应当妥善保管并按照规定使用税务登记证件。遗失税务登记证件的，应当从遗失税务登记证件之日起 15 天以内，书面报告税务机关，填写《税务登记证件遗失报告表》，并将纳税人的名称、税务登记证件名称、税务登记证件号码、税务登记证件有效期和发证机关名称在税务机关认可的报刊上作遗失声明，凭报刊上刊登的遗失声明向税务机关申请补办税务登记证件。

11. 怎样联合办理税务登记？

联合办理税务登记指纳税人只向一个税务机关申报办理税务登记，由受理税务机关核发一份代表国家税务局和地方税务局共同进行税务登记管理的税务登记证件。

联合办理税务登记的工作范围包括国家税务局与地方税务局共同管辖的纳税人新办税务登记、变更税务登记、注销税务登记、税务登记违章处理和其他税务登记管理工作。

联合办理税务登记工作的基本规程如下：

一、设立登记。纳税人填报税务登记表并提交附报资料齐全的，受理税务机关审核以后，对于符合规定的，应当赋予纳税人识别号，打印、发放加盖国家税务局、地方税务局印章的税务登记证件。受理发证税务机关应当于当天或者不迟于第二天将纳税人税务登记表和附报资料一份传递到另一个税务机关。

二、变更登记。纳税人税务登记内容发生变更的，应当向发证税务机关申报办理变更登记，由发证税务机关审核以后办理变更登记手续，并将有关信息传递到另一个税务机关。

三、注销登记。办理注销税务登记的纳税人应当向发证税务机关申报办理，由发证税务机关将有关信息传递到另一个税务机关，两个税务机关共同办理。

四、违章处理。如果纳税人违反了税务登记管理方面的有关规定，应当由发现其违章行为的税务机关处理，并通知另一个税务机关，另一个税务机关不再处理。

12. 账户管理有哪些规定？

从事生产、经营的纳税人应当按照国家的有关规定，持税务登记证件，在银行和其他金融机构开立基本存款账户和其他存款账户，并从开立账户之日起 15 天以内向税务机关书面报告其全部账号；开立的账户发生变化的，应当从变化之日起 15 天以内向税务机关书面报告。

银行和其他金融机构应当在从事生产、经营的纳税人的账户中登录税务登记证件号码，并在税务登记证件中登录从事生产、经营的纳税人的账户账号。

在税务机关依法查询从事生产、经营的纳税人开立账户情况的时候，有关银行和其他金融机构应当予以协助。

13. 账簿、凭证管理有哪些规定？

纳税人、扣缴义务人应当按照有关法律、行政法规和财政部、国家税务总局的规定设置账簿，根据合法、有效凭证记账、核算。

一、从事生产、经营的纳税人应当从领取营业执照或者发生纳税义务之日起 15 天以内，按照国家的有关规定设置账簿（包括总账、明细账、日记账和其他辅助性账簿）。

二、达到建账标准的个体工商户，应当按照规定建立账簿。达不到建账标准而采用定期定额征收方式征收税款的个体工商户，应当建立收支凭证粘贴簿、进销货登记簿。在税控装置推广使用范围以内的纳税人，必须按照规定安装、使用税控装置。

三、从事生产、经营的纳税人的财务、会计制度或者财务、会计处理办法，应当从领取税务登记证件之日起 15 天以内，报送税务机关备案。

纳税人使用计算机记账的，应当在使用以前将会计电算化系统的会计核算软件、使用说明书和有关资料报送税务机关备案。

纳税人建立的会计电算化系统应当符合国家的有关规定，并能够正确、完整地核算其收入和所得。

四、扣缴义务人应当从税收法律、行政法规规定的扣缴义务发生之日起 10 天以内，按照所代扣、代收的税种分别设置代扣代缴、代收代缴税款账簿。

五、纳税人、扣缴义务人会计制度健全，能够通过计算机正确、完整地核算其收入、所得或者代扣代缴、代收代缴税款情况的，其计算机输出的完整的书面会计记录可以视同会计账簿。纳税人、扣缴义务人会计制度不健全，不能通过计算机正确、完整地核算其收入和所得或者代扣代缴、代收代缴税款情况的，应当建立总账和与纳税或者代扣代缴、代收代缴税款有关的其他账簿。

六、纳税人、扣缴义务人的财务、会计制度或者财务、会计处理办法与国务院或者财政部、国家税务总局有关税收的规定抵触的，应当按照国务院或者财政部、国家税务总局有关税收的规定计算应纳税款、代扣代缴税款和代收代缴税款。

七、账簿、会计凭证和报表应当使用中文，民族自治地方可以同时使用当地通用的一种民族文字，外商投资企业、外国企业可以同时使用一种外国文字。

八、纳税人应当按照税务机关的规定安装、使用税控装置（目前已经推行的此类装置主要有税控收款机、税控加油机和税控出租车计价器等），并报送有关资料，不得毁损和擅自改动税控装置。

九、纳税人、扣缴义务人应当按照财政部、国家税务总局规定的保管期限保管账簿、记账凭证、完税凭证（包括专用和通用完税证、专用和通用缴款书、汇总缴款书）和其他有关资料。账簿、记账凭证、报表、完税凭证、发票、出口凭证和其他有关涉税资料应当合法、真实、完整，一般规定保存期为 10 年。

十、账簿、记账凭证、完税凭证和其他有关资料不得伪造、变造和擅自损毁。

14. 发票的基本联次是怎样规定的?

发票的基本联次为三联。其中，第一联为存根联，开票方留存备查；第二联为发票联，收执方作为付款或者收款原始凭证；第三联为记账联，开票方作为记账原始凭证。

增值税专用发票的基本联次还应当包括抵扣联，收执方作为抵扣税款的凭证。

除了增值税专用发票以外，县级以上税务机关可以根据需要适当增加或者减少发票的联次，并确定其用途。

15. 发票的基本内容是怎样规定的?

发票的基本内容包括：发票的名称、字轨号码、联次和用途，客户名称，开户银行和账号，商品名称或者经营项目，计量单位、数量、单价和金额，开票人，开票日期，开票单位名称等。

有代扣、代收、委托代征税款的，发票内容还应当包括代扣、代收、委托代征税种的税率和代扣、代收、委托代征税额。

增值税专用发票的内容还应当包括购货人地址和税务登记号，增值税税率和税额，供货方名称、地址和税务登记号。

在全国范围内统一式样（包括发票所属的种类、各联用途、具体内容、版面排列、规格和使用范围等）的发票，由国家税务总局确定；在本省（自治区、直辖市）范围内统一式样的发票，由各地省级税务机关确定。

16. 印制发票有哪些规定？

增值税专用发票由国家税务总局指定的企业印制，其他发票分别由省级税务机关指定的企业印制。禁止私印、伪造和变造发票。

增值税专用发票防伪专用品由国家税务总局指定的企业生产。禁止非法制造发票防伪专用品。

税务机关对发票印制实行统一管理，严格审查印制发票企业的资格，对合格者发给发票准印证。

税务机关定期对印制发票企业和指定的生产发票防伪专用品企业进行监督检查。发现不符合规定条件的，将取消其印制发票、生产发票防伪专用品的资格。

发票应当套印全国统一发票监制章。全国统一发票监制章是税务机关管理发票的法定标志，该章的式样和发票版面印刷的要求，由国家税务总局规定。发票监制章由省级税务机关制作。禁止伪造发票监制章。

发票实行不定期换版制度，换版的具体时间、内容和要求由国家税务总局确定。

印制发票的企业应当按照税务机关的统一规定，建立发票印制管理制度和保管措施。特别是发票监制章、发票防伪专用品的使用和管理，要实行专人负责制度。

印制发票的企业应当按照税务机关批准的式样、数量印制发票。

省级行政区域内的单位、个人使用的发票，除了增值税专用发票以外，应当在本省（自治区、直辖市）内印制；确有必要到外省（自治区、直辖市）印制的，应当由本地省级税务机关商印制地省级税务机关同意，由印制地省级税务机关指定的企业印制。禁止在中国境外印制发票。

有固定生产、经营场所，财务、发票管理制度健全，发票使用量较大的单位，可以申请印制印有本单位名称的发票；如果统一发票式样不能满足业务需要，也可以自行设计本单位的发票式样，但是都必须报经县级以上税务机关批准。

17. 怎样领购发票？

依法办理税务登记的单位、个人，在领取税务登记证件以后，可以向税务机关申请领购发票。购票单位、个人在提出购票申请的时候，应当同时提供经办人身份证明（如居民身份证、护照和工作证等）、税务登记证件或者其他有关证明、财务印章或者发票专用章的印模。税务机关接到上述申请以后，应当在 5 个工作日以内，按照纳税人的生产、经营等情况确认其使用发票的种类、联次、版面金额和购票数量，然后通知其办理领购发票事宜。

购票单位、个人可以凭税务机关发给的发票领购簿核准的购票种类、数量和方式，向税务机关领购发票。其中，申请领购增值税专用发票的单位、个人，应当提供加盖有"增值税一般纳税人"确认专章的税务登记（副本）。非增值税纳税人和增值税小规模纳税人不能领购增值税专用发票。

依法不需要办理税务登记的单位、个人需要领购发票的，可以按照规定向税务机关申请领购发票。

需要临时使用发票的单位、个人，可以直接向税务机关申请办理，同时应当提供发生购销业务，提供、接受劳务和其他经营活动的书面证明。依法应当纳税的，税务机关应当在开具发票的同时征税。

临时到外省（自治区、直辖市）从事经营活动的单位、个人，可以凭本地税务机关的证明，向经营地的税务机关申请领购经营地的发票。临时在本省（自治区、直辖市）内跨市、县从事经营活动领购发票的办法，由本省（自治区、直辖市）税务机关规定。

税务机关对于申请领购发票的从外省（自治区、直辖市）来本地从事临时经营活动的单位、个人，可以要求其提供保证人，或者根据所领购发票的票面限额、数量交纳10 000元以下的保证金，并限期缴销发票。按期缴销发票的，解除保证人的担保义务，或者退还保证金；否则由保证人或者以保证金承担法律责任。税务机关在收取保证金的时候，应当开具收据。

从事生产、经营的纳税人、扣缴义务人有税收违法行为，拒不接受税务机关处理的，税务机关可以收缴其发票，或者停止向其发售发票。

18. 怎样开具发票？

销售商品、提供劳务和从事其他经营活动的单位、个人，对外发生经营业务，收取款项，收款方应当向付款方开具发票；在特殊情况下（如收购单位、扣缴义务人向个人支付款项的时候），由付款方向收款方开具发票。

单位和从事生产、经营活动的个人，在购买商品、接受劳务和从事其他经营活动支付款项的时候，应当向收款方取得发票，并不得要求变更商品、项目名称和金额。

开具发票应当按照规定的时限和顺序，逐栏、全部联次一次如实开具，并加盖单位财务印章或者发票专用章。

纳税人使用计算机发票，按照一般普通发票领购手续办理。税务机关有统一开票软件的，按照统一软件开具发票；税务机关无统一开票软件的，由纳税人自行开发，并报税务机关备案。

开具发票以后，发生销货退回，需要开具红字发票的，必须收回原发票并注明"作废"字样，或者取得对方有效证明；发生销货折让的，应当在收回原发票并注明"作废"以后重开发票。

不符合规定的发票（如应经而未经税务机关监制，填写项目不齐全、内容不真实、字迹不清楚，没有加盖财务印章或者发票专用章，伪造，作废等），不得作为财务报销凭证，任何单位、个人有权拒收。

任何单位、个人不得转借、转让和代开发票，不得拆本使用发票，不得自行扩大专业发票使用范围。

禁止倒买倒卖发票、发票监制章和发票防伪专用品。

发票一般只限于领购单位、个人在本省（自治区、直辖市）以内开具。省级税务机关可以规定在本省（自治区、直辖市）内跨市、县开具发票的办法。不得跨越规定的使用区域携带、邮寄和运输空白发票。

19. 怎样保管发票？

开具发票的单位、个人应当建立发票使用登记制度，设置发票登记簿，并定期向税务机关报告发票使用情况。发票的存放、保管应当按照税务机关的规定办理，不得丢失和擅自损毁。如果丢失发票，应当在当天报告税务机关，并通过报刊等传播媒介公告作废。已经开具的发票存根联和发票登记簿，应当保存 5 年；保存期满，报经税务机关查验以后可以销毁。在办理变更、注销税务登记的时候，应当同时办理发票和发票领购簿的变更、缴销手续。

20. 怎样进行发票检查？

税务机关在发票管理中可以检查印制、领购、开具、取得和保管发票的情况，调出发票查验，查阅、复制与发票有关的凭证、资料，向当事各方询问与发票有关的问题。在查处发票案件的时候，对与案件有关的情况、资料，可以记录、录音、录像、照相和复制。税务人员进行发票检查的时候，应当出示税务检查证。

印制、使用发票的单位、个人，应当接受税务机关依法检查，如实反映情况，提供有关资料，不得拒绝和隐瞒。

税务机关需要将已经开具的发票调出查验的时候，应当向被查验的单位、个人开具发票换票证，该证与所调出的发票具有同等的效力。换票证只限于本县（市）范围以内使用。需要调出外县（市）的发票查验的时候，应当与有关县（市）的税务机关联系，使用有关县（市）的发票换票证。

税务机关需要将空白发票调出查验的时候，应当开具收据；经过检查无问题的，应当及时退还。

单位、个人从我国境外取得的与纳税有关的发票和其他凭证，税务机关在纳税审查的时候有疑义的，可以要求其提供境外公证机构或者注册会计师的确认证明，经过税务机关审核认可以后，才能作为记账凭证。

税务机关在发票检查中需要核对发票存根联与发票联填写情况的时候,可以向持有发票或者发票存根联的单位、个人发出发票填写情况核对卡。有关单位、个人接到核对卡以后,应当如实填写,并于15天以内报回。

21. 怎样办理纳税申报?

纳税申报的基本规定是:

一、纳税人应当按照法律、行政法规规定或者税务机关按照法律、行政法规的规定确定的申报期限和申报内容,如实办理纳税申报,向税务机关报送纳税申报表、财务会计报表和税务机关根据实际需要要求纳税人报送的其他纳税资料(如财务会计报表及其说明材料,与纳税有关的合同、协议书和凭证,税控装置的电子报税资料,外出经营活动税收管理证明和异地完税凭证,公证机构出具的有关证明等)。

二、扣缴义务人应当按照法律、行政法规规定或者税务机关按照法律、行政法规的规定确定的申报期限和申报内容,如实向税务机关报送代扣代缴、代收代缴税款报告表,代扣代缴、代收代缴税款的合法凭证,以及税务机关根据实际需要要求扣缴义务人报送的其他有关资料(如与代扣代缴、代收代缴税款有关的经济合同等)。

三、纳税人、扣缴义务人可以直接到税务机关办理纳税申报或者报送代扣代缴、代收代缴税款报告表;经过税务机关批准,纳税人、扣缴义务人也可以按照规定采取邮寄、数据电文(指税务机关确定的电话语音、电子数据交换和网络传输等电子方式)和其他方式(如委托他人代理)办理上述事宜。

纳税人、扣缴义务人采取数据电文方式办理纳税申报的,其申报日期以税务机关计算机网络系统收到该数据电文的时间为准,与数据电文相对应的纸质申报资料的报送期限由税务机关确定。

纳税人采取邮寄方式办理纳税申报的,应当使用统一的纳税申报专用信封,并以邮政部门的收据作为申报凭据,以寄出的邮戳为实际申报日期。

四、实行定期定额缴纳税款的纳税人，可以实行简易申报、简并征期等申报纳税方式。

简易申报，指实行定期定额缴纳税款的纳税人在法律、行政法规规定的期限或者在税务机关按照法律、行政法规的规定确定的期限以内缴纳税款的，可以视同申报。

简并征期，指实行定期定额缴纳税款的纳税人，经过税务机关批准，可以采取将纳税期限合并为按季、半年、年的方式缴纳税款，具体期限由各地省级税务机关根据具体情况确定。

五、纳税人在纳税期内没有应纳税款的，也应当按照规定办理纳税申报。

纳税人享受免税、减税待遇的，在免税、减税期间也应当按照规定办理纳税申报。

六、纳税人、扣缴义务人的纳税申报或者代扣代缴、代收代缴税款报告表的主要内容包括：税种、税目，应纳税项目或者应代扣代缴、代收代缴税款项目，计税依据，扣除项目及其标准，适用税率、税额标准，应退税项目及其税额，应减免税项目及其税额，应纳税额或者应代扣代缴、代收代缴税额，税款所属期限，延期缴纳税款、欠税和滞纳金等。

22. 怎样办理关税申报？

关税申报的基本规定是：

一、进口货物的纳税人应当从运输工具申报进境之日起 14 天以内；出口货物的纳税人除了海关特准的以外，应当在货物运抵海关监管区以后、装货的 24 小时以前，向货物的进出境地海关申报。

纳税人在货物实际进出口以前，可以按照有关规定向海关申请对进出口货物进行商品预归类、价格预审核和原产地预确定。海关审核确定以后，应当书面通知纳税人，并在货物实际进出口时认可。

二、纳税人应当依法如实向海关申报，并按照海关的规定提供有关确定完税价格、商品归类、确定原产地和采取反倾销、反补贴、保障措施等所需的资料。必要时，海关可以要求纳税人补充申报，纳税人也可以主动要求补充申报。

三、纳税人应当按照进出口税则规定的目录条文和归类总规则、类注、章注、子目注释和其他归类注释，对其申报的进出口货物进行商品归类，并归入相应的税则号列。海关应当依法审核确定该货物的商品归类，并可以要求纳税人提供确定商品归类所需的有关资料。

四、海关应当按照法律、行政法规和海关规章的规定，对纳税人申报的进出口货物商品名称、规格型号、税则号列、原产地、价格、成交条件和数量等进行审核。

海关为审核确定进出口货物的商品归类、完税价格和原产地等，可以对进出口货物进行查验，组织化验、检验和对相关企业进行核查，并将海关认定的化验、检验结果作为商品归类的依据。

经审核，海关发现纳税人申报的进出口货物税则号列有误的，应当按照商品归类的有关规则、规定重新确定。

经审核，海关发现纳税人申报的进出口货物价格不符合成交价格条件，或者成交价格不能确定的，应当按照审定进出口货物完税价格的有关规定另行估价。

经审核，海关发现纳税人申报的进出口货物原产地有误的，应当通过审核纳税人提供的原产地证明、对货物进行实际查验和审核其他相关单证等方法，按照海关原产地管理的有关规定确定。

经审核，海关发现纳税人提交的减税、免税申请和申报的内容不符合有关减税、免税规定的，应当按照规定计征税款。

纳税人违反海关规定，涉嫌伪报、瞒报的，应当按照规定移交海关调查部门或者缉私部门处理。

五、海关为审查申报价格的真实性和准确性，可以查阅、复制与进出口货物有关的合同、发票、账册、结付汇凭证、单据、业务函电、录音录像制品和其他反映买卖双方关系及交易活动的资料。

海关对纳税人申报的价格有怀疑并且所涉关税数额较大的，经过直属海关关长或者其授权的隶属海关关长批准，凭海关总署统一格式的协助查询账户通知书和有关工作人员的工作证件，可以查询纳税人在银行和其他金融机构开立的单位账户的资金往来情况，并向银行业监督管理机构通报有关情况。

六、海关对纳税人申报的价格有怀疑的，应当将怀疑的理由书面告知纳税人，要求其在规定的期限以内书面作出说明，提供有关资料。

纳税人在规定的期限以内没有作出说明、提供有关资料的，或者海关仍然有理由怀疑申报价格的真实性、准确性的，海关可以不接受纳税人申报的价格，并按照规定估定完税价格。

七、海关审查确定进出口货物的完税价格以后，纳税人可以以书面形式要求海关就如何确定其进出口货物的完税价格作出书面说明，海关应当向纳税人作出书面说明。

23. 不能按期办理纳税申报怎么办？

纳税人、扣缴义务人按照规定的期限办理纳税申报或者报送代扣代缴、代收代缴税款报告表确有困难（如受到不可抗力的影响和财务会计处理上有特殊情况等），需要延期的，应当在规定的期限以内向税务机关书面申请延期；经过税务机关核准，可以在核准的期限（一般不超过 3 个月）以内办理。

经过核准延期办理上述申报和报送事项的，应当在纳税期以内按照上期实际缴纳的税额或者税务机关核定的税额预缴税款，并在核准的延期内办理税款结算。结算的时候，预缴税额大于应纳税额的，税务机关退还多缴的税款，但是不支付利息；预缴税额小于应纳税额的，税务机关补征少缴的税款，但是不加收滞纳金。

纳税人、扣缴义务人由于不可抗力，不能按期办理纳税申报或者报送代扣代缴、代收代缴税款报告表的，可以延期办理。但是，应当在不可抗力情形消除以后立即向税务机关报告。税务机关应当查明事实，予以核准。

24. 税款怎样征收、缴纳？

税务机关应当按照法律、行政法规的规定征收税款，不得违反法律、行政法规的规定开征、停征、多征、少征、提前征收、延缓征收和摊派税款。

税务机关可以采取查账征收、定期定额征收、核定征收、代扣代缴和代收代缴等方式征收税款，还可以根据有利于税收控管和方便纳税的原则，按照国家的有关规定委托有关单位、人员代征零星分散和异地缴纳的税收。

对于建账的个体工商户，应当以查账征收的方式征税；但是在建账初期，也可以用查账征收与定期定额征收相结合的方式征税。

国家税务局、地方税务局应当按照国家规定的税收征收管理范围、税款入库预算科目和预算级次将征收的各项税款、滞纳金和罚款及时缴入国库，不得占压、挪用和截留，不得缴入国库以外和国家规定的税款账户以外的任何账户。

对于审计机关和财政机关依法查出的税收违法行为，税务机关应当根据有关机关的决定、意见书，依法将应收的税款和滞纳金按照规定的税收征管范围和税款入库预算级次缴入国库，并从收到有关机关的决定、意见书之日起 30 天以内将执行情况书面回复有关机关。

有关机关不得将其履行职责过程中发现的税款、滞纳金自行征收入库，或者以其他款项的名义自行处理、占压。

除了税务机关、税务人员和经税务机关按照法律、行政法规的规定委托的单位、人员以外，任何单位和个人不得进行税款征收活动。

纳税人、扣缴义务人应当按照法律、行政法规规定或者税务机关按照法律、行政法规的规定确定的期限，缴纳或者解缴税款。

税务机关在征收税款的时候，必须给纳税人开具完税凭证（包括各种完税证、缴款书、印花税票、扣税凭证和收税凭证等）。纳税人通过银行缴纳税款的，税务机关可以委托银行开具完税凭证。

未经税务机关指定，任何单位、个人不得印制完税凭证。完税凭证不得转借、倒卖、变造和伪造。

扣缴义务人在代扣、代收税款的时候，纳税人要求扣缴义务人开具代扣、代收税款凭证的，扣缴义务人应当开具。

纳税人遗失完税凭证以后，经纳税人申请，税务机关核实税款已经缴纳的，可以向其提供原完税凭证的复印件；也可以为其补开完税凭证，并在补开的完税凭证上注明原完税凭证遗失作废。

纳税人缴纳关税以后遗失税款缴款书的，可以从缴纳关税之日起1年以内向填发海关提出确认其已经缴清税款的书面申请。海关经审查核实以后应当确认，但是不补发税款缴款书。

25. 纳税人、扣缴义务人不能按期纳税怎么办?

纳税人没有按照规定期限缴纳税款的（不包括纳税人善意取得虚开的增值税专用发票被依法追缴已经抵扣税款的情形），扣缴义务人没有按照规定期限解缴税款的，由税务机关发出《限期纳税通知书》，责令其限期（最多以5天为限）缴纳或者解缴税款，并从规定的税款缴纳期限届满次日起至纳税人、扣缴义务人实际缴纳或者解缴税款之日止，按日加收滞纳税款0.5‰的滞纳金。

如果纳税人有特殊困难，不能按期缴纳税款，应当在规定的缴纳期限以内向税务机关书面申请延期纳税，并提供有关资料和证明。经过当地省级税务机关批准，可以延期缴纳税款，并免缴滞纳金，但是最长不得超过3个月。

上述特殊困难包括以下两种情况：一是因不可抗力，导致纳税人发生较大损失，正常的生产、经营活动受到较大影响的；二是纳税人当期的货币资金（不包括法律、行政法规规定企业不可动用的资金）在扣除当期计提的应付职工工资和社会保险费以后不足以缴纳税款的。

纳税人需要延期缴纳税款的，应当在缴纳税款期限届满以前向税务机关提出申请，并报送申请延期缴纳税款报告、当期货币资金余额和所有银行存款账户的对账单、资产负债表、应付职工工资和社会保险费等税务机关要求提供的支出预算。

税务机关应当从收到纳税人提交的申请延期缴纳税款报告之日起20天以内，作出批准或者不予批准的决定；不予批准的，应当从缴纳税款期限届满次日起加收滞纳金。

关税的纳税人因不可抗力和国家税收政策调整不能按期缴纳税款的，应当在货物进出口以前向办理进出口申报纳税手续的海关所在的直属海关提出延期缴纳税款的书面申请，并随附相关材料，同时提供缴税计划。

直属海关应当从接到纳税人延期缴纳税款的申请之日起 10 天以内审核情况是否属实。情况属实的，应当立即将有关申请材料报送海关总署。海关总署接到申请材料以后，应当在 20 天以内作出是否同意延期缴纳税款的决定和延期缴纳税款的期限，并通知报送申请材料的直属海关。由于特殊情况在 20 天以内不能作出决定的，可以延长 10 天。

延期缴纳税款的期限，从货物放行之日起最长不超过 6 个月。

经海关总署审核没有批准延期缴纳税款的，直属海关应当从接到海关总署未批准延期缴纳税款的决定之日起 3 个工作日以内通知纳税人，并填发税款缴款书。

货物实际进出口时，纳税人要求海关先放行货物的，应当向海关提供税款担保。

纳税人逾期缴纳关税和进口环节增值税、消费税的，从规定的税款缴纳期限届满之日起至纳税人缴清税款之日止，按日加收滞纳税款 0.5‰的滞纳金（起征点为 50 元）。

26. 纳税人、扣缴义务人在纳税问题上同税务机关有争议怎么办？

纳税人、扣缴义务人和纳税担保人对税务机关确定纳税主体、征税对象、征税范围、免税、减税、退税、适用税率、计税依据、纳税环节、纳税期限、纳税地点和税款征收方式等具体行政行为有异议而与税务机关发生争议的，应当先按照税务机关的纳税决定缴纳或者解缴税款和滞纳金，或者提供相应的担保，然后可以依法申请行政复议。对行政复议决定不服的，可以依法向人民法院起诉。

27. 税务机关在什么情况下可以核定纳税人的应纳税额？

纳税人有下列情形之一的，税务机关有权核定其应纳税额：

一、按照法律、行政法规的规定可以不设置账簿的；

二、按照法律、行政法规的规定应当设置账簿，但是没有设置账簿的；

三、擅自销毁账簿，拒不提供纳税资料的；

四、虽然设置账簿，但是账目混乱或者成本资料、收入凭证、费用凭证残缺不全，难以查账的；

五、发生纳税义务，没有按照规定的期限办理纳税申报，经过税务机关责令限期申报，逾期仍然不申报的；

六、纳税人申报的计税依据明显偏低，又无正当理由的；

七、没有按照规定办理税务登记的从事生产、经营的纳税人，临时从事经营的纳税人。

28. 税务机关用什么方法核定纳税人的应纳税额？

税务机关在核定纳税人的应纳税额的时候，可以参照当地同行业或者类似行业中经营规模和收入水平相近的纳税人的税负水平核定，按照营业收入或者成本加合理的费用和利润的方法核定，按照耗用的原材料、燃料和动力等推测核定，或者按照其他合理方式核定。如果采用一种方法不能正确地核定应纳税额，可以同时采用两种以上的方法核定。

纳税人对税务机关采取上述方法核定的应纳税额有异议的，应当提供相关的证据，经过税务机关认定以后，调整应纳税额。

29. 税务机关怎样核定关联企业的应纳税额？

关联企业是指有以下关系之一的企业和其他经济组织：

一、在资金、经营和购销等方面存在直接或者间接的拥有或者控制关系；

二、直接或者间接地为第三者拥有或者控制；

三、其他在利益上具有相关联的关系。

企业和外国企业在我国境内设立的从事生产、经营的机构、场所与其关联企业之间的业务往来，应当按照独立企业之间的业务往来（即无关联关系的企业之间按照公平成交价格和营业常规所进行的业务往来）收取或者支付价款、费用。不按照独立企业之间的业务往来收取或者支付价款、费用，从而减少其应纳税的收入或者所得额的，税务机关可以进行合理调整。

　　纳税人可以向税务机关提出与其关联企业之间的业务往来的定价原则和计算方法，税务机关审核、批准以后，与纳税人预先约定有关定价事项，监督纳税人执行。

　　纳税人与其关联企业之间的业务往来有下列情形之一的，税务机关可以调整其应纳税额：

　　一、购销业务没有按照独立企业之间的业务往来作价；

　　二、融通资金所支付的利息超过或者收取的利息低于没有关联关系的企业之间所能同意的数额，或者利率超过或者低于同类业务的正常利率；

　　三、提供劳务没有按照独立企业之间的业务往来收取或者支付费用；

　　四、转让财产、提供财产使用权等业务往来没有按照独立企业之间的业务往来作价或者收取、支付费用；

　　五、没有按照独立企业之间的业务往来作价的其他情形。

　　纳税人与其关联企业之间的业务往来有上述情形之一的，税务机关可以按照下列方法调整其计税收入、所得额：

　　一、按照独立企业之间进行相同或者类似业务活动的价格；

　　二、按照再销售给无关联关系的第三者的价格应当取得的收入和利润水平；

　　三、按照成本加合理的费用和利润；

　　四、按照其他合理方法。

　　纳税人与其关联企业之间的业务往来没有按照独立企业之间的业务往来支付价款、费用的，税务机关可以从该业务往来发生的纳税年度起 3 年以内调整。纳税人在以前年度与其关联企业之间的业务往来累计达到 10 万元以上的；经过税务机关案头审计分析，纳税人在以前年度与其关联企业之间的业务往来，预计需要调增其应纳税收入或者所得额达到 50 万元以上的；纳税人在以前年度与设在避税地的关联企业有业务往来的；纳税人在以前年度没有按照规定进行关联企业之间业务往来年度申报，或者经过税务机关审查核实，关联企业之间业务往来年度申报内容不实，不履行提供有关价格、费用标准等资料义务的，可以从该业务往来发生的纳税年度起

10 年以内调整。

纳税人有义务就其与关联企业之间的业务往来情况向当地税务机关提供有关的价格、费用标准等资料。

30. 税务机关对未办理税务登记的纳税人怎样征税?

对于没有按照规定办理税务登记的从事生产、经营的纳税人(包括到外县、市从事生产、经营而没有向经营地税务机关报验登记的纳税人)和从事临时经营的纳税人,由税务机关核定其应纳税额,责令缴纳。不缴纳的,税务机关可以扣押其价值相当于应纳税款的商品、货物。扣押以后缴纳应纳税款的,税务机关应当立即解除扣押,并归还所扣押的商品、货物。扣押以后仍然不缴纳应纳税款的(以 15 天为限),经过县级以上税务局局长批准,依法拍卖或者变卖所扣押的商品、货物,以拍卖或者变卖所得抵缴税款。对于扣押的鲜活、容易腐烂变质和失效的商品、货物,可以缩短扣押期限。

31. 税务机关在什么情况下可以采取税收保全措施?

税务机关有根据认为从事生产、经营的纳税人有逃避纳税义务行为的,可以在规定的纳税期以前,责令纳税人限期缴纳应纳税款。在限期以内发现纳税人有明显的转移、隐匿其应纳税的商品、货物和其他财产(包括纳税人的房地产、现金、有价证券等不动产和动产,下同)或者应纳税的收入的迹象的,税务机关可以责成纳税人提供纳税担保(包括经税务机关认可的纳税保证人为纳税人提供的纳税保证、纳税人和第三人以其没有设置或者没有全部设置担保物权的财产提供的担保)。如果纳税人不能提供纳税担保,经过县级以上税务局局长批准,税务机关可以采取下列税收保全措施:

一、书面通知纳税人开户银行和其他金融机构冻结纳税人的金额相当于应纳税款的存款。

二、扣押、查封纳税人的价值相当于应纳税款的商品、货物和其他财产。税务机关在采取这项措施的时候,应当由两名以上税务人员执行,并通知被执行人。被执行人是自然人的,应当通知被执行人本人或者其成年家属到场；被执行人是法人和其他组织的，应当通知其法定代表人或者主要负责人到场；拒不到场的，不影响执行。税务机关在扣押商品、货物和其他财产的时候，应当开付收据；在查封商品、货物和其他财产的时候，应当开付清单。

纳税人在税务机关采取税收保全措施以后按照规定的限期缴纳税款的，税务机关应当从收到税款或者银行转回的完税凭证之日起1天以内解除税收保全措施。限期期满仍然没有缴纳税款的，经过县级以上税务局局长批准，税务机关可以书面通知纳税人开户银行和其他金融机构从其冻结的存款中扣缴税款，或者依法拍卖、变卖所扣押、查封的商品、货物和其他财产，以拍卖或者变卖所得抵缴税款。

个人及其所扶养家属维持生活必需的住房和用品（不包括机动车辆、金银饰品、古玩字画、豪华住宅和一处以外的住房，下同），不在税收保全措施的范围以内。

税务机关采取税收保全措施的期限一般不得超过6个月；遇有重大案件，需要延长税收保全措施期限的，应当报国家税务总局批准。

在税收保全期以内，已经采取税收保全措施的财物有下列情形之一的，税务机关可以通知纳税人及时协助处理：鲜活、易腐烂变质和易失效的商品、货物，商品保质期临近届满的商品、货物，季节性的商品、货物，价格有可能急速下降的商品、货物，保管困难和需要保管费用过大的商品、货物，其他不宜长期保存的商品、货物。纳税人没有按规定期限协助处理的，经县级以上税务局局长批准，税务机关通知纳税人以后，可以参照抵税财物拍卖、变卖的程序和方式拍卖、变卖。拍卖、变卖所得由税务机关保存价款，继续实施税收保全措施，并通知纳税人。税务机关依法作出税务处理决定以后，应当及时办理税款、滞纳金和罚款的入库手续。拍卖、变卖所得抵缴税款、滞纳金和罚款以后有余额的，税务机关应当从办理入库手续之日起3个工作日以内退还纳税人。拍卖、变卖所得不足抵缴税款、滞纳金和罚款的，税务机关应当继续追缴。

32. 怎样办理纳税担保？

纳税担保包括经税务机关认可的纳税担保人为纳税人提供的纳税担保、纳税人或者第三人以其没有设置或者没有全部设置担保物权的财产提供的担保。

纳税担保人包括在我国境内具有纳税担保能力的自然人、法人和其他经济组织。法律、行政法规规定的没有担保资格的单位和个人不得作为纳税担保人。

纳税担保人同意为纳税人提供纳税担保的，应当填写纳税担保书，写明担保对象、担保范围、担保期限、担保责任和其他有关事项。纳税担保书须经纳税人、纳税担保人签字盖章，并经税务机关同意，方为有效。

纳税人或者第三人以其财产提供纳税担保的，应当填写财产清单，并写明财产价值和其他有关事项。纳税担保财产清单须经纳税人或者第三人签字盖章，并经税务机关确认，方为有效。

33. 海关在什么情况下可以采取税收保全措施？

进出口货物关税的纳税人在规定的纳税限期以内有明显的转移、隐匿其应税货物和其他财产的迹象的，海关可以责令纳税人提供纳税担保；纳税人不能提供纳税担保的，经过海关总署直属海关关长或其授权的隶属海关关长批准，海关可以采取下列税收保全措施：

一、书面通知纳税人开户银行和其他金融机构冻结纳税人的金额相当于应纳税款的存款。

二、扣留纳税人价值相当于应纳税款的货物和其他财产。

纳税人在规定的期限以内缴纳税款的，海关必须立即解除税收保全措施；期限届满仍然没有缴纳税款的，经过海关总署直属海关关长或其授权的隶属海关关长批准，海关可以书面通知纳税人开户银行和其他金融机构从其冻结的存款中扣缴税款；或者依法变卖所扣留的货物和其他财产，以变卖所得抵缴税款。

有下列情形之一，纳税人要求海关先放行货物的，应当按照海关初步确定的应缴税款向海关提供足额税款担保：海关尚未确定商品归类、完税价格和原产地等征税要件的；正在海关办理减免税审批手续的；申请延期缴纳税款的；暂时进出境的；进境修理、出境加工的，按照保税货物管理的除外；由于残损、品质不良和规格不符，纳税人申报进口、出口无代价抵偿货物时，原进口货物尚未退运出境或者尚未放弃交由海关处理的，原出口货物尚未退运进境的；其他按照有关规定需要提供税款担保的。

税款担保期限一般不超过 6 个月，特殊情况经直属海关关长或者其授权人批准可以酌情延长。

税款担保一般应为保证金、银行和非银行金融机构的保函。银行、非银行金融机构的税款保函，其保证方式应当是连带责任保证。税款保函明确规定保证期间的，保证期间应当不短于海关批准的担保期限。

在海关批准的担保期限以内，纳税人履行纳税义务的，海关应当从纳税人履行纳税义务之日起 5 个工作日以内办结解除税款担保的相关手续。纳税人未履行纳税义务，收取税款保证金的，海关应当从担保期限届满之日起 5 个工作日以内完成保证金转为税款的相关手续；银行、非银行金融机构提供税款保函的，海关应当从担保期限届满之日起 6 个月以内，或者在税款保函规定的保证期间，要求担保人履行相应的纳税义务。

34. 税务机关在什么情况下可以采取税收强制执行措施？

从事生产、经营的纳税人、扣缴义务人没有按照规定的期限缴纳或者解缴税款，纳税担保人没有按照规定的期限缴纳所担保的税款，由税务机关发出限期缴纳税款通知书，责令缴纳或者解缴税款的最长期限不得超过 15 天。逾期仍然没有缴纳的，经过县级以上税务局局长批准，税务机关可以采取下列税收强制执行措施：

一、书面通知纳税人、扣缴义务人、纳税担保人的开户银行和其他金融机构从纳税人、扣缴义务人、纳税担保人的存款中扣缴税款。如果纳税人、扣缴义务人、纳税担保人在银行和其他金融机构的存款不足以同时支付税款和贷款，应当先扣缴税款，后扣收贷款。有关银行和其他金融机构在规定的期限以内无法实现扣缴税款的，应当书面通知税务机关，以便税务机关采取其他强制执行措施。

二、依法扣押、查封、拍卖、变卖纳税人、扣缴义务人和纳税担保人的价值相当于应纳税款的商品、货物和其他财产，以拍卖、变卖所得抵缴税款。税务机关将依法扣押、查封的商品、货物和其他财产变价抵缴税款的时候，应当交由依法成立的拍卖机构拍卖；无法委托拍卖或者不适于拍卖的，可以交由当地商业企业代为销售，也可以责令纳税人限期处理；无法委托商业企业销售，纳税人也无法处理的，可以由税务机关变价处理。国家禁止自由买卖的物品，应当交由有关单位按照国家规定的价格收购。

对于价值超过应纳税额且不可分割的商品、货物和其他财产，税务机关在纳税人、扣缴义务人和纳税担保人没有其他可供强制执行的财产的情况下，可以整体扣押、查封、拍卖，以拍卖所得抵缴税款、滞纳金、罚款和扣押、查封、保管、拍卖等费用。

税务机关在采取税收强制执行措施的时候，对纳税人、扣缴义务人和纳税担保人没有缴纳的滞纳金同时强制执行。

拍卖、变卖所得抵缴税款、滞纳金、罚款和扣押、查封、保管、拍卖、变卖等费用以后，剩余部分应当在 3 天以内退还被执行人。

个人及其所扶养家属维持生活必需的住房和用品，不在税收强制执行措施的范围以内。

上述采取税收保全措施、强制执行措施的权力，不得由法定的税务机关以外的单位、个人行使。

税务机关滥用职权，违法采取税收保全措施、强制执行措施，或者采取税收保全措施和强制执行措施不当，使纳税人、扣缴义务人和纳税担保人的合法权益遭受损失的，应当依法承担赔偿责任。

当事人对税务机关采取的税收保全措施、强制执行措施不服的，可以依法申请行政复议，或者向人民法院起诉。

35. 税务机关扣押、查封纳税人财产时怎样计算其价值?

税务机关在依法扣押、查封纳税人的价值相当于应纳税款的商品、货物和其他财产的时候,参照同类商品的市场价、出厂价和评估价估算,并应当包括应纳税款的滞纳金和扣押、查封、保管、拍卖、变卖有关商品、货物和其他财产时所发生的费用。

税务机关在依法实施上述扣押、查封措施的时候,对于有产权证件的动产和不动产,可以责令当事人将有关产权证件交税务机关保管,同时向有关机关发出协助执行通知,有关机关在税务机关扣押、查封期间不再办理有关财产的过户手续。

对于被查封的商品、货物和其他财产,税务机关可以指令被执行人负责保管,保管责任由被执行人承担。

继续使用被查封的财产不会减少其价值的,税务机关可以允许被执行人继续使用;由于被执行人保管和使用的过错造成的损失,由被执行人承担。

36. 海关在什么情况下可以采取税收强制措施?

进出口货物关税的纳税人、担保人逾期 3 个月没有按照规定纳税的,经过海关总署直属海关关长或者其授权的隶属海关关长批准,海关可以采取下列税收强制措施:

一、书面通知纳税人、担保人的开户银行和其他金融机构从纳税人、担保人的存款中扣缴税款。

二、将应税货物依法变卖,以变卖所得抵缴税款。

三、扣留并依法变卖纳税人、担保人的价值相当于应纳税款的货物和其他财产,以变卖所得抵缴税款。

海关在采取税收强制措施的时候,对纳税人、担保人没有缴纳的滞纳金同时强制执行。

37. 怎样处理欠税?

欠税指纳税人、扣缴义务人超过税收法律、法规规定或税务机关依照税收法律、法规规定的纳税期限,未缴、少缴税款的行为。

　　税务机关征收税款，税收优先于无担保债权，法律另有规定的除外。纳税人欠缴的税款发生在纳税人以其财产设定抵押、质押和纳税人的财产被留置以前，税收应当先于抵押权、质权和留置权执行。

　　纳税人欠缴税款，同时被行政机关决定处以罚款和没收违法所得的，税收优先于罚款和没收违法所得。

　　县级以上各级税务机关应当定期将纳税人欠缴税款的情况在办税场所或者广播、电视、报刊和网络等新闻媒体上予以公告。海关也可以对关税纳税人欠缴税款的情况予以公告。

　　纳税人有欠税情形而以其财产设定抵押和质押的，应当向抵押权人和质权人说明其欠税情况。抵押权人和质权人可以请求税务机关提供有关的欠税情况。

　　纳税人有合并和分立情形的，应当向税务机关报告，并依法缴清税款。纳税人在合并的时候没有缴清税款的，应当由合并以后的纳税人继续履行没有履行的纳税义务。纳税人在分立的时候没有缴清税款的，分立以后的纳税人对于没有履行的纳税义务应当承担连带责任。

　　欠缴税款5万元以上的纳税人在处分其不动产和大额资产以前，应当向税务机关报告。

　　欠缴税款的纳税人由于怠于行使到期债权，放弃到期债权，无偿转让财产，以明显不合理的低价转让财产而受让人知道该情形，对于国家税收造成损害的，税务机关可以按照合同法的有关规定行使代位权、撤销权。税务机关依法行使上述权力的，不免除欠缴税款的纳税人尚未履行的纳税义务和应当承担的法律责任。

　　纳税人有解散、撤销和破产情形的，在清算以前应当报告税务机关；没有结清税款的，由税务机关参加清算。

　　欠缴关税的纳税人有合并、分立情形的，应当在合并、分立以前报告海关，依法缴清税款。纳税人在合并的时候没有缴清税款的，应当由合并以后的法人和其他组织继续履行没有履行的纳税义务。纳税人在分立的时候没有缴清税款的，分立以后的法人和其他组织应当对没有履行的纳税义务承担连带责任。

关税的纳税人在减免税货物、保税货物监管期间有合并、分立和其他资产重组情形的，应当报告海关。按照规定需要缴税的，应当依法缴清税款；按照规定可以继续享受减免税、保税待遇的，应当到海关办理变更纳税人的手续。

关税的纳税人欠税或者在减免税货物、保税货物监管期间有撤销、解散、破产和其他依法终止经营情形的，应当在清算以前报告海关，海关应当依法对纳税人的应缴税款予以清缴。

38. 欠税者需要出境时怎样处理？

欠缴税款的纳税人或者其代表人需要出境的时候，应当在出境以前向税务机关结清应纳税款和滞纳金，或者提供纳税担保。

经过税务机关调查核实，欠税人没有按照规定结清税款和滞纳金，又没有提供纳税担保，且准备出境的，税务机关应当首先依法向欠税人申明不准出境。对于已经取得出境证件，执意出境的，税务机关可以按照规定函请公安机关阻止其出境。

欠税人为个人的，阻止出境对象为当事人本人；欠税人为法人的，阻止出境对象为其法定代表人；欠税人为其他经济组织的，阻止出境对象为其负责人。法定代表人或者负责人变更的时候，以变更之后的法定代表人或者负责人为阻止出境对象；法定代表人不在我国境内的，以其在华的主要负责人为阻止出境对象。

对于已经结清阻止出境时欠缴的全部税款，或者已经向税务机关提供相当全部欠缴税款的纳税担保，或者欠税企业已经依法宣告破产并且按照破产法规定的程序清偿终结者，税务机关必须按照规定函请公安机关撤控放行，允许其出境。

纳税人以其拥有的没有设置抵押权的财产作为纳税担保的，应当就担保财产的监督和处分权等事项在我国境内委托代理人，并将担保财产的清单和委托代理协议书的副本交税务机关。

已经移送法院审理的欠税人，由法院按照法律规定处理。

39. 纳税人多缴、少缴的税款怎样处理?

纳税人超过应纳税额缴纳的税款,税务机关应当从发现之日起10天以内办理退还手续。纳税人从结算缴纳税款之日起3年以内发现的,可以向税务机关要求退还多缴的税款,并加算银行同期存款利息。税务机关应当从接到纳税人提交的退税申请之日起30天以内查实,并办理退还手续,退税利息按照税务机关办理退税手续当天中国人民银行规定的活期存款利率计算。上述多缴的税款不包括依法预缴税款而形成的结算退税、出口退税和免税、减税退税。

如果纳税人既有应退税款,又有欠缴税款,税务机关可以先从应退税款及其利息中抵扣欠缴税款;抵扣以后有余额的,应当退还纳税人。

由于税务机关适用税收法律、行政法规不当,或者执法行为违法,致使纳税人、扣缴义务人未缴、少缴税款的,税务机关在3年以内可以要求纳税人、扣缴义务人补缴税款,但是不得加收滞纳金。

由于纳税人、扣缴义务人计算错误等失误,未缴或者少缴、未扣或者少扣、未收或者少收税款的,税务机关在3年以内可以追征税款、滞纳金。纳税人、扣缴义务人由于计算错误等失误,未缴或者少缴、未扣或者少扣、未收或者少收税款累计数额在10万元以上的,追征期可以延长到5年。

对于偷税、抗税和骗税的,税务机关追征其未缴、少缴的税款和滞纳金和骗取的税款,不受上述规定期限的限制。

补缴和追征税款、滞纳金的期限,从纳税人、扣缴义务人应缴未缴或者少缴税款之日起计算。

进出口货物放行以后,海关发现少征、漏征税款的,应当从缴纳税款或者货物放行之日起1年以内向纳税人补征。由于纳税人违反规定而造成少征或者漏征税款的,海关可以从缴纳税款或者货物放行之日起3年以内追征,并从缴纳税款或者货物放行之日起按日加收少征、漏征税款的滞纳金。

由于纳税人违反规定而造成海关监管货物少征、漏征税款的,海关应当从纳税人应当缴纳税款之日起 3 年以内追征税款，并从应当缴纳税款之日起至海关发现纳税人的违规行为之日止，按日加收少征、漏征税款的滞纳金。上述应缴纳税款之日，是指纳税人违反规定的行为发生之日；该行为发生之日不能确定的，应当以海关发现该行为之日作为应缴纳税款之日。

海关补征、追征税款，应当制发《海关补征税款告知书》，纳税人应当从收到该告知书之日起 15 天以内到海关办理补缴税款的手续。纳税人没有在上述规定期限以内办理补税手续的，海关应当在规定期限届满之日填发税款缴款书。

海关发现多征税款的，应当立即通知纳税人办理退还手续。纳税人应当从收到海关通知之日起 3 个月以内办理有关退税手续。纳税人发现多缴税款的，从缴纳税款之日起 1 年以内，可以以书面形式要求海关退还多缴的税款，并加算银行同期活期存款利息。应退利息按照海关填发收入退还书之日中国人民银行规定的活期储蓄存款利率计算，计算应退利息的期限从纳税人缴纳税款之日起至海关填发收入退还书之日止。海关应当从受理纳税人提交的退税申请之日起 30 天以内查实，并通知纳税人办理退还手续。纳税人应当从收到通知之日起 3 个月以内办理有关退税手续。

40. 免税、减税的分类和审批权限是怎样规定的？

纳税人可以按照法律、行政法规的规定向税务机关申请免税、减税。

免税、减税分为报批类免税、减税和备案类免税、减税。报批类免税、减税，指应当由税务机关审批的免税、减税项目；备案类免税、减税，指取消审批手续的免税、减税项目和不需税务机关审批的免税、减税项目。

纳税人享受报批类免税、减税，应当提出免税、减税申请，并报送有关资料，经过具有审批权限的税务机关批准以后执行。纳税人享受备案类免税、减税，应当提请税务机关备案，从税务机关备案之日起执行。

纳税人同时从事免税、减税项目和非免税、减税项目的，应当分别核算。不能分别核算的，不能免税、减税。核算不清的，由税务机关按照合理方法核定。

纳税人依法可以享受免税、减税待遇，但是没有享受，从而多缴税款的，无明确规定需要经过税务机关审批的，没有规定申请免税、减税期限的，纳税人可以在3年以内申请免税、减税，要求退还多缴的税款，但是不加算银行同期存款利息。

免税、减税的申请应当由法律、行政法规规定的免税、减税审查批准机关审批。地方各级人民政府、各级人民政府主管部门、单位和个人违反法律、行政法规规定擅自作出的免税、减税决定无效，税务机关不得执行，并应当向上级税务机关报告。

免税、减税审批机关由税收法律、法规和规章设定。凡规定应当由国家税务总局审批的，由各省、自治区、直辖市和计划单列市税务机关报送国家税务总局审批。凡规定应当由省级以下税务机关审批的，由各省级税务机关审批或者确定审批权限，原则上由纳税人所在地的县级税务机关审批。对于免税、减税金额比较大或者免税、减税条件复杂的项目，省级税务机关可以根据效能与便民、监督与责任的原则适当划分审批权限。

41. 怎样申请和审批免税、减税？

纳税人申请报批类免税、减税的，应当在规定的免税、减税期限以内向税务机关提出书面申请，并报送免税、减税申请报告、财务会计报表、纳税申报表、有关部门出具的证明和税务机关要求提供的其他资料。

纳税人可以向主管税务机关申请免税、减税，也可以直接向具有审批权限的税务机关申请免税、减税。

由纳税人所在地主管税务机关受理、应当由上级税务机关审批的免税、减税申请，纳税人所在地主管税务机关应当从受理申请之日起10个工作日以内直接上报具有审批权限的上级税务机关。

税务机关对于纳税人提出的免税、减税申请，应当根据具体情况分别作出处理：

一、申请的免税、减税项目依法不需要经过税务机关审查的，应当告知纳税人不受理。

二、报送的材料不详或者存在错误的，应当告知纳税人更正。

三、报送的材料不齐全或者不符合法定形式的，应当在 5 个工作日以内一次告知纳税人需要补正的全部内容。

四、报送的材料齐全、符合法定形式的，或者纳税人按照税务机关的要求提交全部补正材料的，应当受理纳税人的申请。

税务机关需要对纳税人报送的材料进行实地核实的，应当指派 2 名以上工作人员按照规定程序实地核查。对于实地核查工作量大、耗时长的，上级税务机关可以委托纳税人所在地的县级税务机关组织核查。

免税、减税期限超过一个纳税年度的，应当一次性审批。

县级税务机关负责审批的免税、减税，必须在 20 个工作日以内作出审批决定；地（市）级税务机关负责审批的免税、减税，必须在 30 个工作日以内作出审批决定；省级税务机关负责审批的免税、减税，必须在 60 个工作日以内作出审批决定。在规定期限以内不能作出审批决定的，经本级税务机关负责人批准，可以延长 10 个工作日，并将延长期限的理由告知纳税人。

免税、减税申请符合法定条件的，具有审批权限的税务机关应当在规定的期限以内作出准予免税、减税的书面决定，并从作出决定之日起 10 个工作日以内将该决定送达纳税人。在税务机关的免税、减税批复下达以前，纳税人应当按照规定申报纳税。依法不予免税、减税的，税务机关应当说明理由，并告知纳税人享有依法申请行政复议和提起行政诉讼的权利。

纳税人在执行备案类免税、减税以前，必须向税务机关申报免税、减税规定的执行情况和税务机关要求提供的有关资料备案。税务机关应当在受理纳税人免税、减税备案以后 7 个工作日以内完成登记备案工作，并告知纳税人执行。

纳税人享受免税、减税的条件发生变化的，应当从发生变化之日起 15 个工作日以内向税务机关报告；不再符合免税、减税条件的，应当依法履行纳税义务；没有依法纳税的，税务机关应当追缴应纳税款。

42. 免税、减税的监督管理是怎样规定的?

纳税人已经享受免税、减税的,应当纳入正常申报,进行免税、减税申报。纳税人享受免税、减税到期的,应当申报缴纳税款。税务机关应当对纳税人已经享受免税、减税的情况加强管理和监督。

税务机关应当结合纳税检查、执法检查和其他专项检查,每年定期对纳税人的免税、减税事项进行清查、清理,加强监督,主要内容包括:纳税人是否符合免税、减税的条件,是否以隐瞒有关情况和提供虚假材料等手段骗取免税、减税;纳税人享受免税、减税的条件发生变化的时候,是否根据变化的情况经税务机关重新审查以后办理免税、减税;免征、减征的税款有规定用途的,纳税人是否按照规定用途使用;免税、减税有规定期限的,是否到期恢复纳税;是否存在纳税人未经税务机关批准自行享受免税、减税的情况;已经享受免税、减税是否申报。

免税、减税的审批采取谁审批谁负责制度,各级税务机关应当将免税、减税审批纳入岗位责任制考核体系中,建立税收行政执法责任追究制度。

税务机关应当按照规定的时间和程序,公正、透明、廉洁、高效和方便纳税人的原则,及时受理、审批纳税人申请的免税、减税事项。非由于客观原因没有及时受理、审批的,或者没有按照规定程序审批、核实造成审批错误的,应当依法追究责任。

纳税人的实际经营情况不符合免税、减税条件的,采用欺骗手段获取免税、减税的,享受免税、减税的条件发生变化以后没有及时向税务机关报告的,没有按照规定的程序报批而自行免税、减税的;因税务机关的责任审批、核实错误,造成企业未缴、少缴税款的;税务机关越权免税、减税的,应当按照税收征收管理法的有关规定处理。

税务机关应当按照实质重于形式的原则对企业的经营情况进行事后检查。检查中发现有关专业技术部门、经济鉴证部门认定失误的,应当及时与有关部门沟通,提请纠正,及时取消有关纳税人的优惠资格，督促追究有关责任人的法律责任。有关部门非法提供证明，导致未缴或者少缴税款的，应当按照税收征管法实施细则的有关规定处理。

43. 怎样申请、审批进口货物的免税、减税?

享受进口税收优惠政策的单位（以下简称进口单位）需要向海关申请办理进口货物免税、减税手续的，应当按照该项进口税收优惠政策的规定，以及国家对项目管理和对进口货物管理的规定，预先在国家或者地方政府主管部门办妥有关的审批、核准、备案和登记等手续。

按照规定需要向海关登记备案的，进口单位应当在首批货物进口以前，持有关文件或者证明，向主管海关申请办理登记备案手续。

进口单位应当在每次进口货物以前，持有关文件或者证明，向主管海关申请办理进口货物免税、减税审批手续。

经过审核，符合海关办理免税、减税备案或者审批条件的，主管海关应当予以受理。

进口单位向海关提出免税、减税备案申请和办理进口货物免税、减税审批手续的申请时，不能向海关提供有效文件或者证明，出现不符合国家有关规定的情况的，海关不予受理，并应当向申请人说明理由。

海关受理的登记备案和免税、减税申请，以海关接受申请材料之日作为受理之日。经过审核符合登记备案条件和免税、减税规定的，海关应当从受理之日起 10 个工作日以内予以登记备案，或者签发《进出口货物征免税证明》（以下简称征免税证明）。

为明确政策规定、审批权限和技术指标等原因需要请示海关总署的，或者因其他特殊情况，海关不能在规定时限以内完成登记备案手续或者签发征免税证明的，经主管关长或者其授权人批准，可以酌情延长时间，并应当向进口单位说明原因。

进口单位及其代理人应当凭征免税证明和有关报关单证在进口地海关办理免税、减税货物进口报关手续。

进口单位已经向海关申请办理免税、减税备案或者审批手续，在主管海关按照规定受理期间（包括经过批准延长的期限）货物到达进口口岸的，进口单位可以向海关申请凭税款担保办理货物验放手续。

进口单位需要办理税款担保手续的，应当在货物申报进口以前向主管海关提出申请，主管海关审核以后出具《海关同意按减免税货物办理税款担保手续证明》（以下简称担保证明），进口地海关审核符合担保条件的，凭担保证明按照规定办理货物的担保和验放手续。

主管海关由于特殊情况经过批准延长办理免税、减税备案或者审批手续的时间的，免税、减税担保时限可以相应延长，并应当及时通知进口单位向海关申请办理延长税款担保期限的手续。

进口单位应当在担保证明规定期限届满之日15天以前向主管海关提出延长税款担保期限的申请，主管海关确认以后出具延长担保期限的《海关同意办理减免税货物税款担保延期手续证明》（以下简称延期证明），进口地海关凭延期证明按照规定办理税款担保延期手续。

货物征税放行以后，进口单位申请补办免税、减税审批手续的，海关不再受理。进口单位没有如实说明情况，致使主管海关补办征免税证明的，进口地海关不予据此办理退税手续，并应当将有关证明收缴，退回原签发海关核销。

进口单位没有按照规定申请办理税款担保延期手续的，在担保证明规定期限届满时，海关应当按照规定将税款保证金转为税款入库，或者要求担保人履行相应的纳税义务。

进口单位发生违反海关规定的行为，在海关查处期间，进口单位不得向海关申请办理涉案免税、减税货物的转让、抵押等手续。海关发现进口单位申请对涉案免税、减税货物办理有关手续的，不得受理。

进口单位没有如实向海关说明情况，致使海关对涉案免税、减税货物办理相关手续的，海关发现以后，应当立即予以撤销。

国务院已经批准的税收优惠政策，国家有关部门正在制定具体实施办法期间，符合条件的进口单位申报进口可以享受税收优惠政策的货物需要办理税款担保手续的，应当在货物进口以前通过其主管部门或者上级单位向海关总署提出申请，海关总署核准以后通知有关海关办理。

进口税收优惠政策分年度实施，并且需要国家有关主管部门每年核定进口计划或者进口数量的，在当年计划数量下达以前，进口地海关可以直接凭进口单位的申请，按照规定办理税款担保手续。待计划数量下达，进口单位补办免税、减税审批手续以后，海关按照规定办理货物免税、减税进口和解除税款担保的相关手续。

44. 免税、减税进口货物的监管是怎样规定的？

需由海关监管使用的减免税进口货物，在监管年限以内转让或者移作他用，需要补税的，海关应当根据该货物进口时间折旧估价，补征进口关税。

特定减免税进口货物的监管年限为：船舶、飞机 8 年，机动车辆 6 年，其他货物 5 年。监管年限从货物进口放行之日起计算。

在特定减免税进口货物的监管年限以内，纳税人应当从减免税货物放行之日起，每年一次向主管海关报告减免税货物的状况。除了经海关批准转让给其他享受同等税收优惠待遇的项目单位以外，纳税人在补缴税款并办理解除监管手续以后，方可转让或者进行其他处置。

特定减免税进口货物监管年限届满，自动解除海关监管。纳税人需要解除监管证明的，可以从监管年限届满之日起 1 年以内，持有关单证向海关申请领取解除监管证明。海关应当从接到纳税人的申请之日起 20 天以内核实情况，并填发解除监管证明。

45. 税务机关有权进行哪些税务检查？

税务检查是税务机关依法对纳税人、扣缴义务人的税务事项实施的检查。税务机关有权进行下列税务检查：

一、检查纳税人的账簿、记账凭证、报表和有关资料，检查扣缴义务人代扣代缴、代收代缴税款账簿、记账凭证和有关资料。此项检查可以在纳税人、扣缴义务人的业务场所进行；必要的时候，经过县级以上税务局局长批准，可以将纳税人、扣缴义务人以前会计年度的账簿、记账凭证、报表和其他有关资料调回税务机关检查，但是税务机关必须向纳税人、扣缴义务人开付清单，并在 3 个月以内完整退还；有特殊情况的（指涉及增值税专用发票检查的，纳税人涉嫌税收违法行为情节严重的，纳税人和其他当事人可能毁灭、藏匿、转移账簿等证据资料等），经过设区的市、自治州、盟、地区和直辖市的区以上税务局局长批准，税务机关可以将纳税人、扣缴义务人当年的账簿、记账凭证、报表和其他有关资料调回税务机关检查，但是必须在 30 天以内退还。

二、到纳税人的生产、经营场所和货物存放地检查纳税人应纳税的商品、货物和其他财产，检查扣缴义务人与代扣代缴、代收代缴税款有关的经营情况。

三、责成纳税人、扣缴义务人提供与纳税或者代扣代缴、代收代缴税款有关的文件、证明材料和有关资料。

四、询问纳税人、扣缴义务人与纳税或者代扣代缴、代收代缴税款有关的问题和情况。

五、到车站、码头、机场、邮政企业及其分支机构检查纳税人托运、邮寄应纳税商品、货物和其他财产的有关单据、凭证和有关资料。

六、经过县级以上税务局局长批准，指定专人负责，凭全国统一格式的检查存款账户许可证明，查询纳税人、扣缴义务人在银行和其他金融机构的存款账户余额和资金往来情况。税务机关在调查税收违法案件的时候，经过设区的市、自治州、盟、地区和直辖市的区以上税务局局长批准，可以查询案件涉嫌人员的储蓄存款。税务机关查询所获得的资料，不得用于税收以外的用途。

七、对采用电算化会计系统的纳税人，税务机关有权对其会计电算化系统进行查验；对纳税人会计电算化系统处理、储存的会计记录和其他有关的纳税资料，税务机关有权进入其电算化系统进行检查，并可以复制与纳税有关的电子数据作为证据。检查时，税务机关有责任保证纳税人会计电算化系统的安全性，并保守纳税人的商业秘密。

税务机关派出的人员进行税务检查的时候，应当出示税务检查证和税务检查通知书（否则被检查人有权拒绝检查），并有责任为被检查人保守秘密。

税务机关对于从事生产、经营的纳税人以前纳税期的纳税情况依法检查的时候，发现纳税人有逃避纳税义务行为，并有明显的转移、隐匿其应纳税的商品、货物和其他财产或者应纳税的收入的迹象的，可以依法采取税收保全措施或者强制执行措施。

纳税人、扣缴义务人应当接受税务机关依法进行的税务检查，如实反映情况，提供有关资料，不得拒绝、隐瞒。

税务机关在依法进行税务检查的时候，有权向有关单位、个人调查纳税人、扣缴义务人和其他当事人与纳税或者代扣代缴税款、代收代缴税款有关的情况，有关单位、个人有义务向税务机关如实提供有关资料和证明材料（如工商行政管理机关可以提供有关纳税人办理营业执照、法定代表人、经营地点、经营方式和经营范围等方面的信息，银行可以提供有关纳税人开设账户和资金往来等方面的信息，运输部门可以提供有关纳税人运输货物等方面的信息，与纳税发生购销关系的单位、个人可以提供有关纳税人购销货物和劳务等方面的信息）。

46. 海关可以行使哪些权力？

海关可以行使下列权力：

一、检查进出境运输工具，查验进出境货物、物品；对违反海关法和其他有关法律、行政法规的，可以扣留。

二、查阅进出境人员的证件；查问违反海关法和其他有关法律、行政法规的嫌疑人，调查其违法行为。

三、查阅、复制与进出境运输工具、货物、物品有关的合同、发票、账册、单据、记录、文件、业务函电、录音录像品和其他资料；对其中与违反海关法规和其他有关法律、行政法规的进出境运输工具、货物和物品有牵连的，可以扣留。

四、在海关监管区和海关附近沿海沿边规定地区，检查有走私嫌疑的运输工具和有藏匿走私货物、物品嫌疑的场所，检查走私嫌疑人的身体；对有走私嫌疑的运输工具、货物、物品和走私犯罪嫌疑人，经过海关总署直属海关关长或者其授权的隶属海关关长批准，可以扣留；对走私犯罪嫌疑人，扣留时间不超过 24 小时，在特殊情况下可以延长至 48 小时。

在海关监管和海关附近沿海沿边规定地区以外，海关在调查走私案件的时候，对有走私嫌疑的运输工具和除了公民住处以外的有藏匿走私货物、物品嫌疑的场所，经过海关总署直属海关关长或者其授权的隶属海关关长批准，可以进行检查，有关当事人应当到场；当事人没有到场的，在有见证人在场的情况下，可以径行检查；对其中有证据证明有走私嫌疑的运输工具、货物和物品，可以扣留。

五、在调查走私案件的时候，经过海关总署直属海关关长或者其授权的隶属海关关长批准，可以查询案件涉嫌单位和涉嫌人员在金融机构、邮政企业的存款、汇款。

六、进出境运输工具和个人违抗海关监管逃逸的，海关可以连续追至海关监管区和海关附近沿海沿边规定地区以外，将其带回处理。

七、海关为履行职责，可以配备武器。

八、法律、行政法规规定由海关行使的其他权力。

47. 税务稽查对象怎样确定？

各级税务机关应当根据税务稽查工作的需要和稽查力量，于每年年末制定下一年度的稽查计划，报经本级税务机关负责人批准以后实施。

税务稽查对象一般应当通过以下 3 种方法产生：

一、通过电子计算机选案分析系统筛选；

二、根据稽查计划，按照征管户数的一定比例筛选或者随机抽样选择；

三、根据公民举报、有关部门转办、上级交办和情报交换资料确定。

税务稽查对象确定以后，应当分类建立税务稽查实施台账，跟踪检查、考核稽查计划执行情况。

48. 哪些税务稽查对象应当立案查处？

税务稽查对象当中，经初步判明有以下情形之一的，应当立案查处：

一、偷税、逃避追缴欠税、骗取出口退税和抗税，为纳税人、扣缴义务人非法提供银行账户、发票、证明和其他方便，导致税收流失的；

二、无上述行为，但是查补税额在5 000元至20 000元以上的（具体金额标准由各地省级税务机关根据当地的实际情况在上述幅度以内确定）；

三、私自印制、伪造、倒卖、非法代开和虚开发票，非法携带、邮寄、运输和存放空白发票，伪造、私自制作发票监制章和发票防伪专用品的；

四、税务机关认为需要立案查处的其他情形。

49. 税务稽查的管辖权是怎样规定的？

国家税务总局稽查局负责拟定税务稽查制度、办法并组织在全国税务系统实施；办理重大税收案件的立案和调查，并提出审理意见；指导和协调全国税务系统的稽查工作。

各地国家税务局和地方税务局分别负责所管辖税收的税务稽查工作。在工作中遇有属于对方管辖范围的问题的时候，应当及时通报对方查处。双方在同一个税收问题认定上有不同意见的时候，应当先按照负责此项税收的一方的意见执行，然后报负责此项税收的上级税务机关裁定，以裁定的意见为准。

税务案件的查处，原则上应当由被查对象所在地的税务机关负责，发票案件由案发地的税务机关负责。

在国家税务局和地方税务局各自系统内，遇有涉及两个以上税务机关管辖的税务案件，由最先查处的税务机关负责；管辖权有争议的，有关税务机关应当本着有利于案件查处的原则协商确定查处权；经过协商仍然不能取得一致意见的，由各方共同的上一级税务机关协调或者裁定以后执行。

下列案件可以由上级税务机关查处或者统一组织力量查处：

一、重大偷税、逃避追缴欠税、骗取出口退税、避税和抗税案件；

二、重大伪造、倒卖、非法代开、虚开发票案件和其他重大税收违法案件；

三、根据举报，确需上级税务机关派人查处的案件；

四、涉及被查对象税务机关有关人员的案件；

五、上级税务机关认为需要由自己查处的案件；

六、下级税务机关认为需要由上级税务机关查处的案件。

50. 怎样实施税务稽查？

税务机关在实施税务稽查以前，应当先全面了解被查对象的有关情况，确定稽查方法，然后向被查对象发出书面通知，告知其稽查时间和需要准备的资料等。但是，对于被举报有税收违法行为的，税务机关有根据认为被查对象有税收违法行为的，预先通知有碍稽查的，不必事先通知。

如果税务稽查人员与被查对象有近亲属关系、利害关系和可能影响公正执法的其他关系，应当自行回避，被查对象也有权要求他们回避。

实施税务稽查应当2人以上，并出示税务检查证件。

实施税务稽查可以根据需要和法定程序采取询问、调取账簿资料和实地稽查等手段。需要跨管辖区域稽查的，可以采取发函调查和异地调查2种方式。

在稽查结束的时候，税务稽查人员应当将稽查的结果和主要问题向被查对象说明，核对事实，听取意见。

对于立案查处的案件，税务稽查完毕，稽查人员应当制作《税务稽查报告》，连同《税务稽查底稿》和其他证据，提交审理部门审理。

对于按照规定不需要立案查处的一般税收违法案件，税务稽查完毕，可以按照简易程序，由稽查人员直接制作《税务处理决定书》，按照规定报经批准以后执行。

对于经过稽查没有发现问题的，如果没有立案查处，由稽查人员制作《税务稽查结论》报批；如果已经立案查处，由稽查人员制作《税务稽查报告》，连同有关稽查资料，提交审理部门审理。

51. 税务稽查审理工作怎样进行?

税务稽查审理工作应当由专门人员负责，必要的时候可以组织会审。

审理人员应当认真审阅稽查人员提交的《税务稽查报告》和其他有关资料，确认违法事实是否清楚，证据是否确凿，数据是否准确，资料是否齐全；适用法律、法规和规章是否得当；是否符合法定程序；处理意见是否得当。对于大案、要案和疑难案件，本级税务机关定案有困难的，应当报经上级税务机关审理以后定案。

审理结束的时候，审理人员应当提出综合性审理意见，制作《审理报告》和《税务处理决定书》，履行报批手续以后，交有关人员执行。对于构成犯罪，应当移送司法机关的，制作《税务违法案件移送书》，报经领导批准以后移送司法机关处理。

对于稽查人员提交的经过稽查没有发现问题的《税务稽查报告》，审理人员审理以后确认的，制作《税务稽查结论》报批；有疑问的，退稽查人员补充稽查，或者报告领导另行安排稽查。

审理人员在接到稽查人员提交的《税务稽查报告》和有关资料以后，应当在 10 天以内审理完毕。

52. 税务处理决定怎样执行?

税务执行人员接到批准的《税务处理决定书》以后，填制税务文书送达回证，送达被查对象，并监督其执行。

被查对象没有按照《税务处理决定书》的规定执行的，税务执行人员应当依法对其应当补缴的税款、滞纳金采取强制执行措施，填制《查封（扣押）证》、《拍卖商品、货物、财产决定书》或者《扣缴税款通知书》，经县以上税务局（分局）局长批准以后执行。

被查对象对于税务机关作出的处罚决定和强制执行措施决定，在规定的时限以内，既不执行，也不向税务机关申请复议或者向人民法院起诉的，应当由县级以上税务机关填制《税务处罚强制执行申请书》，连同有关材料一并移送人民法院，申请人民法院协助强制执行。

对于已经作出行政处理决定，移送司法机关查处的税务案件，税务机关应当在移送以前将其应缴未缴的税款、罚款和滞纳金追缴入库。对于未作行政处理决定，直接由司法机关查处的税务案件，追缴的税款，应当由税务机关办理补缴税款手续；定为撤案、免予刑事处罚的，税务机关还应当视其违法情节依法予以行政处罚，并加收滞纳金。

53. 海关稽查是怎样规定的？

自进出口货物放行之日起 3 年以内，在保税货物、减免税进口货物的海关监管期以内及其后的 3 年以内，海关可以对与进出口货物直接有关的企业、单位的会计账簿、会计凭证、报关单证以及其他有关资料和有关进口货物实施稽查。

54. 税务违法案件举报怎样管理？

县以上税务机关的稽查局应当设立税务违法案件举报中心（以下简称举报中心），其主要职责是：宣传和鼓励群众举报税务违法行为，受理、管理和处理举报材料，转办、交办和督办举报案件，审核举报案件的查办情况，上报和通报举报事项的查办情况，统计和分析举报管理工作的数据情况，保护和奖励举报人。

举报中心受理举报的范围是：偷税、逃避追缴欠税和骗税，虚开、伪造、非法提供和非法取得发票，其他税务违法行为。对于不属于自己受理范围的举报，举报中心应当告之举报人向有处理权的单位反映，或者将举报材料移送有处理权的单位。

举报可以采用书信、口头、电话和其他形式提出，实名举报和匿名举报均须受理。税务机关应当定期向社会公布举报中心的电话号码、地址和邮政编码，设立举报箱和举报接待室，为举报人提供便利条件。

属于本级稽查局管辖的举报案件，举报中心应当报请稽查局领导批准查处。重大案件应当向本级税务机关领导报告，必要的时候应当向上级税务机关报告（此类案件应当在接到举报以后 7 天之内办理，情况紧急的应当立即办理）。

上级举报中心对于下级税务机关报告的重大举报案件，应当及时审查，提出批办意见，必要的时候由稽查局领导批准督办。

举报中心可以代表本级税务机关或者以自己的名义向下级税务机关或者同级有关机关交办、转办举报事项。

对于上级税务机关及其所属举报中心交办并要求查报结果的举报案件，除有特定时限者以外，一般应当在 60 天以内上报查办结果；案情复杂的，时限可以适当延长，但是应当上报阶段性的查办情况。上级未要求查报结果的，应当定期将办理情况汇总上报。

对于本级举报中心移送或者领导批办的举报案件，除有特定时限者以外，承办机构应当在 60 天以内将查处情况回复举报中心或者报告批办的领导。

上级稽查局对于下级稽查局报告的举报案件处理结果应当认真审查。对于事实不清、处理不当的，应当通知下级稽查局补充调查或者重新调查。

55. 对税务违法案件举报者怎样奖励？

税务机关对于举报偷税、逃避追缴欠税、骗税和虚开、伪造、非法提供、非法取得发票以及其他税务违法行为的有功单位、个人（以下简称举报人），给予物质奖励和精神奖励，并严格为其保密。但是，物质奖励不适用于税务、财政、审计、海关、工商行政管理、公安和检察等国家机关的工作人员。

举报奖励对象原则上限于实名举报人。匿名举报案件查实以后，税务机关认为可以确定举报人真实身份的，可以酌情给予奖励。

同一税务违法行为被多个举报人分别举报的，主要奖励最先举报人（以税务机关受理举报的登记时间为准）。其他举报人提供的情况对于查清该案确有直接作用的，可以酌情给予奖励。

两个以上举报人联名举报同一税务违法行为的，按照一案奖励，奖金由举报第一署名者或其委托的其他署名者领取。

举报的税务违法案件查实处理以后，根据举报人的贡献大小，可以计发实际追缴税款金额 5% 以内的奖金；没有应纳税款的，可以计发实际追缴罚款金额 10% 以内的奖金。每案奖金最高数额一般不超过 10 万元。对于有重大贡献的举报人，经过省级税务机关批准，奖金限额可以适当提高。奖金数额的具体标准和审批权限由各地省级税务机关自行确定。

56. 税务文书的送达是怎样规定的？

税务文书包括税务事项通知书、责令限期改正通知书、税收保全措施决定书、税收强制执行决定书、税务检查通知书、税务处理决定书、税务行政处罚决定书、行政复议决定书和其他税务文书。

税务机关送达税务文书，应当直接送交受送达人。受送达人是自然人的，应当由本人直接签收；本人不在的，交其同住成年家属签收。受送达人是法人或者其他组织的，应当由法人的法定代表人、其他组织的主要负责人或者该法人、组织的财务负责人、负责收件的人签收。受送达人有代理人的，可以由其代理人签收。

送达税务文书必须有送达回证，并由受送达人或者规定的其他签收人在送达回证上记明收到日期，签名或者盖章，即为送达。

受送达人或者规定的其他签收人拒绝签收税务文书的，送达人应当在送达回证上记明拒收理由和日期，并由送达人和见证人签名或者盖章，将税务文书留在受送达人处，即视为送达。

直接送达税务文书有困难的，可以委托有关机关或者其他单位代为送达，或者邮寄送达。

直接或者委托送达税务文书的，以签收人或者见证人在送达回证上的签收或者注明的收件日期为送达日期；邮寄送达的，以挂号函件回执上注明的收件日期为送达日期，并视为已经送达。

同一送达事项的受送达人众多，或者用上述送达方式无法送达的，税务机关可以公告送达税务文书。自公告之日起满 30 天，即视为送达。

二、法律责任

1. 纳税人有未按规定办理税务登记，设置、保管账簿和凭证，报送财会制度，使用税务登记证等行为的，怎样处罚？

纳税人有下列行为之一的，由税务机关责令限期改正，可以处2 000元以下罚款；情节严重的，处2 000元以上10 000元以下罚款：

一、没有按照规定的期限申报办理税务登记、变更登记和注销登记的，没有按照规定办理税务登记证件验证和换证手续的，没有按照规定办理出口货物退（免）税认定、变更和注销认定手续的。

二、没有按照规定设置、保管账簿和保管记账凭证及有关资料的。

隐匿或者故意销毁依法应当保存的会计凭证、会计账簿和财务会计报告，情节严重的，处5年以下有期徒刑或者拘役，并处或者单处2万元以上20万元以下罚金。单位犯此罪的，对单位判处罚金，并对其直接负责的主管人员和其他直接责任人员按照上述规定处罚。

三、没有按照规定将财务、会计制度或者财务、会计处理办法和会计核算软件报送税务机关备查的。

四、没有按照规定将全部银行账号向税务机关报告的。

五、没有按照规定安装、使用税控装置，损毁、擅自改动税控装置的。

纳税人不办理税务登记的，由税务机关责令限期改正；逾期不改正的，由税务机关提请工商行政管理机关吊销其营业执照。

纳税人没有按照规定使用税务登记证件，转借、涂改、损毁、买卖和伪造税务登记证件的，处2 000元以上10 000元以下罚款；情节严重的，处10 000元以上50 000元以下罚款。

纳税人通过提供虚假的证明资料等手段骗取税务登记证的，处2 000元以下罚款；情节严重的，处2 000元以上10 000元以下罚款。

纳税人、扣缴义务人违反税务登记管理办法的规定，拒不接受税务机关处理的，税务机关可以收缴其发票，或者停止向其发售发票。

2. 扣缴义务人未按规定办理登记，设置、保管账簿和凭证的，怎样处罚？

扣缴义务人没有按照规定办理扣缴税款登记的，税务机关应当从发现之日起3天以内责令其限期改正，可以处2 000元以下罚款。

扣缴义务人没有按照规定设置、保管代扣代缴、代收代缴税款账簿和保管代扣代缴、代收代缴税款记账凭证及有关资料的，由税务机关责令限期改正，可以处2 000元以下罚款；情节严重的，处2 000元以上5 000元以下罚款。

3. 违反发票管理法规，未构成犯罪的，怎样处罚？

对于没有按照规定印制发票、生产发票防伪专用品，没有按照规定领购发票，没有按照规定开具发票，没有按照规定取得发票，没有按照规定保管发票，没有按照规定接受税务机关检查的单位、个人，由税务机关责令限期改正，没收违法所得，可以并处10 000元以下罚款。有上述两种以上行为的，可以分别处罚。其中，没有按照规定保管增值税专用发票而丢失该种发票的，将视情节给予半年以内不能使用、领购该种发票，并收缴结存该种发票的处罚。

非法携带、邮寄、运输和存放空白发票的，由税务机关收缴发票，没收违法所得，可以并处10 000元以下罚款。

非法印制、伪造变造和倒买倒卖发票，私自制作发票监制章和发票防伪专用品的，由税务机关依法予以查封、扣押或者销毁，没收违法所得、作案工具，可以并处10 000元以上50 000元以下罚款。

伪造或者出售伪造的增值税专用发票，伪造并出售伪造的增值税专用发票，非法出售、购买增值税专用发票（包括购买伪造的增值税专用发票），伪造、擅自制造或者出售伪造、擅自制造的其他发票的，由公安机关处15天以下拘留、5 000元以下罚款。

违反发票管理法规，导致其他单位、个人未缴、少缴和骗取税款的，由税务机关没收违法所得，可以并处未缴、少缴和骗取税款1倍以下罚款。

违反发票管理法规，造成偷税的，按照偷税处罚。

税务机关对违反发票管理法规的案件，应当立案查处。对违反发票管理法规的行为进行处罚，应当将处理决定书面通知当事人。

违反发票管理法规情节严重，构成犯罪的，税务机关应当移送司法机关处理。

4. 犯虚开增值税专用发票或者用于骗取出口退税、抵扣税款的其他发票罪的，怎样处罚？

虚开增值税专用发票或者用于骗取出口退税、抵扣税款的其他发票（指增值税专用发票以外的，具有出口退税、抵扣税款功能的收付款凭证和完税凭证，如海关代征增值税专用缴款书、运输发票和农业产品收购发票等，下同），是指有为他人虚开、为自己虚开、让他人为自己虚开和介绍他人虚开行为之一的。

个人犯此罪的，处3年以下有期徒刑或者拘役，并处2万元以上20万元以下罚金；虚开的税款数额较大或者有其他严重情节的，处3年以上10年以下有期徒刑，并处5万元以上50万元以下罚金；虚开的税款数额巨大或者有其他特别严重情节的，处10年以上有期徒刑或者无期徒刑，并处5万元以上50万元以下罚金或者没收财产；骗取国家税款数额特别巨大，情节特别严重，给国家利益造成特别重大损失的，处无期徒刑或者死刑，并处没收财产。

单位犯此罪的，对单位判处罚金，并对其直接负责的主管人员和其他直接责任人员处3年以下有期徒刑或者拘役；虚开的税款数额较大或者有其他严重情节的，处3年以上10年以下有期徒刑；虚开的税款数额巨大或者有其他特别严重情节的，处10年以上有期徒刑或者无期徒刑。

5. 犯伪造、出售伪造的增值税专用发票罪的，怎样处罚？

个人犯伪造或者出售伪造的增值税专用发票罪的，处3年以下有期徒刑、拘役或者管制，并处 2 万元以上 20 万元以下罚金；数量较大或者有其他严重情节的，处 3 年以上 10 年以下有期徒刑，并处 5 万元以上 50 万元以下罚金；数量巨大或者有其他特别严重情节的，处 10 年以上有期徒刑或者无期徒刑，并处 5 万元以上 50 万元以下罚金或者没收财产；数量特别巨大，情节特别严重，严重破坏经济秩序的，处无期徒刑或者死刑，并处没收财产。

单位犯此罪的，对单位判处罚金，并对其直接负责的主管人员和其他直接责任人员处 3 年以下有期徒刑、拘役或者管制；数量较大或者有其他严重情节的，处 3 年以上 10 年以下有期徒刑；数量巨大或者有其他特别严重情节的，处 10 年以上有期徒刑或者无期徒刑。

6. 犯非法出售增值税专用发票罪的，怎样处罚？

个人犯非法出售增值税专用发票罪的，处 3 年以下有期徒刑、拘役或者管制，并处 2 万元以上 20 万元以下罚金；数量较大的，处 3 年以上 10 年以下有期徒刑，并处 5 万元以上 50 万元以下罚金；数量巨大的，处 10 年以上有期徒刑或者无期徒刑，并处 5 万元以上 50 万元以下罚金或者没收财产。

单位犯此罪的，对单位判处罚金，并按照上述规定处罚其直接负责的主管人员和其他直接责任人员。

7. 犯非法购买增值税专用发票罪的，怎样处罚？

个人犯非法购买增值税专用发票或者购买伪造的增值税专用发票罪的，处 5 年以下有期徒刑或者拘役，并处或者单处 2 万元以上 20 万元以下罚金。

个人非法购买增值税专用发票或者伪造的增值税专用发票又虚开或者出售的，分别按照虚开增值税专用发票、出售伪造的增值税专用发票和非法出售增值税专用发票定罪处罚。

单位犯上述罪的，对单位判处罚金，并按照上述规定处罚其直接负责的主管人员和其他直接责任人员。

8. 犯伪造、擅自制造或者出售伪造、擅自制造的可以用于骗取出口退税、抵扣税款的其他发票罪的，怎样处罚？

个人犯伪造、擅自制造或者出售伪造、擅自制造的可以用于骗取出口退税、抵扣税款的其他发票，非法出售可以用于骗取出口退税、抵扣税款的其他发票罪的，处 3 年以下有期徒刑、拘役或者管制，并处 2 万元以上 20 万元以下罚金；数额巨大的，处 3 年以上 7 年以下有期徒刑，并处 5 万元以上 50 万元以下罚金；数额特别巨大的，处 7 年以上有期徒刑，并处 5 万元以上 50 万元以下罚金或者没收财产。

个人犯伪造、擅自制造或者出售伪造、擅自制造的上述规定以外的其他发票，非法出售上述规定以外的其他发票罪的，处 2 年以下有期徒刑、拘役或者管制，并处或者单处 1 万元以上 5 万元以下罚金；情节严重的，处 2 年以上 7 年以下有期徒刑，并处 5 万元以上 50 万元以下罚金。

单位犯上述罪的，对单位判处罚金，并按照上述规定处罚其直接负责的主管人员和其他直接责任人员。

9. 犯盗窃增值税专用发票或者可以用于骗取出口退税、抵扣税款的其他发票罪的，怎样处罚？

盗窃增值税专用发票或者可以用于骗取出口退税、抵扣税款的其他发票，数额较大或者多次盗窃的，处 3 年以下有期徒刑、拘役或者管制，并处或者单处罚金；数额巨大或者有其他严重情节的，处 3 年以上 10 年以下有期徒刑，并处罚金；数额特别巨大或者有其他特别严重情节的，处 10 年以上有期徒刑或者无期徒刑，并处罚金或者没收财产。

10. 犯骗取增值税专用发票或者可以用于骗取出口退税、抵扣税款的其他发票罪的，怎样处罚？

使用欺骗手段骗取增值税专用发票或者可以用于骗取出口退税、抵扣税款的其他发票，数额较大的，处 3 年以下有期徒刑、拘役或者管制，并处或者单处罚金；数额巨大或者有其他严重情节的，处 3 年以上 10 年以下有期徒刑，并处罚金；数额特别巨大或者有其他特别严重情节的，处 10 年以上有期徒刑或者无期徒刑，并处罚金或者没收财产。

11. 纳税人未按规定办理纳税申报，扣缴义务人未按规定报送有关报表的，怎样处罚？

纳税人没有按照规定的期限办理纳税申报和报送纳税资料的，扣缴义务人没有按照规定的期限向税务机关报送代扣代缴税款、代收代缴税款报告表和有关资料的，由税务机关责令限期改正，可以处 2 000 元以下罚款；情节严重的，可以处 2 000 元以上 10 000 元以下罚款。

进出口货物的品名、税则号列、数量、规格、价格和贸易方式等应当向海关申报的项目，没有申报或者申报不实，影响税款征收的，处漏缴税款 30% 以上 2 倍以下罚款；影响出口退税管理的，处申报价格 10% 以上 50% 以下罚款；有违法所得的，没收违法所得。

报关企业出让其名义，供他人办理进出口货物报关事宜的，责令改正，给予警告，可以暂停其 6 个月以内从事有关业务。

个人携带、邮寄超过合理数量的自用物品进出境，没有依法向海关申报的，责令补缴关税，可以处以罚款。

12. 纳税人、扣缴义务人经税务机关责令限期纳税，仍不缴纳的，怎样处罚？

纳税人、扣缴义务人在规定期限以内不缴、少缴应纳或者应解缴的税款，经过税务机关责令限期缴纳，逾期仍然没有缴纳的，税务机关除了按照税收征管法的规定采取强制执行措施追缴其不缴、少缴的税款以外，可以处不缴、少缴税款 50% 以上 5 倍以下罚款。

纳税人拒绝代扣、代收税款的，扣缴义务人应当向税务机关报告，由税务机关直接向纳税人追缴税款和滞纳金；纳税人拒不缴纳的，税务机关除了依法采取强制执行措施追缴其不缴、少缴的税款以外，可以处不缴、少缴税款 50% 以上 5 倍以下罚款。

扣缴义务人应扣未扣、应收未收税款的，由税务机关向纳税人追缴税款，责成扣缴义务人限期将应扣未扣、应收未收的税款补扣或者补收，对扣缴义务人处应扣未扣、应收未收税款50%以上3倍以下罚款。

13. 纳税人、扣缴义务人逃避、拒绝税务机关检查的，怎样处罚？

纳税人、扣缴义务人逃避、拒绝和以其他方式阻挠税务机关检查的，由税务机关责令改正；不如实反映情况，提供虚假资料，拒绝提供有关资料的；拒绝、阻止税务机关记录、录音、录像、照相、复制与案件有关的情况、资料的；在税务检查期间转移、隐匿和销毁有关资料的；有不依法接受税务检查的其他情形的，可以处1万元以下罚款；情节严重的，可以处1万元以上5万元以下罚款。

14. 非法印制、转借、倒卖、变造和伪造完税凭证的，怎样处罚？

非法印制、转借、倒卖、变造和伪造完税凭证的，由税务机关责令改正，处2 000元以上1万元以下罚款；情节严重的，处1万元以上5万元以下罚款；构成犯罪的，依法追究刑事责任。

伪造、变造和买卖海关单证的，处5万元以上50万元以下罚款，没收违法所得；构成犯罪的，依法追究刑事责任。

15. 对偷税者怎样处罚？

对于偷税的纳税人，由税务机关追缴其偷税款和滞纳金，并处偷税数额50%以上5倍以下罚款。偷税数额占应纳税额的10%以上不满30%，并且偷税数额在1万元以上不满10万元的，或者因偷税被税务机关给予两次行政处罚又偷税的，除了由税务机关追缴其偷税款和滞纳金以外，处3年以下有期徒刑或者拘役，并处偷税数额1倍以上5倍以下罚金。偷税数额占应纳税额的30%以上并且偷税数额在10万元以上的，处3年以上7年以下有期徒刑，并处偷税数额1倍以上5倍以下罚金。

扣缴义务人采取上述手段，不缴、少缴已扣、已收税款的，由税务机关追缴其不缴、少缴的税款和滞纳金，并处不缴、少缴的税款 50% 以上 5 倍以下罚款。不缴、少缴已扣、已收税款数额占应缴税额的 10% 以上并且数额在 1 万元以上的，除了由税务机关追缴其不缴、少缴的税款和滞纳金以外，按照上述关于惩治偷税犯罪的规定处罚。扣缴义务人书面承诺代纳税人支付税款的，应当认定扣缴义务人已扣、已收税款。

对多次犯有上述行为，未经处理的，按照累计数额计算。上述未经处理，是指纳税人或者扣缴义务人在 5 年以内多次实施偷税行为，但是每次偷税数额都没有达到上述构成犯罪的数额标准，并且没有受到行政处罚的情形。

2 年以内因偷税受过 2 次行政处罚，再次偷税，并且数额在 1 万元以上的，应当以偷税罪定罪处罚。

纳税人、扣缴义务人因同一偷税犯罪行为受到行政处罚，又被移送起诉的，人民法院应当依法受理。依法定罪并判处罚金的，行政罚款折抵罚金。

偷税数额在 5 万元以下，纳税人、扣缴义务人在公安机关立案侦查以前已经足额补缴应纳税款和滞纳金，犯罪情节轻微，不需要判处刑罚的，可以免予刑事处罚。

偷税数额，指在确定的纳税期间，不缴、少缴各税种税款的总额。

偷税数额占应纳税额的百分比，指一个纳税年度中的各税种偷税总额与该纳税年度应纳税总额的比例。不按照纳税年度确定纳税期的其他纳税人，偷税数额占应纳税额的百分比，按照行为人最后一次偷税行为发生之日前一年中各税种偷税总额与该年纳税总额的比例确定。纳税义务存续期间不足一个纳税年度的，偷税数额占应纳税额的百分比，按照各税种偷税总额与实际发生纳税义务期间应当缴纳税款总额的比例确定。

偷税行为跨越若干个纳税年度，只要其中一个纳税年度的偷税数额和百分比达到刑法规定的标准，即构成偷税罪。各纳税年度的偷税数额应当累计计算，偷税百分比应当按照最高的百分比确定。

纳税人、扣缴义务人编造虚假计税依据的，由税务机关责令限期改正，并处 5 万元以下罚款。

纳税人不进行纳税申报，不缴、少缴应纳税款的，由税务机关追缴其不缴、少缴的税款和滞纳金，并处不缴、少缴的税款 50% 以上 5 倍以下罚款。

16. 对抗税者怎样处罚？

对于抗税者，除了由税务机关追缴其拒缴的税款、滞纳金以外，处 3 年以下有期徒刑或者拘役，并处拒缴税款 1 倍以上 5 倍以下罚金。情节严重的，处 3 年以上 7 年以下有期徒刑，并处拒缴税款 1 倍以上 5 倍以下罚金。情节轻微，未构成犯罪的，由税务机关追缴其拒缴的税款和滞纳金，并处拒缴税款 1 倍以上 5 倍以下罚款。

实施抗税行为具有下列情形之一的，属于刑法规定的"情节严重"：聚众抗税的首要分子，抗税数额在 10 万元以上的，多次抗税的，故意伤害致人轻伤的，具有其他严重情节的。

实施抗税行为，构成故意伤害罪的，除了刑法另有规定的以外，致人重伤的，处 3 年以上 10 年以下有期徒刑；致人死亡或者以特别残忍手段致人重伤造成严重残疾的，处 10 年以上有期徒刑、无期徒刑或者死刑。构成故意杀人罪的，处死刑、无期徒刑或者 10 年以上有期徒刑；情节较轻的，处 3 年以上 10 年以下有期徒刑。

与纳税人、扣缴义务人共同实施抗税行为的，以抗税罪的共犯依法处罚。

17. 以转移、隐匿财产的手段妨碍税务机关追缴欠税的，怎样处罚？

纳税人欠缴应纳税款，采取转移或者隐匿财产的手段，妨碍税务机关追缴欠缴的税款的，由税务机关追缴欠缴的税款和滞纳金，并处欠缴税款 50% 以上 5 倍以下罚款。致使税务机关无法追缴欠缴的税款，数额在 1 万元以上不满 10 万元的，除了由税务机关追缴欠缴的税款和滞纳金以外，处 3 年以下有期徒刑或者拘役，并处或者单处欠缴税款 1 倍以上 5 倍以下罚金；数额在 10 万元以上的，处 3 年以上 7 年以下有期徒刑，并处欠缴税款 1 倍以上 5 倍以下罚金。

报关企业和海关准予从事海关监管货物的运输、储存、加工、装配、寄售和展示等业务的企业，拖欠税款、不履行纳税义务的；损坏、丢失海关监管货物，不能提供正当理由的，责令改正，给予警告，可以暂停其6个月以内从事有关业务。

18. 骗取国家出口退税款的，怎样处罚？

以假报出口和其他欺骗手段，骗取国家出口退税款，由税务机关追缴其骗取的退税款，并处骗取退税款1倍以上5倍以下罚款。骗取退税款数额较大的，除了由税务机关追缴其骗取的退税款以外，处5年以下有期徒刑或者拘役，并处骗取税款1倍以上5倍以下罚金；数额巨大或者有其他严重情节的，处5年以上10年以下有期徒刑，并处骗取税款1倍以上5倍以下罚金；数额特别巨大或者有其他特别严重情节的，处10年以上有期徒刑或者无期徒刑，并处骗取税款1倍以上5倍以下罚金或者没收财产。国家工作人员参与实施骗取出口退税犯罪活动的，按照上述规定从重处罚。

上述假报出口，指以虚构已税货物出口事实为目的，具有下列情形之一的行为：伪造或者签订虚假的买卖合同，以伪造、变造和其他非法手段取得出口货物报关单、出口收汇核销单和出口货物专用缴款书等有关出口退税单据、凭证，虚开、伪造、非法购买增值税专用发票和其他可以用于出口退税的发票，其他虚构已税货物出口事实的行为。

具有下列情形之一的，应当认定为上述其他欺骗手段：骗取出口货物退税资格的；将未纳税和免税货物作为已税货物出口的；虽然有货物出口，但是虚构该出口货物的品名、数量和单价等要素，骗取未实际纳税部分出口退税款的；以其他手段骗取出口退税款的。

骗取国家出口退税款5万元以上的，为数额较大；骗取国家出口退税款50万元以上的，为数额巨大；骗取国家出口退税款250万元以上的，为数额特别巨大。

具有下列情形之一的，属于上述其他严重情节：造成国家税款损失30万元以上，并且在第一审判决宣告以前无法追回的；因骗取国家出口退税行为受过行政处罚，2年以内又骗取国家出口退税款，数额在 30 万元以上的；情节严重的其他情形。

具有下列情形之一的，属于上述其他特别严重情节：造成国家税款损失 150 万元以上，并且在第一审判决宣告以前无法追回的；因骗取国家出口退税行为受过行政处罚，2 年以内又骗取国家出口退税款，数额在 150 万元以上的；情节特别严重的其他情形。

纳税人缴纳税款以后，采取上述欺骗手段，骗取所缴纳的税款的，按照偷税处罚；骗取税款超过所缴纳的税款的部分，按照上述规定处罚。

有进出口经营权的公司、企业，明知他人意欲骗取国家出口退税款，仍然违反国家有关进出口经营的规定，允许他人自带客户、自带货源、自带汇票并自行报关，骗取国家出口退税款的，按照上述规定和单位犯罪的有关规定定罪处罚。

实施骗取国家出口退税行为，没有实际取得出口退税款的，可以比照既遂犯从轻或者减轻处罚。

实施骗取出口退税犯罪，同时构成虚开增值税专用发票罪等其他犯罪的，依照刑法处罚较重的规定定罪处罚。

19. 税务机关怎样停止为骗取国家出口退税的企业办理出口退税？

出口企业骗取国家出口退税款的，经所在省（自治区、直辖市、计划单列市）国家税务局批准，按照以下规定处理：

一、骗取国家出口退税款不满 5 万元的，可以停止为其办理出口退税半年以上 1 年以下。

二、骗取国家出口退税款 5 万元以上不满 50 万元的，可以停止为其办理出口退税 1 年以上 1 年半以下。

三、骗取国家出口退税款 50 万元以上不满 250 万元，或者由于骗取出口退税受过行政处罚、2 年以内又骗取国家出口退税款 30 万元以上不满 150 万元的，可以停止为其办理出口退税 1 年半以上 2 年以下。

四、骗取国家出口退税款 250 万元以上，或者由于骗取出口退税受过行政处罚、2 年以内又骗取国家出口退税款 150 万元以上的，可以停止为其办理出口退税 2 年以上 3 年以下。

出口企业违反国家有关进出口经营的规定，以自营名义出口货物，实质上依靠非法出售、购买权以牟利，情节严重的，税务机关可以比照上述规定，在一定期限以内停止为其办理出口退税。

20. 单位犯偷税、妨碍税务机关追缴欠税、骗取出口退税和非法买卖增值税专用发票等罪的，怎样处罚？

单位偷税；以转移或者隐匿财产的手段妨碍税务机关追缴欠税；骗取出口退税；非法出售增值税专用发票和其他发票；非法购买增值税专用发票（包括伪造的增值税专用发票，下同）；非法购买增值税专用发票又虚开或者出售；伪造、擅自制造或者出售伪造、擅自制造的除增值税专用发票以外的其他发票，构成犯罪的，除了由税务机关追缴其不缴、少缴和骗取的税款以外，对单位判处罚金，并对其直接负责的主管人员和其他直接责任人员，分别按照刑法的有关规定处罚。

21. 怎样依法追缴涉税犯罪的税款？

犯偷税，抗税，逃避追缴欠税，骗取出口退税，虚开增值税专用发票、用于骗取出口退税或者抵扣税款的其他发票等罪，被判处罚金、没收财产的，在执行以前，应当先由税务机关追缴应纳的有关税款和骗取的出口退税款。公安机关、人民检察院、人民法院在办理涉税刑事案件中追缴的税款、滞纳金，都应当及时交由税务机关办理上缴国库的手续。税务机关移送公安机关处理的涉税刑事案件，移送以前可以先依法追缴有关税款，并将收款证明随案移送公安机关。公安机关侦结向人民检察院移送审查起诉，人民检察院向人民法院提起公诉，都应当将税务机关已收税款的证明随案移送。案件经人民法院判决应当予以追缴或者退回的税款，判决生效以后，由税务机关依据判决书收缴或者退回，被告人、其他当事人和有关单位拒绝依据判决书缴纳或者划拨税款的，由人民法院强制执行。

22. 有关单位不配合税务机关的有关工作的，怎样处罚？

纳税人、扣缴义务人的开户银行和其他金融机构没有依法在从事生产、经营的纳税人的账户中登录税务登记证件号码，没有依法在从事生产、经营的纳税人的税务登记证件中登录账户账号的，由税务机关责令其限期改正，处 2 000 元以上 2 万元以下罚款；情节严重的，处 2 万元以上 5 万元以下罚款。

纳税人、扣缴义务人的开户银行和其他金融机构拒绝接受税务机关依法检查纳税人、扣缴义务人的存款账户，拒绝执行税务机关作出的冻结存款、扣缴税款的决定，或者在接到税务机关的书面通知以后帮助纳税人、扣缴义务人转移存款，造成税款流失的，由税务机关处 10 万元以上 50 万元以下罚款，对直接负责的主管人员和其他直接责任人员处 1 000 元以上 1 万元以下罚款。

税务机关依法到车站、码头、机场和邮政企业及其分支机构检查纳税人有关情况的时候，有关单位拒绝的，由税务机关责令改正，可以处 1 万元以下罚款；情节严重的，处 1 万元以上 5 万元以下罚款。

23. 为他人提供方便，导致未缴、少缴税款或者骗取出口退税的，怎样处罚？

为纳税人、扣缴义务人非法提供银行账户、发票、证明和其他方便，导致未缴、少缴税款和骗取国家出口退税款的，税务机关除了没收其违法所得以外，并可以处未缴、少缴和骗取的税款 1 倍以下罚款。

24. 税务代理人违反税法，造成纳税人未缴、少缴税款的，怎样处罚？

税务代理人超越代理权限、违反税收法规，造成纳税人未缴、少缴税款的，除了由纳税人缴纳、补缴应纳税款和滞纳金以外，对税务代理人处纳税人未缴、少缴税款 50% 以上 3 倍以下罚款。

25. 税务行政处罚怎样实施？

公民、法人和其他组织违反税收管理秩序的行为，依法应当给予行政处罚的，税务机关应当在查明事实以后予以处罚。

税务机关在作出行政处罚决定以前，应当告知当事人税务机关对其作出行政处罚决定的事实、理由和依据，并告知当事人依法享有的权利（如陈述、申辩）。

违法事实确凿并有法定依据，对公民处以 50 元以下、对法人和其他组织处以 1 000 元以下罚款的，税务执法人员可以当场作出处罚决定。除此以外，税务机关必须在调查（在必要的时候还可以检查）以后才能处理。

税务机关对公民作出 2 000 元以上罚款、对法人和其他组织作出 1 万元以上罚款的行政处罚以前，应当告知当事人有要求举行听证的权利。当事人要求听证的，税务机关应当组织听证，并在听证以后依法作出决定。上述听证的有关费用由税务机关支付。

海关作出暂停从事有关业务，撤销海关注册登记，对公民处 1 万元以上罚款、对法人或者其他组织处 10 万元以上罚款，没收有关货物、物品、运输工具等行政处罚决定以前，应当告知当事人有要求举行听证的权利。当事人要求听证的，海关应当组织听证。

税收征收管理法规定的行政处罚，罚款金额在 2 000 元以下的，可以由税务所决定。

税务行政处罚决定依法作出以后，当事人应当在规定的期限以内履行。当事人逾期不履行处罚决定的，税务机关可以采取以下措施：

一、到期不缴纳罚款的，每日按照罚款数额的 3% 加处罚款；

二、依法将查封、扣押的财物拍卖、变卖或者将冻结的存款划拨抵缴罚款；

三、申请人民法院强制执行。

当事人确有经济困难，需要延期或者分期缴纳罚款的，经过当事人申请和税务机关批准，可以暂缓或者分期缴纳。

当事人逾期不履行海关行政处罚决定的，海关也可以每日按照罚款数额的 3% 加处罚款；依法将扣留的货物、物品、运输工具变价抵缴，或者以当事人提供的担保抵缴；申请人民法院强制执行。当事人确有经济困难，申请延期或者分期缴纳罚款的，经过海关批准，也可以暂缓或者分期缴纳。

当事人对税务机关作出的行政处罚决定不服的，可以依法申请税务行政复议或者提起税务行政诉讼。

当事人对税务机关作出的行政处罚决定逾期不申请税务行政复议，也不提起税务行政诉讼，又不履行的，作出行政处罚决定的税务机关可以依法采取强制执行措施，或者申请人民法院强制执行。

税务机关对纳税人、扣缴义务人和其他当事人处以罚款或者没收违法所得的时候，应当开付罚没凭证，否则纳税人、扣缴义务人和其他当事人有权拒绝给付。

税务机关和司法机关的涉税罚没收入，应当按照税款入库预算级次上缴国库。

税务机关以公告文体或者其他形式将已经生效的税务违法案件行政处理决定进行公告，接受社会监督。上述决定一般由省、地（市）、县（市）级税务稽查局或者其主管税务局在办公场所设立的专栏内张贴公告；重大案件和其他具有典型意义的案件可以通过印发新闻通稿或者召开新闻发布会的形式公告。

违反税收法律、行政法规，应当给予行政处罚的行为，在5年以内未被发现的，不再给予行政处罚。

26. 税务机关、海关工作人员在工作中违法的，怎样处罚？

税务机关的工作人员徇私舞弊，对于依法应当移交司法机关追究刑事责任的不移交，情节严重的，处3年以下有期徒刑或者拘役；造成严重后果的，处3年以上7年以下有期徒刑。

税务机关、税务人员查封、扣押纳税人个人及其所扶养家属维持生活必需的住房和用品的，责令退还，依法给予行政处分；构成犯罪的，依法追究刑事责任。

税务机关的工作人员私分所扣押、查封的商品、货物和其他财产的，必须退回，并依法给予行政处分；构成犯罪的，依法追究刑事责任。

税务机关的工作人员与纳税人、扣缴义务人勾结，唆使、协助纳税人、扣缴义务人犯偷税、逃税和骗取出口退税罪的，依法追究刑事责任；未构成犯罪的，依法给予行政处分。

税务机关的工作人员利用职务上的便利，收受、索取纳税人、扣缴义务人的财物，或者谋取其他不正当的利益，构成犯罪的，依法追究刑事责任；未构成犯罪的，依法给予行政处分。其中，个人受贿数额在10万元以上的，处10年以上有期徒刑或者无期徒刑，可以并处没收财产；情节特别严重的，处死刑，并处没收财产。个人受贿数额在5万元以上不满10万元的，处5年以上有期徒刑，可以并处没收财产；情节特别严重的，处无期徒刑，并处没收财产。个人受贿数额在5 000元以上不满5万元的，处1年以上7年以下有期徒刑；情节严重的，处7年以上10年以下有期徒刑。个人受贿数额不满5 000元，情节较重的，处2年以下有期徒刑或者拘役；情节较轻的，由其所在单位或者上级主管机关酌情给予行政处分。索贿的，从重处罚。

税务机关的工作人员滥用职权，致使国家、人民利益遭受重大损失的；玩忽职守，不征、少征应征税款，致使国家税收遭受重大损失的，处3年以下有期徒刑或者拘役；情节特别严重的，处3年以上7年以下有期徒刑；未构成犯罪的，依法给予行政处分。

税务机关的工作人员徇私舞弊，滥用职权，玩忽职守，致使国家、人民利益遭受重大损失的，处5年以下有期徒刑或者拘役；情节特别严重的，处5年以上10年以下有期徒刑。

税务机关的工作人员徇私舞弊，不征、少征应征税款，致使国家税收遭受重大损失的，处5年以下有期徒刑或者拘役；造成特别重大损失的，处5年以上有期徒刑；未构成犯罪的，依法给予行政处分。

税务机关的工作人员违反法律、行政法规的规定，在办理发售发票、抵扣税款和出口退税工作中徇私舞弊，致使国家利益遭受重大损失的，处5年以下有期徒刑或者拘役；致使国家利益遭受特别重大损失的，处5年以上有期徒刑；未构成犯罪的，依法给予行政处分。

税务机关的工作人员滥用职权，刁难纳税人、扣缴义务人的，调离税收工作岗位，并依法给予行政处分。

税务机关的工作人员打击报复控告、检举税收违法违纪行为的纳税人、扣缴义务人和其他人员的，依法给予行政处分；构成犯罪的，依法追究刑事责任。

税务机关的工作人员在征收税款和查处税收违法案件的时候没有依法回避的，对直接负责的主管人员和其他直接责任人员依法给予行政处分。

没有依法为纳税人、扣缴义务人和检举人保密的，对直接负责的主管人员和其他直接责任人员，由所在单位或者有关单位依法给予行政处分。

海关的工作人员必须秉公执法，廉洁自律，忠于职守，文明服务，不得有下列行为：包庇、纵容走私和与他人串通走私；非法限制他人人身自由，非法检查他人身体、住所或者场所，非法检查、扣留进出境运输工具、货物和物品；利用职权为自己和他人谋取私利；索取、收受贿赂；泄露国家秘密、商业秘密和海关工作秘密；滥用职权，刁难，拖延监管、查验；购买、私分和占用没收的走私货物、物品；参与或者变相参与营利性经营活动；违反法定程序、超越权限执行职务；其他违法行为。海关的工作人员有上述行为之一的，依法给予行政处分；有违法所得的，依法没收违法所得；构成犯罪的，依法追究刑事责任。

27. 违反税法，擅自决定税收征免的，怎样处理？

违反法律、行政法规的规定，擅自作出税收的开征、停征、减税、免税、退税、补税的决定和其他与税收法律、行政法规相抵触的决定的，除了依法撤销其擅自作出的决定以外，补征应征未征税款，退还不应征收而征收的税款，并由上级机关追究直接负责的主管人员和其他直接责任人员的行政责任；构成犯罪的，依法追究刑事责任。

违反法律、行政法规的规定提前征收、延缓征收和摊派税款的，由其上级机关或者行政监察机关责令改正，对直接负责的主管人员和其他直接责任人员依法给予行政处分。

税务机关违反规定擅自改变税收征收管理范围和税款入库预算级次的，责令限期改正，对直接负责的主管人员和其他直接责任人员依法给予降级或者撤职的行政处分。

　　未经税务机关依法委托征收税款的，责令退还收取的财物，依法给予行政处分或者行政处罚；致使他人合法权益受到损失的，依法承担赔偿责任；构成犯罪的，依法追究刑事责任。

28. 对检举税收违反行为者怎样奖励?

　　对于检举税收违法行为者，可以根据以下 3 类情况依法给予奖励：

　　一、检举的税收违法行为经税务机关立案查实处理并依法将税款收缴入库以后，可以根据本案检举时效、检举材料中提供的线索和证据翔实程度、检举内容与查实内容相符程度以及收缴入库的税款数额，按照以下标准对本案检举人计发奖金：收缴入库税款在 100 万元以下的，给予5 000元以下的奖金；收缴入库税款在 100 万元以上不足 500 万元的，给予 1 万元以下的奖金；收缴入库税款在 500 万元以上不足1 000万元的，给予 2 万元以下的奖金；收缴入库税款在1 000万元以上不足5 000万元的，给予 4 万元以下的奖金；收缴入库税款在5 000万元以上不足 1 亿元的，给予6 万元以下的奖金；收缴入库税款在 1 亿元以上的，给予 10 万元以下的奖金。

　　被检举人以增值税留抵税额或者多缴、应退的其他税款抵缴被查处的应纳税款，视同税款已经收缴入库。

　　检举的税收违法行为经查实处理以后没有应纳税款的，按照收缴入库罚款数额和上述标准计发奖金。

　　由于被检举人破产或者存有符合法律、行政法规规定终止执行的条件，致使无法将税款或者罚款全额收缴入库的，按照已经收缴入库税款或者罚款数额和上述标准计发奖金。

　　检举虚开增值税专用发票和其他可以用于骗取出口退税、抵扣税款发票行为的，根据立案查实虚开发票填开的税额和上述标准计发奖金。

　　被检举人的税收违法行为被同时国家税务局、地方税务局查处的，应当合计国家税务局、地方税务局收缴入库的税款数额，按照上述标准计算奖金总额，由国家税务局、地方税务局根据各自收缴入库的税款比例分担奖金，分别兑付，但是合计数额不得超过 10 万元。

二、检举伪造、变造、倒卖、盗窃、骗取增值税专用发票和可以用于骗取出口退税、抵扣税款的其他发票行为的，可以按照以下标准对本案检举人计发奖金：查获伪造、变造、倒卖、盗窃、骗取上述发票不足 100 份的，给予 5 000 元以下的奖金；查获伪造、变造、倒卖、盗窃、骗取上述发票 100 份以上不足 1 000 份的，给予 1 万元以下的奖金；查获伪造、变造、倒卖、盗窃、骗取上述发票 1 000 份以上不足 3 000 份的，给予 2 万元以下的奖金；查获伪造、变造、倒卖、盗窃、骗取上述发票 3 000 份以上不足 6 000 份的，给予 4 万元以下的奖金；查获伪造、变造、倒卖、盗窃、骗取上述发票 6 000 份以上不足 10 000 份的，给予 6 万元以下的奖金；查获伪造、变造、倒卖、盗窃、骗取上述发票 10 000 份以上的，给予 10 万元以下的奖金。

查获伪造、变造、倒卖、盗窃、骗取上述发票以外的其他发票的，对本案检举人可以计发 5 万元以下的奖金，奖金的具体数额标准和批准权限由各省、自治区、直辖市、计划单列市税务机关根据国家税务总局的有关规定和本地的实际情况确定。

三、检举非法印制、转借、倒卖、变造或者伪造完税凭证行为的，可以按照以下标准对检举人计发奖金：查获非法印制、转借、倒卖、变造或者伪造完税凭证不足 50 份或者票面填开税款金额 20 万元以下的，给予 2 000 元以下的奖金；查获非法印制、转借、倒卖、变造或者伪造完税凭证 50 份以上不足 100 份或者票面填开税款金额 20 万元以上不足 50 万元的，给予 5 000 元以下的奖金；查获非法印制、转借、倒卖、变造或者伪造完税凭证 100 份以上或者票面填开税款金额 50 万元以上的，给予 1 万元以下的奖金。

同一案件具有适用多种奖励标准情形的，应当分别计算奖金数额，但是合计数额不得超过 10 万元。

同一税收违法行为被多个检举人分别检举的，奖励符合规定的最先检举人。检举次序以负责查处本案的税务机关受理检举的登记时间为准。最先检举人以外的其他检举人提供的证据对查明税收违法行为有直接作用的，可以酌情给予奖励。对上述两类检举人计发的奖金合计数额不得超过 10 万元。

检举税收违法行为的检举人可以向税务机关申请检举奖金，检举奖金由负责查处税收违法行为的税务机关支付。

税务机关对检举的税收违法行为经立案查实处理并依法将税款或者罚款收缴入库以后，由税收违法案件举报中心根据检举人书面申请及其贡献大小，制作《检举纳税人税收违法行为奖励审批表》，提出奖励对象和奖励金额建议，按照规定权限和程序审批以后，向检举人发出《检举纳税人税收违法行为领奖通知书》。《检举纳税人税收违法行为奖励审批表》由税收违法案件举报中心作为密件存档。

检举人应当从接到领奖通知书之日起 90 天以内，持本人身份证或者其他有效证件，到指定地点领取奖金。检举人逾期不领取奖金，视同放弃奖金。联名检举同一税收违法行为的，奖金由第一署名人领取，并与其他署名人协商分配。

检举人或者联名检举的第一署名人不能到税务机关指定的地点领取奖金的，可以委托他人代为领取。代领人应当持委托人的授权委托书、身份证或者其他有效证件和代领人的身份证或者其他有效证件办理领取奖金的手续。

检举人是单位的，可以委托本单位的工作人员代为领取奖金，代领人应当持委托人的授权委托书和代领人的身份证、工作证到税务机关指定的地点办理领取奖金的手续。

税收违法案件举报中心发放检举奖金的时候，可以应检举人的要求，简要告知其所检举的税收违法行为的查处情况，但是不得告知其检举线索以外的税收违法行为查处情况，不得提供税务处理（处罚）决定书和有关案情材料。检举的税收违法行为查结以前，税务机关不得将具体查处情况告知检举人。

税务机关支付检举奖金的时候应当严格审核。对玩忽职守、徇私舞弊致使奖金被骗取的，除了应当追缴被骗取的奖金以外，还应当依法追究有关人员的责任。

对于有特别突出贡献的检举人，税务机关除了给予物质奖励以外，可以给予相应的精神奖励，但是公开表彰、宣传应当事先征得检举人的书面同意。

有下列情形之一的，不予奖励：匿名检举税收违法行为，或者检举人无法证实其真实身份的；检举人不能提供税收违法行为线索，或者采取盗窃、欺诈和法律、行政法规禁止的其他手段获取税收违法行为证据的；检举内容含糊不清、缺乏事实根据的；检举人提供的线索与税务机关查处的税收违法行为无关的；检举的税收违法行为税务机关已经发现或者正在查处的；有税收违法行为的单位和个人在被检举以前已经向税务机关报告其税收违法行为的；国家机关工作人员利用工作便利获取信息用以检举税收违法行为的；检举人从国家机关或者国家机关工作人员处获取税收违法行为信息检举的；国家税务总局规定不予奖励的其他情形。

29. 什么是走私行为？对这种行为怎样处罚？

违反海关法和其他有关法律、行政法规，逃避海关监管，偷逃应纳税款，逃避国家有关进出境的禁止性、限制性管理，有下列情形之一的，是走私行为：

一、运输、携带、邮寄国家禁止、限制进出境货物、物品或者依法应当纳税的货物、物品进出境的；

二、没有经过海关许可并且没有缴纳应纳税款、交验有关许可证件，擅自将保税货物、特定免税、减税货物和其他海关监管货物、物品及进境的境外运输工具在境内出售的；

三、有逃避海关监管，构成走私的其他行为的。

此外，直接向走私人非法收购走私进口的货物、物品的；在内海、领海、界河、界湖，船舶和所载人员运输、收购、贩卖国家禁止或者限制进出境的货物、物品，或者运输、收购、贩卖依法应当纳税的货物，没有合法证明的，按照走私行为论处。

有上述走私行为，没有构成犯罪的，由海关没收走私货物、物品和违法所得，可以并处罚款。专门或者多次用于掩护走私的货物、物品，专门或者多次用于走私的运输工具，予以没收；藏匿走私货物、物品的特制设备，责令拆毁或者没收。构成犯罪的，依法追究刑事责任。

由于走私被判处刑罚或者被海关行政处罚以后在 2 年以内又实施走私行为的，从重处罚。

伪造、变造、买卖海关单证，与走私人通谋为走私人提供贷款、资金、账号、发票、证明、海关单证，与走私人通谋为走私人提供运输、保管、邮寄和其他方便，构成犯罪的，依法追究刑事责任；没有构成犯罪的，由海关没收违法所得，并处罚款。

30. 对走私偷逃税收者怎样处罚？

对于走私货物、物品，偷逃国家税收，构成犯罪的，按照下列规定处罚：

一、偷逃应缴税额在 50 万元以上的，处 10 年以上有期徒刑或者无期徒刑，并处偷逃应缴税额 1 倍以上 5 倍以下罚金或者没收财产；情节特别严重的，处无期徒刑或者死刑，并处没收财产。

二、偷逃应缴税额在 15 万元以上不满 50 万元的，处 3 年以上 10 年以下有期徒刑，并处偷逃应缴税额 1 倍以上 5 倍以下罚金；情节特别严重的，处 10 年以上有期徒刑或者无期徒刑，并处偷逃应缴税额 1 倍以上 5 倍以下罚金或者没收财产。

三、偷逃应缴税额在 5 万元以上不满 15 万元的，处 3 年以下有期徒刑或者拘役，并处偷逃应缴税额 1 倍以上 5 倍以下罚金。

单位犯上述罪的，对单位判处罚金，并对其直接负责的主管人员和其他直接责任人员处 3 年以下有期徒刑或者拘役；情节严重的，处 3 年以上 10 年以下有期徒刑，情节特别严重的，处 10 年以上有期徒刑。

对于多次走私未经处理的，按照累计走私货物、物品的偷逃应缴税额处罚。

此外，没有经过海关许可并且没有补缴应缴税额，擅自将批准进口的来料加工、来件装配、补偿贸易的原材料、零件、制成品、设备等保税货物，特定减税、免税进口的货物、物品，在我国境内销售牟利，构成犯罪的，也按照上述规定处罚。

对于有上述违法行为，但是数额不大的，由海关没收走私货物、物品、违法所得、运输工具和特制设备，可以并处罚款，其中对于偷逃应纳税款的可以并处应纳税款 3 倍以下罚款。

人民法院判决没收和海关决定没收的走私货物、物品、违法所得、运输工具和特制设备，由海关依法统一处理，所得价款和海关收缴的罚款全部上缴中央国库。

三、行政复议和行政诉讼

1. 税务行政复议的范围是怎样规定的？

税务行政复议机关受理申请人对下列具体行政行为不服提出的税务行政复议申请：

一、税务机关作出的征税行为，包括确认纳税主体、征税对象、征税范围、减税、免税、退税、适用税率、计税依据、纳税环节、纳税期限、纳税地点和税款征收方式等具体行政行为，征收税款、加收滞纳金，扣缴义务人、受税务机关委托征收的单位作出的代扣代缴、代收代缴税款行为；

二、税务机关采取的税收保全措施，包括书面通知银行和其他金融机构冻结纳税人的存款，扣押、查封纳税人的商品、货物和其他财产；

三、税务机关没有及时解除税收保全措施，使纳税人和其他当事人的合法权益遭受损失的行为；

四、税务机关采取的强制执行措施，包括书面通知银行和其他金融机构从纳税人、扣缴义务人和纳税担保人的存款中扣缴税款，拍卖、变卖扣押、查封纳税人、扣缴义务人和纳税担保人的商品、货物和其他财产；

五、税务机关作出的行政处罚行为，包括罚款，没收财物、违法所得，停止出口退税权；

六、税务机关不予依法办理、答复的行为，包括不予审批减税、免税和出口退税，不予抵扣税款，不予退还税款，不予颁发税务登记证、发售发票，不予开具完税凭证、出具票据，不予认定为增值税一般纳税人，不予核准延期申报和批准延期缴纳税款；

七、税务机关作出的取消增值税一般纳税人资格的行为；

八、税务机关作出的收缴发票、停止发售发票的行为；

九、税务机关责令纳税人提供纳税担保、不依法确认纳税担保有效的行为；

十、税务机关不依法给予举报奖励的行为；

十一、税务机关作出的通知出境管理机关阻止出境的行为；

十二、税务机关作出的其他具体行政行为。

如果纳税人和其他当事人认为税务机关的具体行政行为所依据的国家税务总局和国务院其他部门的规定，其他各级税务机关的规定，地方各级人民政府及其工作部门的规定（上述规定中不包括规章）不合法，可以在对具体行政行为申请行政复议的时候，一并向复议机关提出对该规定的审查申请。

2. 税务行政复议的管辖是怎样规定的?

对各级税务机关作出的具体行政行为不服的，可以向其上一级税务机关申请行政复议。

一、对省、自治区和直辖市地方税务局作出的具体行政行为不服的，可以向国家税务总局或者省、自治区和直辖市人民政府申请行政复议。

二、对国家税务总局作出的具体行政行为不服的，可以向国家税务总局申请行政复议。对行政复议决定不服的，申请人可以向人民法院提起行政诉讼；也可以向国务院申请裁决，国务院的裁决为终局裁决。

三、对其他税务机关、组织等作出的具体行政行为不服的，可以按照下列规定申请行政复议：

（一）对计划单列市税务局作出的具体行政行为不服的，向省税务局申请行政复议。

（二）对税务所、各级税务局的稽查局作出的具体行政行为不服的，向其主管税务局申请行政复议。

（三）对扣缴义务人作出的扣缴税款行为不服的，向主管该扣缴义务人的税务机关的上一级税务机关申请行政复议；对受税务机关委托的单位作出的代征税款行为不服的，向委托税务机关的上一级税务机关申请行政复议。

（四）国家税务局（稽查局、税务所）与地方税务局（稽查局、税务所）、税务机关与其他行政机关联合调查的涉税案件，应当根据各自的法定职权，经过协商分别作出具体行政行为，不得共同作出具体行政行为。

对国家税务局（稽查局、税务所）与地方税务局（稽查局、税务所）共同作出的具体行政行为不服的，向国家税务总局申请行政复议；对税务机关与其他行政机关共同作出的具体行政行为不服的，向其共同上一级行政机关申请行政复议。

（五）对被撤销的税务机关在撤销以前所作出的具体行政行为不服的，向继续行使其职权的税务机关的上一级税务机关申请行政复议。

有上述（二）、（三）、（四）、（五）项所列情形之一的，申请人也可以向具体行政行为发生地的县级人民政府提出行政复议申请，由接受申请的县级人民政府依法转送。

3. 怎样申请税务行政复议？

依法提起行政复议的纳税人和其他当事人为行政复议申请人，具体包括纳税人、扣缴义务人、纳税担保人和其他当事人。

有权申请行政复议的公民死亡的，其近亲属可以申请行政复议。有权申请行政复议的公民为无行为能力人或者限制行为能力人的，其法定代理人可以代理申请行政复议。

有权申请行政复议的法人和其他组织合并、分立、终止的，承受其权利的法人和其他组织可以申请行政复议。

与申请行政复议的具体行政行为有利害关系的其他公民、法人和组织，可以作为第三人参加行政复议。

虽然不是具体行政行为的相对人，但是其权利直接被该具体行政行为剥夺、限制或者被赋予义务的第三人，在行政管理相对人没有申请行政复议的时候，可以单独申请行政复议。

纳税人和其他当事人对税务机关的具体行政行为不服申请行政

复议的，作出具体行政行为的税务机关是被申请人。

申请人、第三人可以委托代理人代为参加行政复议，被申请人不得委托代理人代为参加行政复议。

纳税人、扣缴义务人和纳税担保人对税务机关作出的征税行为和不予审批减税、免税、出口退税，不予抵扣税款，不予退还税款等行为不服的，应当先向复议机关申请行政复议；对行政复议决定不服的，可以向人民法院提起行政诉讼。申请人按照此规定申请行政复议的，必须先按照税务机关根据法律、行政法规确定的税额和期限，缴纳或者解缴税款和滞纳金，或者提供相应的担保，然后可以在缴清税款、滞纳金以后，或者所提供的担保得到作出具体行政行为的税务机关确认之日起 60 天以内，提出行政复议申请。

申请人提供担保的方式包括保证、抵押和质押。作出具体行政行为的税务机关应当审查保证人的资格和资信；对不具备法律规定的资格或者没有能力保证的，有权拒绝。作出具体行政行为的税务机关应当审查抵押人和出质人提供的抵押担保和质押担保；对不符合法律规定的抵押担保和质押担保，不予确认。

申请人对税务机关作出的其他具体行政行为不服，可以申请行政复议，也可以直接向人民法院提起行政诉讼。

申请人可以在知道税务机关作出具体行政行为之日起 60 天以内提出行政复议申请。因不可抗力和被申请人设置障碍等正当理由耽误法定申请期限的，申请期限从障碍消除之日起继续计算。

申请人申请行政复议，可以书面申请，也可以口头申请。口头申请的，复议机关应当当场记录申请人的基本情况、复议请求和申请复议的主要事实、理由、时间。

申请人向复议机关申请行政复议，复议机关已经受理的，在法定行政复议期限以内，申请人不得向人民法院提起行政诉讼。申请人向人民法院提起行政诉讼，人民法院已经受理的，不得申请行政复议。

4. 怎样受理税务行政复议申请？

税务行政复议机关收到税务行政复议申请以后，应当在 5 天以内进行审查，决定是否受理。对不符合规定的申请，决定不予受理，并书面告知申请人。

有下列情形之一的行政复议申请，复议机关不予受理：

一、不属于行政复议的受案范围；

二、超过法定的申请期限；

三、没有明确的被申请人、行政复议对象；

四、已经向其他法定复议机关申请行政复议，有关机关已经受理；

五、已经向人民法院提起行政诉讼，人民法院已经受理；

六、申请人就纳税问题与税务机关发生争议，没有按照规定缴清税款和滞纳金，并且没有提供担保或者担保无效；

七、申请人不具备申请资格。

对于不属于本机关受理的行政复议申请，复议机关应当告知申请人向有关复议机关提出。

复议机关收到行政复议申请以后没有按照上述规定期限审查并作出不予受理决定的，视为受理。

对符合规定的行政复议申请，从复议机关法制工作机构收到之日起即为受理。受理行政复议申请，应当书面告知申请人。

对于应当先向复议机关申请行政复议，对行政复议决定不服再向人民法院提起行政诉讼的具体行政行为，复议机关决定不予受理或者受理以后超过复议期限不作答复的，纳税人和其他当事人可以从收到不予受理决定书之日起或者行政复议期满之日起15天以内，依法向人民法院提起行政诉讼。

按照规定延长行政复议期限的，以延长以后的时间为行政复议期满时间。

纳税人和其他当事人依法提出行政复议申请，复议机关无正当理由而不予受理且申请人没有向人民法院提起行政诉讼的，上级税务机关应当责令其受理。必要时，上级税务机关也可以直接受理。

行政复议期间，具体行政行为不停止执行。但是，有下列情形之一的，可以停止执行：

一、被申请人认为需要停止执行的；

二、复议机关认为需要停止执行的；

三、申请人申请停止执行，复议机关认为其要求合理，决定停止执行的；

四、法律规定停止执行的。

行政复议期间，有下列情形之一的，行政复议中止：

一、申请人死亡，须等待其继承人表明是否参加行政复议的；

二、申请人丧失行为能力，尚未确定法定代理人的；

三、作为一方当事人的行政机关、法人和其他组织终止，尚未确定其权利、义务承受人的；

四、由于不可抗力原因，致使复议机关暂时无法调查了解情况的；

五、依法对具体行政行为的依据进行处理的；

六、案件的结果须以另一案件的审查结果为依据，而另一案件尚未审结的；

七、申请人请求被申请人履行法定职责，被申请人正在履行的；

八、其他应当中止行政复议的情形。

行政复议中止应当书面告知当事人。中止行政复议的情形消除以后，应当立即恢复行政复议。

行政复议期间，有下列情形之一的，行政复议终止：

一、申请人按照规定撤回行政复议申请的。

二、行政复议申请受理以后，发现其他复议机关或者人民法院已经先于本机关受理的。

三、申请人死亡，没有继承人，或者继承人放弃行政复议权利的。

四、作为申请人的法人和其他组织终止以后，其权利、义务的承受人放弃行政复议权利的。由于申请人死亡，须等待其继承人表明是否参加行政复议；申请人丧失行为能力，尚未确定法定代理人，中止行政复议满 60 天，仍然无人继续复议的，有正当理由的除外。

五、行政复议申请受理以后，发现不符合受理条件的。

行政复议终止应当书面告知当事人。

复议机关受理税务行政复议申请，不得向申请人收取任何费用。

5. 税务行政复议的证据是怎样规定的？

税务行政复议证据包括：书证、物证、视听资料、证人证言、当事人的陈述、鉴定结论、勘验笔录和现场笔录。

在行政复议中，被申请人对其作出的具体行政行为负有举证责任。

复议机关审查行政复议案件，应当以证据证明的案件事实为根据。

复议机关应当根据案件的具体情况，从以下方面审查证据的合法性：

一、证据是否符合法定形式；

二、证据的取得是否符合法律、法规、规章、司法解释和其他规定的要求；

三、是否有影响证据效力的其他违法情形。

复议机关应当根据案件的具体情况，从以下方面审查证据的真实性：

一、证据形成的原因；

二、发现证据时的客观环境；

三、证据是否为原件、原物，复制件、复制品与原件、原物是否相符；

四、提供证据的人、证人与当事人是否具有利害关系；

五、影响证据真实性的其他因素。

下列证据材料不得作为定案依据：

一、违反法定程序收集的证据材料；

二、以偷拍、偷录和窃听等手段获取侵害他人合法权益的证据材料；

三、以利诱、欺诈、胁迫和暴力等不正当手段获取的证据材料；

四、当事人无正当事由超出举证期限提供的证据材料；

五、当事人无正当理由拒不提供原件、原物，又无其他证据印证，且对方当事人不予认可的证据的复制件、复制品；

六、无法辨明真伪的证据材料；

七、不能正确表达意志的证人提供的证言；

八、不具备合法性和真实性的其他证据材料。

复议机关法制工作机构按照规定向有关组织、人员调查取证，查阅文件、资料所取得的有关材料，不得作为支持被申请人具体行政行为的证据。

在行政复议过程中，被申请人不得自行向申请人和其他有关组织、个人收集证据。

申请人和第三人可以查阅被申请人提出的书面答复，作出具体行政行为的证据、依据和其他有关材料，除了涉及国家秘密、商业秘密和个人隐私的以外，复议机关不得拒绝。

6. 怎样作出税务行政复议决定？

税务行政复议原则上采用书面审查的办法。但是，当申请人提出要求或者复议机关法制工作机构认为有必要的时候，应当听取申请人、被申请人和第三人的意见，并可以向有关组织、人员了解情况。

复议机关对被申请人作出的具体行政行为所依据的事实证据、法律程序、法律依据和设定的权利、义务内容的合法性、适当性进行全面的审查。

复议机关法制工作机构应当从受理行政复议申请之日起 7 天以内，将行政复议申请书副本或者行政复议申请笔录复印件发送被申请人。

被申请人应当从收到申请书副本或者申请笔录复印件之日起 10 天以内，提出书面答复，并提交当初作出具体行政行为的证据、依据和其他有关材料。

在行政复议决定作出以前，申请人要求撤回行政复议申请的，可以撤回，但是不得以同一基本事实和理由重新申请行政复议。

申请人在申请行政复议的时候，按照税务行政复议规则的规定一并提出对有关规定的审查申请的，复议机关对该规定有权处理的，应当在 30 天以内依法处理；无权处理的，应当在 7 天以内按照法定程序转送有权处理的行政机关依法处理，有权处理的行政机关应当在 60 天以内依法处理。处理期间，中止对具体行政行为的审查。

复议机关在审查被申请人作出的具体行政行为的时候，认为其依据不合法，本机关有权处理的，应当在 30 天以内依法处理；无权处理的，应当在 7 天以内按照法定程序转送有权处理的国家机关依法处理。处理期间，中止对具体行政行为的审查。

复议机关法制工作机构应当审查被申请人作出的具体行政行为的合法性、适当性提出意见，经过复议机关负责人同意，按照下列规定作出行政复议决定：

一、具体行政行为认定事实清楚，证据确凿，适用依据正确，程序合法，内容适当的，决定维持。

二、被申请人不履行法定职责的，决定其在一定期限以内履行。

三、主要事实不清，证据不足的；适用依据错误的；违反法定程序的；超越职权、滥用职权的；具体行政行为明显不当的，决定撤销、变更或者确认该具体行政行为违法。决定撤销或者确认该具体行政行为违法的，可以责令被申请人在一定期限以内重新作出具体行政行为。

复议机关责令被申请人重新作出具体行政行为的，被申请人不得以同一事实和理由作出与原具体行政行为相同或者基本相同的具体行政行为。但是，复议机关以原具体行政行为违反法定程序而决定撤销，被申请人重新作出具体行政行为的，不受上述限制。

被申请人不按照规定提出书面答复，提交当初作出具体行政行为的证据、依据和其他有关材料的，视为该具体行政行为没有证据、依据，决定撤销该具体行政行为。

重大、疑难的行政复议申请，复议机关应当集体讨论决定。

申请人在申请行政复议的时候，可以一并提出行政赔偿请求。

复议机关对于符合国家赔偿法的有关规定，应当给予赔偿的，在决定撤销、变更具体行政行为或者确认具体行政行为违法的时候，应当同时决定被申请人依法给予赔偿。

申请人在申请行政复议的时候没有提出行政赔偿请求的，复议机关在依法决定撤销或者变更原具体行政行为确定的税款、滞纳金、罚款和对财产的扣押、查封等强制措施的时候，应当同时责令被申请人退还税款、滞纳金和罚款，解除对财产的扣押、查封等强制措施，或者赔偿相应的价款。

复议机关应当从受理行政复议申请之日起60天以内作出行政复议决定。情况复杂，不能在规定的期限以内作出行政复议决定的，经复议机关负责人批准，可以适当延长，并告知申请人和被申请人，但是延长期限最多不超过30天。

复议机关作出行政复议决定，应当制作行政复议决定书，并加盖印章。行政复议决定书一经送达，即发生法律效力。

7. 怎样履行税务行政复议决定？

被申请人应当履行税务行政复议决定。被申请人不履行行政复议决定，无正当理由拖延履行行政复议决定的，复议机关或者有关上级行政机关应当责令其限期履行。

申请人逾期不起诉又不履行行政复议决定的，不履行最终裁决的行政复议决定的，按照下列规定处理：

一、维持具体行政行为的行政复议决定，由作出具体行政行为的行政机关依法强制执行，或者申请人民法院强制执行。

二、变更具体行政行为的行政复议决定，由复议机关依法强制执行，或者申请人民法院强制执行。

8. 海关行政复议是怎样规定的？

纳税人、担保人对于海关确定纳税人、完税价格、商品归类、原产地、适用税率、计征汇率、免税、减税、补税、退税、征收滞纳金、计征方式和纳税地点有异议的，应当按照海关作出的行政决定缴纳税款，并可以依法向上一级海关申请行政复议。对行政复议决定不服的，可以依法向人民法院提起诉讼。

对于按照反倾销条例的有关规定作出的是否征收反倾销税的决定以及追溯征收、退税、对新出口经营者征税的决定不服的，对于是否继续征收反倾销税作出的复审决定不服的；对于按照反补贴条例的有关规定作出的是否征收反补贴税的决定以及追溯征收的决定不服的，对于是否继续征收反补贴税作出的复审决定不服的，可以依法申请行政复议，也可以依法向人民法院提起诉讼。

9. 税务行政诉讼的受案范围是怎样规定的？

根据《中华人民共和国行政诉讼法》和有关税收法律、行政法规的规定，税务行政诉讼的受案范围包括：

一、税务机关作出的征税行为，包括确认纳税主体、征税对象、征税范围、减税、免税、退税、适用税率、计税依据、纳税环节、纳税期限、纳税地点和税款征收方式等具体行政行为，征收税款和加收滞纳金，扣缴义务人和受税务机关委托征收的单位作出的代扣代缴、代收代缴税款行为；

二、税务机关采取的税收保全措施，包括书面通知银行和其他金融机构冻结纳税人的存款，扣押、查封纳税人的商品、货物和其他财产；

三、税务机关没有及时解除税收保全措施，使纳税人和其他当事人的合法权益遭受损失的行为；

四、税务机关采取的强制执行措施，包括书面通知银行和其他金融机构从纳税人、扣缴义务人和纳税担保人的存款中扣缴税款，拍卖、变卖扣押、查封纳税人、扣缴义务人和纳税担保人的商品、货物和其他财产；

五、税务机关作出的行政处罚行为，包括罚款，没收财物和违法所得，停止出口退税权；

六、税务机关不予依法办理、答复的行为，包括不予审批减税、免税和出口退税，不予抵扣税款，不予退还税款，不予颁发税务登记证和发售发票，不予开具完税凭证、出具票据，不予认定为增值税一般纳税人，不予核准延期申报和批准延期缴纳税款；

七、税务机关作出的取消增值税一般纳税人资格的行为；

八、税务机关作出的收缴发票和停止发售发票的行为；

九、税务机关责令纳税人提供纳税担保、不依法确认纳税担保有效的行为；

十、税务机关不依法给予举报奖励的行为；

十一、税务机关作出的通知出境管理机关阻止出境的行为；

十二、税务机关作出的其他具体行政行为。

10. 税务行政诉讼的管辖是怎样规定的？

税务行政诉讼管辖可以分为级别管辖、地域管辖和裁定管辖3类。

一、级别管辖。级别管辖分为3级：基层人民法院管辖本辖区内一般的税务行政诉讼案件，中级人民法院和高级人民法院管辖本辖区内重大、复杂的税务行政诉讼案件，最高人民法院管辖全国范围内重大、复杂的税务行政诉讼案件。

二、地域管辖。地域管辖包括一般地域管辖和特殊地域管辖两种。

（一）一般地域管辖。指按照最初作出具体行政行为的税务机关所在地确定管辖法院。凡是没有经过税务行政复议直接向人民法院提起税务行政诉讼的；或者经过税务行政复议，裁决维持原具体行政行为，当事人不服，向人民法院提起税务行政诉讼的，均由最初作出具体行政行为的税务机关所在地的人民法院管辖。

（二）特殊地域管辖。指根据特殊行政法律关系或者特殊行政法律关系所指的对象确定管辖法院。这里有3种情况：一是经过税务行政复议的案件，复议机关改变原具体行政行为的，由复议机关所在地的人民法院管辖；二是在税务行政案件中，原告对税务机关通知出境管理机关阻止出境行为不服而提起的诉讼，由作出上述行为的税务机关所在地的人民法院或者原告所在地的人民法院管辖；三是因不动产提起的税务行政诉讼，由不动产所在地的人民法院管辖。

两个以上的人民法院都有管辖权的税务行政案件，可以由原告选择其中一个法院提起诉讼。原告向两个以上有管辖权的人民法院提起税务行政诉讼的，由最先收到起诉状的法院管辖。

三、裁定管辖。裁定管辖包括移送管辖、指定管辖和管辖权的转移3种。

（一）移送管辖。人民法院发现受理的税务行政案件不属于自己管辖时，应当将其移送有管辖权的人民法院。

（二）指定管辖。有税务行政诉讼管辖权的人民法院，由于特殊原因不能行使其管辖权的，由上级人民法院指定管辖。人民法院对税务行政诉讼管辖权发生争议的，由争议双方协商解决；协商不成的，报其共同上级人民法院指定管辖。

（三）管辖权的转移。上级人民法院有权审判下级人民法院管辖的第一审税务行政案件，也可以把自己管辖的第一审税务行政案件移交下级人民法院审判。下级人民法院对其管辖的第一审税务行政案件，认为需要由上级人民法院审判的，可以报请上级人民法院决定。

11. 什么是税务行政诉讼参加人？

税务行政诉讼参加人是指依法参加税务行政诉讼活动，享有诉讼权利，承担诉讼义务，并与诉讼争议和诉讼结果有利害关系的主体，包括当事人、共同诉讼人、第三人和诉讼代理人。

当事人在第一审程序中称为原告、被告，在第二审程序中称为上诉人、被上诉人，在审判监督程序中称为申诉人、被申诉人，在执行程序中称为申请执行人、被申请执行人。

税务行政诉讼的原告指认为税务机关及其工作人员的具体行政行为侵犯其合法权益，依法向人民法院提起税务行政诉讼的纳税人、扣缴义务人、纳税担保人等当事人和其他行政相对人。如果有权提起诉讼的公民死亡，其近亲属可以提起诉讼；如果有权提起诉讼的法人和其他组织终止，承受其权利的法人和组织也可以提起诉讼。

税务行政诉讼的被告指其实施的具体行政行为被原告指控侵犯其合法权益，并由人民法院通知应诉的税务机关，具体分为以下4

种情况：

一、具体行政行为没有经过税务行政复议的，以作出具体行政行为的税务机关为被告。

二、具体行政行为经过税务行政复议的，分为3种情况：

（一）复议机关维持原具体行政行为的，作出原具体行政行为的税务机关为被告；

（二）复议机关改变原具体行政行为的，复议机关为被告；

（三）复议机关逾期不作出决定的，作出原具体行政行为的税务机关为被告。

三、本税务机关与其他税务机关共同作出的具体行政行为，税务机关与其他行政机关共同作出的具体行政行为，共同作出具体行政行为的机关为共同被告。

四、受税务机关委托的组织作出的具体行政行为，委托的税务机关为被告。税务机关被撤销的，继续行使其职权的税务机关为被告。

如果行政相对人起诉的被告有误，人民法院将要求起诉人更换被告，否则将不受理此案。

共同诉讼人包括共同原告和共同被告。原告为2人以上的，称为共同原告；被告为2人以上的，称为共同被告。

第三人指与提起税务行政诉讼的具体行政行为有利害关系，为了维护自己的合法权益而参加税务行政诉讼的公民、法人和其他组织。

诉讼代理人指按照法律规定，受法院指定或者当事人委托，以当事人名义在一定权限范围内进行诉讼活动，维护被代理人合法权益的人，具体可以分为法定代理人、指定代理人和委托代理人。

12. 纳税人等原告在税务行政诉讼中有哪些权利和义务？

在税务行政诉讼中，纳税人等原告享有的权利包括：提起税务行政诉讼、索取被告税务机关答辩状、申请停止具体行政行为、申请审判人员和其他有关人员回避、同意或者不同意被告改变具体行政行为、申请撤诉、提起上诉和撤回上诉、对生效的法院裁判提出

申诉、申请人民法院强制执行、依法请求行政赔偿和其他捍卫自己
合法权益的权利（如委托代理人进行诉讼活动、使用本民族语言文
字等）。

原告在税务行政诉讼中应当履行的义务包括作为的义务和不作
为的义务两个方面。作为的义务包括：按照人民法院的要求提供或
者补充证据；接受人民法院的传唤，参加诉讼活动；履行人民法院
发生法律效力的判决和裁定；遵守法定期限，服从法庭指挥。不作
为的义务包括：不得妨碍、干涉他人的诉讼权利；不得滥用诉讼权
利；不得伪造、隐藏和毁灭证据等。

13. 税务机关在税务行政诉讼中有哪些权利和义务？

税务机关在税务行政诉讼中享有的权利包括：委托诉讼代理人
进行诉讼活动，申请保全证据，申请审判人员和有关人员回避，在
开庭审理中进行辩论和向证人、鉴定人、勘验人发问，查阅并申请
补正庭审笔录，对一审人民法院的裁判提起上诉，胜诉以后向人民
法院申请执行。

税务机关在税务行政诉讼中不能提起诉讼，不能提起反诉，不
能申请撤诉，也不能自行向原告和证人收集证据。

税务机关在税务行政诉讼中应当履行的义务包括：依法行使权
利，不得滥用诉讼权利；对原告的起诉进行答辩；接受人民法院的
传唤，参加诉讼活动；遵守法定期限，服从法庭指挥；向法庭如实
陈述行政处理的理由，提出事实证据和法律依据；履行人民法院发
生法律效力的判决、裁定；作出具体行政行为损害原告合法权益，
造成损害的，承担赔偿。

14. 人民法院怎样审理税务行政案件？

人民法院接到起诉状以后，经过审查，应当在 7 天以内立案，
或者裁定不予受理。原告对裁定不服的，可以提起上诉。

人民法院应当从税务行政案件立案之日起 5 天以内，将起诉
状副本发送被告（即税务机关）。被告应当从收到起诉状副本之
日起 10 天以内，向人民法院提交作出具体行政行为的有关材料，

并提出答辩状。人民法院应当从收到答辩状之日起 5 日以内，将答辩状副本发送原告。被告不提出答辩状的，不影响人民法院审理。

诉讼期间，不停止具体行政行为的执行，但是下列情况除外：

一、被告认为需要停止执行的；

二、原告申请停止执行，人民法院裁定停止执行的；

三、法律、法规规定停止执行的。

经人民法院两次传唤，原告无正当理由拒不到庭的，视为申请撤诉；被告无正当理由拒不到庭的，可以缺席判决。

人民法院对税务行政案件宣告判决或者裁定以前，原告申请撤诉的；被告改变其所作的具体行政行为，原告同意并申请撤诉的，是否准许，由人民法院裁定。

人民法院审理税务行政案件，以税收法律、行政法规和适用于本地区的地方性税收法规为依据；参照财政部，国家税务总局，省（自治区、直辖市），省会城市和经国务院批准的较大的市的人民政府根据有关法律、行政法规制定的税收规章。

15. 人民法院怎样判决税务行政案件？

人民法院对税务行政案件审理以后，将根据不同情况，分别作出以下判决：

一、具体行政行为证据确凿，适用法律、法规正确，符合法定程序的，判决维持。

二、具体行政行为有下列情形之一的，判决撤销或者部分撤销，并可以判决被告重新作出具体行政行为：

（一）主要证据不足的；

（二）适用法律、法规错误的；

（三）违反法定程序的；

（四）超越职权的；

（五）滥用职权的。

三、被告不履行法定职责的，判决其在一定期限以内履行。

四、行政处罚显失公正的，可以判决变更。

人民法院判决被告重新作出具体行政行为的，被告不得以同一的事实和理由作出与原具体行政行为基本相同的具体行政行为。

人民法院在审理税务行政案件中，认为税务机关的主管人员、直接责任人员违反政纪的，应当将有关材料移送该税务机关或者其上一级税务机关，或者监察、人事机关；认为有犯罪行为的，应当将有关材料移送公安、检察机关。

人民法院应当从立案之日起3个月以内作出第一审判决。有特殊情况需要延长的，由高级人民法院批准；高级人民法院审理第一审案件需要延长的，由最高人民法院批准。

16. 当事人对人民法院第一审判决、裁定不服怎么办？

税务行政案件的当事人对人民法院第一审判决不服的，有权从判决书送达之日起15天以内向上一级人民法院提起上诉；对人民法院第一审裁定不服的，有权从裁定书送达之日起10天以内向上一级人民法院提起上诉。逾期不提起上诉的，人民法院的第一审判决、裁定发生法律效力。

人民法院审理上诉案件，应当从收到上诉状之日起2个月以内作出终审判决。有特殊情况需要延长的，由高级人民法院批准；高级人民法院审理上诉案件需要延长的，由最高人民法院批准。

人民法院审理上诉案件，按照下列情形分别处理：

一、原判认定事实清楚，适用法律、法规正确的，判决驳回上诉，维持原判。

二、原判认定事实清楚，但是适用法律、法规错误的，依法改判。

三、原判认定事实不清楚，证据不足，或者由于违反法定程序可能影响案件正确判决的，裁定撤销原判，发回原审人民法院重审，也可以查清事实后改判。当事人对于重审案件的判决、裁定不服的，可以上诉。

当事人对于已经发生法律效力的判决、裁定，认为确有错误的，可以向原审人民法院或者上一级人民法院提出申诉，但是判决、裁定不停止执行。

人民法院对已经发生法律效力的判决、裁定，发现违反法律、法规规定的，可以再审。

人民检察院对人民法院已经发生法律效力的判决、裁定，发现违反法律、法规规定的，有权按照审判监督程序提出抗诉。

17. 税务行政案件判决、裁定后怎样执行？

税务行政案件的当事人必须履行人民法院发生法律效力的判决、裁定。

公民、法人和其他组织拒绝履行判决、裁定的，税务机关可以向第一审人民法院申请强制执行，或者依法强制执行。

税务机关拒绝履行判决、裁定的，第一审人民法院可以采取以下措施：

一、对于应当归还的罚款和应当给付的赔偿金，通知银行从该税务机关的账户内划拨。

二、在规定期限以内不执行的，从期满之日起，对该税务机关按日处 50 元至 100 元的罚款。

三、向该税务机关的上一级税务机关或者监察、人事机关提出司法建议。接受司法建议的机关，根据有关规定处理，并将处理情况告知人民法院。

四、拒不履行判决、裁定，情节严重，构成犯罪的，依法追究主管人员和直接责任人员的刑事责任。

公民、法人和其他组织对税务具体行政行为在法定期限以内不提起诉讼又不履行的，税务机关可以申请人民法院强制执行，或者依法强制执行。

18. 侵权赔偿责任是怎样规定的？

公民、法人和其他组织的合法权益受到税务机关或者税务机关工作人员作出的具体行政行为侵犯造成损害的，有权请求国家赔偿。

公民、法人和其他组织单独就损害赔偿提出请求，应当先由税务机关解决。对于税务机关的处理不服的，可以向人民法院提起诉讼。

税务机关或者税务机关工作人员作出的具体行政行为侵犯公民、法人和其他组织的合法权益造成损害的，由该税务机关或者该税务机关工作人员所在的税务机关负责赔偿。

国家对赔偿请求人取得的赔偿金不予征税。

税务机关赔偿损失以后，应当责令有故意或者重大过失的税务机关工作人员承担部分或者全部赔偿费用。

附　录

一、与企业有关的我国税收基本法规目录

我国现行的与企业有关的税收基本法律、法规、规章目录如下:

1. 《中华人民共和国增值税暂行条例》,1993年12月13日中华人民共和国国务院令第134号发布,从1994年1月1日起施行。

2. 《中华人民共和国增值税暂行条例实施细则》,1993年12月25日财政部文件（93）财法字第38号发布。

3. 《中华人民共和国消费税暂行条例》,1993年12月13日中华人民共和国国务院令第135号发布,从1994年1月1日起施行。

4. 《中华人民共和国消费税暂行条例实施细则》,1993年12月25日财政部文件（93）财法字第39号发布。

5. 《中华人民共和国车辆购置税暂行条例》,2000年10月22日中华人民共和国国务院令第294号公布,从2001年1月1日起施行。

6. 《中华人民共和国营业税暂行条例》,1993年12月13日中华人民共和国国务院令第136号发布,从1994年1月1日起施行。

7. 《中华人民共和国营业税暂行条例实施细则》,1993年12月25日财政部文件（93）财法字第40号发布。

8. 《中华人民共和国进出口关税条例》,2003年11月23日中华人民共和国国务院令第392号公布,从2004年1月1日起施行。

9. 《中华人民共和国企业所得税法》,2007年3月16日第十届全国人民代表大会第五次会议通过,同日中华人民共和国主席令第六十三号公布,从2008年1月1日起施行。

10. 《中华人民共和国企业所得税法实施条例》,2007年12月1日中华人民共和国国务院令第512号公布。

11. 《企业所得税核定征收办法（试行）》，2008 年 3 月 6 日国家税务总局文件国税发〔2008〕30 号发布。

12. 《中华人民共和国土地增值税暂行条例》，1993 年 12 月 13 日中华人民共和国国务院令第 138 号发布，从 1994 年 1 月 1 日起施行。

13. 《中华人民共和国土地增值税暂行条例实施细则》，1995 年 1 月 27 日财政部文件财法字〔1995〕6 号发布。

14. 《中华人民共和国房产税暂行条例》，1986 年 9 月 15 日国务院文件国发〔1986〕90 号发布，从同年 10 月 1 日起施行。

15. 《关于房产税若干具体问题的解释和暂行规定》，1986 年 9 月 25 日财政部税务总局文件（86）财税地字第 008 号发布。

16. 《城市房地产税暂行条例》，1951 年 8 月 8 日中央人民政府政务院文件政财字第 133 号公布，即日起施行。

17. 《中华人民共和国城镇土地使用税暂行条例》，1988 年 9 月 27 日中华人民共和国国务院令第 17 号发布，从同年 11 月 1 日起施行；2006 年 12 月 31 日中华人民共和国国务院令第 483 号修改并公布，从 2007 年 1 月 1 日起施行。

18. 《中华人民共和国耕地占用税暂行条例》，1987 年 4 月 1 日国务院文件国发〔1987〕27 号发布，即日起施行；2007 年 12 月 1 日中华人民共和国国务院令第 511 号修改并公布，从 2007 年 1 月 1 日起施行。

19. 《中华人民共和国耕地占用税暂行条例实施细则》，2008 年 2 月 26 日财政部、国家税务总局令第 49 号公布。

20. 《中华人民共和国契税暂行条例》，1997 年 7 月 7 日中华人民共和国国务院令第 224 号发布，从同年 10 月 1 日起施行。

21. 《中华人民共和国契税暂行条例细则》，1997 年 10 月 28 日财政部文件财法字〔1997〕52 号发布。

22. 《中华人民共和国资源税暂行条例》，1993 年 12 月 25 日中华人民共和国国务院令第 139 号发布，从 1994 年 1 月 1 日起施行。

23. 《中华人民共和国资源税暂行条例实施细则》，1993 年 12

月 30 日财政部文件（93）财法字第 43 号发布。

24.《中华人民共和国车船税暂行条例》，2006 年 12 月 29 日中华人民共和国国务院令第 482 号公布，从 2007 年 1 月 1 日起施行。

25.《中华人民共和国车船税暂行条例实施细则》，2007 年 2 月 1 日中华人民共和国财政部、国家税务总局令第 46 号公布。

26.《船舶吨税暂行办法》，1952 年 9 月 16 日政务院财政经济委员会批准，同年 9 月 29 日中央人民政府海关总署通告第 6 号公布，即日起施行。

27.《中华人民共和国印花税暂行条例》，1988 年 8 月 6 日中华人民共和国国务院令第 11 号发布，从同年 10 月 1 日起施行。

28.《中华人民共和国印花税暂行条例施行细则》，1988 年 9 月 29 日财政部文件（88）财税字第 255 号发布。

29.《中华人民共和国城市维护建设税暂行条例》，1985 年 2 月 8 日国务院文件国发〔1985〕19 号发布，从同年 1 月 1 日起施行。

30.《中华人民共和国烟叶税暂行条例》，2006 年 4 月 28 日中华人民共和国国务院令第 464 号发布，即日起施行。

31.《中华人民共和国税收征收管理法》，1992 年 9 月 4 日第七届全国人民代表大会常务委员会第二十七次会议通过，同日中华人民共和国主席令第六十号公布，从 1993 年 1 月 1 日起施行；1995 年 2 月 28 日第八届全国人民代表大会常务委员会第十二次会议修改，同日中华人民共和国主席令第四十二号公布，即日起施行；2001 年 4 月 28 日第九届全国人民代表大会常务委员会第二十一次会议修订，同日中华人民共和国主席令第四十九号公布，从同年 5 月 1 日起施行。

32.《中华人民共和国税收征收管理法实施细则》，1993 年 8 月 4 日中华人民共和国国务院令第 123 号发布，2002 年 9 月 7 日中华人民共和国国务院令第 362 号修改并公布。

33.《中华人民共和国海关进出口货物征税管理办法》，2005 年 1 月 4 日中华人民共和国海关总署令第 124 号公布，从同年 3 月

1 日起施行。

34.《中华人民共和国发票管理办法》，1993 年 12 月 12 日国务院批准，同年 12 月 23 日中华人民共和国财政部令第 6 号发布，即日起施行。

35.《中华人民共和国发票管理办法实施细则》，1993 年 12 月 28 日国家税务总局文件国税发〔1993〕157 号发布。

36.《税务行政复议规则（暂行）》，2004 年 2 月 24 日国家税务总局令第 8 号公布，从同年 5 月 1 日起施行。

已经停止征收的固定资产投资方向调节税的有关法规略。

二、主要资料来源

1. 全国人民代表大会常务委员会、国务院、财政部、国家税务总局、海关总署网站。

2.《中华人民共和国税收基本法规（2008 年版）》，中国税务出版社 2008 年出版。

3.《国家税务总局公报》，国家税务总局编辑、出版。

4.《中国统计年鉴》、《中国财政年鉴》、《中国税务年鉴》、《中国税务》（月刊）、《中国财经报》、《中国税务报》等报刊。

资料截止日期：2008 年 4 月 1 日。